아들아!
함께 할 수 있어 행복한 시간이었어
― 수험생 아들과 아침을 열어온 '아빠의 일기' ―

신남철 지음 | 신동민 그림

Contents

04. 프롤로그

06. 다시 시작하는 입시전쟁

62. 견디고 또 견디는 시간

118. 지루한 장마와 긴긴 여름

200. 부족한 시간과의 싸움

240. 또 다른 기다림의 시간

268. 새로운 시작

276. 에필로그

Prologue

이 책은 나의 일기장에서 시작됐다.

2012년 수능이 끝난 그 겨울이 요즘도 가끔 떠오른다. 민이는 고3 한 해를 열심히 살았다. 수능시험이 끝나고 답을 맞혀 보더니 밤새 울었다. 평소 침착하고 진중한 성격이라 큰소리도 안내는 민이였다. 그런 아들이 우는 모습은 쉰 살의 중년 아버지에게도 아픔이었다. 어쩌면 차라리 내가 아픈 것이 낫겠다 싶었다.

민이의 재수생활이 시작되면서 일기를 쓰기 시작했다. 지금 생각해보면 아들의 재수생활로 잔걱정은 많은데, 주위에 시시콜콜한 것까지 말을 전하기도 뭐하니 일기장에 적어 내려갔던 것 같다. 그렇게 시작된 일기장은 책 한권 분량의 글이 되었다. 처음에는 아들에 대한 연민과 걱정으로 시작했다가 점점 아들을 향한 축복과 응원으로 이어졌다. 그리고 민이의 미래를 함께 꿈꾸었다. 힘든 날은 아버지로서의 투정도 몇 줄 적었다.

2014년 3월 아들은 Y대학교 건축공학과에 합격했다. 그리고 세월이 흘러 2018년 대학을 졸업하고 군 입대를 하여 공병 본부중대장으로 복무를 마쳤다. 아들이 군대를 간다하니 마음이 다시 한 번 일렁였다. 2년 가까운 시간을 떨어져 지내는 것이 처음이라 마음이 아련했다. 그래서 다시 일기장을 꺼내보게 되었다. 재수생활을 견뎌낸 시간처럼, 군대라는 공간에서도 잘 이겨내라는 의미에서 일기를 정리하고 예쁘게 가제본하여 아이에게 전해주었다.

또 한편으로 이 책은 수험생 아버지의 성장일기라고도 할 수 있다. 한 아버지가 아들의 입시문제를 두고 고민의 흔적을 남긴 셈이다. 어떤 날은 아들의 지친 어깨를 멀리서 지켜봐야했고 어떤 날은 말없이 손을 잡아주기만 했다. 속으로는 걱정이 되었지만, 아무렇지 않은 척 기운 내라고 응원을 해줬다. 내가 해줄 수 있는 것이 그것뿐이었다. 그 모든 과정은 인간으로 한 아버지가 인생, 교육, 자녀를 깊이 통찰하는 계기가 되었다.

이 시대의 수험생 자녀를 둔 아버지라면 한번쯤은 거쳐 가야 하는 것이 자녀의 수험생 생활이다. 자녀의 수험생 생활을 처음 경험하는 대한민국 초보 아버지에게 앞선 미래를 볼 수 있도록 하고 싶었다. 이제 아들은 군대를 제대하고 사회에 나와 취업을 했다. 컴퓨터 파일함에 잠들어있던 일기장을 꺼내서 다시 읽어보고 또 읽어본다. 이 글을 통해 더 많은 사람들이 위로받을 수 있기를 바라는 마음으로 일기장을 세상과 나누고자 한다.

나의 아이들이 계속 기억해 주었으면 한다. 아버지의 인간적인 모습과 사랑을 말이다.

다시 시작하는
입시전쟁

1 2월 18일 월요일

재수학원 첫 등원길

아직 찬바람이 채 가시지 않은 월요일, 아침부터 나를 비롯한 온 가족이 분주하다. 오늘은 민이가 재수생으로서의 첫발을 내딛는 날이기 때문이다.

공식적으로 학창생활을 마무리하는 고등학교 졸업식을 치른 지 며칠 지나지 않았는데, 다시금 학창 생활 중 가장 치열한 고3으로서의 생활을 시작해야 한다는 부담감 때문일까? 함께 집을 나서는 민이의 표정에 다소 긴장감이 흐른다.

오늘부터 11월에 있을 수능 일까지 민이의 수험생활을 책임지게 될 곳은, 학교가 아닌 강남권의 꽤 유명한 재수학원이다. 집에서 학원까지의 거리는 차로 불과 10여분 남짓. 라디오에서 흘러나오는 음악 두 곡이 끝나면 다다를 만큼 비교적 가까운 거리이다. 그러나 이 가까운 거리를 매일 누구보다 무거운 발걸음으로 향할 아이를 위해, 나는 오늘부터 그 길을 함께 하기로 했다.

차에 오르는 순간, 어색한 침묵과 함께 미처 생각하지 못했던 점 하나가 떠올랐다.

'내가 그리 말을 재미있게 하는 아빠는 아닌데.'

어릴 적부터 아이들과 함께 시간을 보내는 것에 대해 매우 중요하게 생각을 해 왔기 때문에, 비교적 아이들과 많은 시간을 보내왔다고 자부한다. 실제로, 이를 위해 아이들이 자라는 시기에 스키나 스케이트 등과 같은 활동 역시 아빠인 내가 직접 시간을 할애해 가르쳤으니까.

그러나 함께 시간을 보내는 것과 말을 많이 하는 것은 전혀 다른 문제이다. 젊어서부터 영업 직군에 몸을 담아 왔고, 또한 지금은 기업체의 경영주로 일을 하며 필요한 순간에 해야 할 말을 하는 데에는 거리낌이 없는 나이지만, 집에서는 꼭 필요한 말을 하는 것 외에 굳이 일부러 말을 많이 하는 편이 아니다. 특히, 아이들이 내게 직접 요청을 해서 대화를 하는 경우는 대부분 자신들에게 어떠한 문제가 있을 때

이를 엄마와 논의해 보아도 답이 나오지 않는 경우였다. 따라서 이러한 경우 대화의 무게는 아무래도 평상시 엄마와 나누는 대화에 비해 무거울 수밖에 없다.

문득 궁금해진다.

'아이들에게 나는 어떤 아빠로 비춰지고 있을까?'

굳이 이 세상의 아빠를 '재미있는 아빠'와 '재미없는 아빠'로 나눈다면, 아마도 나는 후자 쪽일 것이다. 또한, 대부분의 경우 딸들에 비해 아들들이 아빠와 있을 때 말수가 적어진다는 것을 감안하면, 집에서 학원까지 아이를 데려다주는 10분의 거리는 생각만큼 짧은 거리가 아니었던 것이다.

첫 날이니만큼, 무언가 아이에게 힘이 나는 이야기를 해 주고 싶어 백미러를 통해 아이의 얼굴을 흘깃 쳐다보았다. 아이는 다소 긴장감이 도는 얼굴로 창밖을 내다보고 있다.

경직된 아이의 얼굴을 보고 있노라니, 불현듯 작년 수능일이 떠오른다. 수능을 마치자마자 집에 돌아와 준비해 온 답안을 보며 점수를 채점한 후, 원하던 점수가 나오지 않자 밤새 울음을 터뜨리던 아들, 당시 내가 아빠로서 아이에게 해줄 수 있는 말은 '한 해 동안 정말 고생했다.'는 말이 전부였다. 시간이 지나고 돌이켜보니, 왜 그때 아이에게 그 말밖에 해 주지 못했는지 너무나도 안타까울 때가 한 두 번이 아니었다. 자라오는 동안 큰 어려움 없이 무난한 삶을 살아온 아이에게 있어, 어쩌면 그때의 경험은 스스로의 인생에 있어 첫 번째 실패였을지도 모르는데.

"민아. 인생은 드라마(drama)라는 말 들어봤니?"
"네?"

어색한 침묵을 깨고 입 밖으로 낸 첫 마디에 창 밖에 머물던 민이의 눈빛이 운전을 하는 내 쪽으로 옮겨온다.

"우리가 재미로 보는 한 편의 드라마 안에는 항상 좋은 일과 안 좋은 일이 공존해 있단다. 어떤 드라마든 좋은 일만 계속된다거나, 또는 나쁜 일만 계속되는 경우는 없어. 인생도 마찬가지란다. 어떠한 일에 실패해 힘든 시기에는 도무지 그 힘든 시간이 끝나지 않을 것 같지만, 시간이 지나면 그 힘든 시간은 지나가고 행복한 일이 찾아오지. 어쩌면, 힘든 일이 있기에 그 뒤에 오는 행복이 더욱 크게 느껴지는 것일지도 모르고 말이야. 이 아빠가 오십 가까이 살아오다보니, 정말 그렇더구나. 그러니, 지금 당장 힘든 상황에 너무 지치지 말고, 스스로를 잘 다독였으면 좋겠구나. 힘든 시간은 언젠가는 반드시 지나가기 마련이니 말이야."

이런저런 얘기를 하다 보니 어느 새 학원 앞에 도착했다. 학원에 들어가는 아이의 뒷모습을 바라보다 문득 간암으로 투병 중이신 장모님이 떠올랐다. 장모님께서는 누구보다 민이가 원하는 대학에 합격하는 모습을 보고 싶어 하는 사람 중 한 명이었다.

'어머니께서 꼭 민이가 대학에 합격할 때까지는 건강을 유지하셔야 하는데……'

거래처로 향하는 발걸음이 유독 무거운 아침이다.

아빠가 들려주고픈 첫 번째 이야기

모든 것은 마음가짐에 달린 법

『실락원』이라는 작품을 쓴 영국의 시인 밀튼(John Milton)은 이렇게 말했단다.

"사람의 마음은 지옥을 만들 수도 있고, 천국을 만들 수도 있다."

흔한 이야기이지만, 어떤 사람은 물 컵에 반 정도 담긴 물을 보고 "물이 반 밖에 남지 않았다."고 말하는가 하면 또 어떤 사람은 이를 보고 "물이 반이나 남았다."고 말한다고 하지?

만일 이 두 사람에게 그 물을 마시라고 하면 어떨까? 처음 사람은 아무리 물을 마셔도 여전히 부족하다고 느끼기 때문에 갈증이 가시지 않겠지만, 나중 사람은 누구보다 시원하게 그 물을 마시고 행복감을 느낄 수 있겠지. 물 한 잔에서도 행복감과 부족함을 느끼는 두 사람의 차이는 바로, 마음가짐이란다.

민아, 앞으로 약 9개월이라는 시간 동안 너는 다시 수험생이 되어 힘든 시간을 보내야 할 거야. 하지만 생각해 보렴. 나중에 돌이켜보았을 때 그 9개월이라는 시간을 그저 고통스럽고 힘든 시간이 아닌, 보람 있고 행복한 시간으로 기억하기 위해서는 앞으로 네가 보낼 하루하루를 누구보다 열심히, 그리고 즐겁게 보내야 한단다.

기억하렴. 행복과 불행은, 아주 작은 마음의 차이에서부터 달라진다는 것을.

- 아빠가 -

2 2월 19일 화요일

멀티플라이어 아빠가 될 수 있을까?

어제와 다름없이 민이를 태우고 학원으로 향하는 길. 어제 재수학원에서의 첫 시작이 어땠는지 궁금해졌다.

"민아, 어제 재수학원 첫 날이었는데 어땠니?"

이윽고 민이가 긴 한숨을 한 번 쉬고 대답한다.

"휴. 어제는 정말 너무 긴 하루였어요."

"왜?"

"생각보다 한 반에 많은 아이들이 앉아있더라고요. 한 60명 정도 되는 아이들과 한 곳에 앉아 거의 15시간 가까이 시간을 보내려니 처음에는 너무 적응이 안 되었어요."

고등학교 시절, 민이의 반 정원이 약 40명 남짓이었던 것을 감안하면 거의 두 배에 가까운 숫자이다. 콩나물시루와 같은 곳에서 아이가 종일이나 다름없는 하루 15시간을 보내야 한다고 생각하니, 어쩐지 가슴이 갑갑해진다.

"그런데, 더욱 당황스러웠던 건 따로 있었어요."

"그래? 뭔데?"

"배우는 게 너무 새로운 거예요."

"어떤 점이 그렇게 새로웠니?"

"배우는 내용이 새롭다기보다 수능이 끝나고 계속 놀다가 다시 책을 잡고 공부를 하려고 하니, '공부를 하는 자체'가 새롭게 느껴지더라고요."

공부도 결국은 습관이다. 수능이 끝나고 거의 3개월 가까이 집에서 놀다시피 하며 시간을 보냈으니 그 습관이 흐트러진 것이다. 재수를 결정한 것은 비교적 이른 시기였는데, 지금 겪을 아이의 부침을 생각하여 조금 더 일찍 준비 하도록 조언 했어야 했나?

며칠 전, ○○ 제약과의 미팅 자리에서 들은 이야기가 문득 떠올랐다.

"얼마 전에 연구소에 소장이 새로 왔는데, 명색이 소장이라는 사람이 조직원들의 능력을 끌어올리기보다 기존 직원들의 업무를 가로채는 것은 물론, 너무 독단적이라 조직 분위기가 말이 아니에요. 하도 직원들 업무 하나하나를 가지고 이래라 저래라 하니, 직원들도 점차 자발적으로 무언가를 하기 꺼려해 실적도 떨어지고요. 전형적인 디미니셔(Diminisher)라니까요."

리더를 행동 양식에 따라 구분할 때 구성원들이 최고의 역할을 통해 성장할 수 있는 판을 제공해주는 '멀티플라이어(Multiplier)'와 판을 그 스스로가 독점하고 구성원의 성장을 방해하는 '디미니셔(Diminisher)'로 나눌 수 있다.

'과연 나는 앞으로의 수험생활 동안 민이에게
좋은 성장을 제공해줄 수 있는 멀티플라이어가 될 수 있을까?
부디 그랬으면 좋겠다.'

아빠가 들려주고픈 두 번째 이야기

디미니셔(Diminisher)가 아닌, 멀티플라이어(Multiplier)가 돼라!

놀이판	멀티플라이어	디미니셔
재능과 성장의 장	**재능자석** 재능을 발굴하며, 업무에 활용케 함. → 조직원 역량 향상	**제국건설자** 재능을 업무용이 아닌 과시용, 정치용으로 사용함. → 조직원 역량 쇠퇴
사고의 장	**해방자** 최고의 생각과 아이디어가 나올 수 있는 환경을 조성해 줌. → 새로운 아이디어 발산	**독재자** 생각과 아이디어를 억압하는 긴장된 환경을 조성함. → 창의력 말살
도전의 장	**도전자** 아무도 돌파한 적 없는 한계에 도전할 것을 요구함. → 도전 기회 제공	**전지전능자** 자기가 아는 한계에서만 일을 시킴. → 도전 기회 박탈
참여와 토론의 장	**토론주최자** 치열한 토론을 통한 빠른 의사 결정	**의사 결정자** 돌발적 의사결정으로 인한 실행의 어려움
책임의 장	**투자자** 일의 권한을 주고 성공을 위한 지원을 하되, 결과에 대한 철저한 책임 요구	**간섭자** 모든 작은 일을 간섭하거나 직접 하여, 조직의 의존성을 키움.

민아, 너도 언젠가 한 조직에서 리더로서의 역할을 수행할 때가 오겠지. 작게는 그것이 학교에서의 모임이나 동아리 등이 될 수도 있고, 크게는 조직이 될 수도 있을 거야. 이 때문에 오늘은 너에게 좋은 리더 로서의 자세에 대해 이야기해 보려고 한다.

세상에는 사람을 더 훌륭하고 똑똑한 사람으로 만드는 리더들이 있단다. 그들은 사람들에게서 지성과 능력을 부활시키고 끌어내곤 하는데, 우리는 그들을 '멀티플라이어'라고 부르지. 일반적으로 멀티플라이어는 집단 지성 바이러스에 열광하는 조직을 만들곤 한다.

반면, 지성과 능력을 없애는 마이너스 리더들도 있는데 이를 '디미니셔'라고 한단다. 대부분의 디미니셔는 실제로는 지적이지 않으면서 스스로 자신만이 똑똑한 사람이라고 생각을 하지. 이 때문에 독단적으로 결단을 내리는 경우가 많아.

아빠가 지금까지 기업을 운영해 오면서 느낀 점 중 하나는 '인재를 얻는 것'보다 어려운 일이 바로 인재가 '자신의 최고 역량을 발휘할 수 있도록 이끄는 것'이라는 점이야. 실제로 아무리 훌륭한 인재를 얻어도 그 사람이 가진 능력을 최대한으로 끌어내지 못한다면 무용지물이나 다름없거든. 이때 중요한 점은, 그 사람이 자신의 능력을 펼쳐 보일 수 있는 다양한 판을 제공해 주는 일이야. 이 '판을 제공해주는 사람'이 바로 '멀티플라이어'란다.

기억하렴. 판을 장악하는 리더가 아닌, 판을 제공하는 리더야말로 진정한 리더란다.
모든 부모가 아이들에게는 멀티플라이어가 되어 응원하고 싶어 하는데 쉽지 않은 일이기도 하고...

- 아빠가 -

3 2월 22일 금요일

가벼워진 마음

"아빠, 아무래도 제가 다른 사람들보다 좀 적응력이 뛰어난 것 같아요."

"응? 그게 무슨 말이니?"

"아니, 같이 공부하는 다른 친구들을 보면 학원 생활이 힘들고 답답하다면서 잠시도 가만히 앉아 있지를 못하더라고요."

"그런데, 너는 괜찮아?"

"네, 지는 할 만해요."

문득 민이의 어린 시절이 스쳐 지나간다. 민이는 어려서부터 둘째아이와 성격이 많이 달랐다. 활발하고 주장이 강하던 둘째아이는 누가 시키지 않아도 나서서 활동을 주도하고, 무언가를 시도하는 데에 거침이 없었다. 반면 민이는 장남으로서의 무게감을 지닌 듯 대체로 조용하고 점잖은 아이였다. 돌이 갓 지난 지 얼마 되지 않았을 때에 민이가 발목을 다쳐서 기브스를 한 적이 있었는데, 당시 급하게 지방에 내려가야 할 일이 있었다. 제 몸도 가누지 못하는 어린 아이가 무거운 석고를 몸에 붙이고 장시간 이동하는 것이 힘들어 칭얼대면 어쩌나 내심 걱정하였는데, 걱정과 달리 민이는 차를 타면 자고, 서면 깨고, 식당에 가면 밥도 잘 먹어 한숨 놓았던 기억이 있다. 당시엔 의젓하고 어른스러운 민이의 모습이 다소 애틋하기도 하였지만, 자라는 동안 늘 점잖은 모습을 보여주는 아이에게 늘 고마웠던 것이 사실이다. 타고난 차분함 덕분인지 민이는 어떤 환경에 가져다 놓아도 비교적 적응을 잘했다. 아마도 지금 재수 생활에 큰 어려움 없이 적응을 잘 하는 것 역시 어려서부터 몸에 밴 적응력이 한몫 제대로 하고 있는 것이 아닐까 한다.

난생 처음 겪어 보는 재수생활에 혹시 많이 힘들어하면 어쩌나 걱정하였는데, 생각보다 빠른 속도로 적응하고 있는 민이를 보니 내 마음의 짐 역시 하나둘 덜어지는 기분이다.

아빠가 들려주고픈 세 번째 이야기

연애도 인생도, 인내와 기다림이 필요하다

아빠가 신입사원을 뽑을 때 꼭 잊지 않고 물어보는 질문이 있단다.

바로, 연애를 해 보았는지, 그리고 얼마나 오랜 기간 연애를 지속해 왔는지 말이야.

누군가와 오랜 기간 동안 연애를 하기 위해선, 인내와 기다림이 필수란다.

누군가를 사랑하게 되어 처음 연애를 시작할 때는 누구나 상대방에게 좋은 모습을 보여주려 하지만, 시간이 지날수록 본래 자신의 모습을 드러내게 되지. 이렇게 시간이 지나면서 보여지는 모습이야말로 상대방의 진짜 모습이라고 할 수 있지. 그런데, 이렇게 보여지는 진짜 모습 중에는 좋은 것만 있는 것이 아니라, 때로 좋지 않은 모습도 있을 수가 있어.

이때 어떤 사람들은 내게도 상대방과 마찬가지로 부족한 면이 있음을 인정하고, 상대방의 허물을 이해하고, 그 사람이 변화 할 수 있도록 서로 노력하며 기다리는가 하면 어떤 사람은 이를 미처 받아들이거나 견디지 못하고 바로 상대방과의 이별을 택하지. 또, 누군가와 오랜 기간 만남을 지속하려면 그 사람과 많은 것을 함께 나누고, 배려할 줄 알아야 하는데 이를 위해서 역시 인내와 기다림은 필수 조건이란다. 우리 인생도 마찬가지야, 민아. 인생에는 늘 좋은 면과 그렇지 않은 부분이 공존하지.

**중요한 건, 연애든, 인생이든 잘 참고 견디면
결국 그 끝에는 매우 달콤한 결과가 뒤따른다는 것이란다.**

지금은 비록 힘들고, 지칠지라도 이 시기가 지나가면 반드시 좋은 시기가 온단다. 순간순간의 고통과 어려움에 좌절하기보다 뒤이어 올 행복한 순간을 기다리며 지금의 어려움을 잘 견디어 내는 내 아들 민이가 되면 좋겠구나.

- 아빠가 -

4 2월 23일 토요일

모교에 대한 자부심이 있는 사람

민이가 재수를 시작한 이후로 처음 맞이하는 토요일 아침, 아침부터 가족의 분위기가 불편하다. 간암으로 투병 중이신 장모님의 병세가 점점 악화되어 하루하루가 위태로우니 이를 지켜보는 가족들의 마음이 무겁고 평소와 같은 일에도 식구들이 더 예민하다.

아침부터 예민한 식구들과 사소한 말다툼을 한 민이 역시 짜증이 나면서도 한편으론 이해가 되는지 조용히 별다른 소리 없이 나를 따라나선다. 재수학원의 하루는 주말에도 어김없이 이어지기 때문이다.

토요일이라 그런지 도로에서 차가 없이 비교적 한산한 느낌이다. 운전을 하던 중, 문득 얼마 전 새로 들어온 신입사원이 떠올랐다.

"아빠네 회사에 얼마 전에 신입사원 한 명이 들어왔는데, 그 친구 참 괜찮더라."

"왜요?"

"뭐랄까…
말과 행동 하나하나에 자긍심과 자신감이 묻어난다고 해야 하나?"

그렇다. 그는 많지 않은 나이임에도 불구하고 자신이 걸어온 걸음 하나하나에 자신감이 넘치는 사람이었다. 특히 그의 그러한 자신감은 그가 나온 학교를 이야기할 때에는 급기야 폭발하기에 이르렀다.

"자신이 나온 대학에 대해 소개를 해 보세요. 자랑해도 좋고요."

흔히들 이런 질문을 받으면 선뜻 답하지 못하고 길고 장황하게 늘어놓거나 한두 마디 단답형으로 답을 하기 일쑤이다. 그러나 그는 달랐다. S대 금속공학과를 졸업한 후 동대학원에서 관련 전공을 공부했다는

그는 학교에 대한 질문을 받는 그 순간부터 약간은 상기된 표정과 자신감 넘치는 말투로
사랑하는 모교의 이모저모에 대해 거리낌 없이 소개하기 시작했다.

그와 학교에 대한 이야기를 한참이나 즐겁게 이야기하고 난 후, 나는 알 수 없는 설렘을 느꼈다. 어쩌면 그것은 좋은 학교를 나왔다는 자신감을 가진 사람에게서만 볼 수 있는 당당함일까?

"민이 너도 네가 나온 고등학교에 대해 자랑스러워하는 마음이 있니?"

"물론이죠, 아빠."

"그래. 지금 느끼는 고등학교에 대한 자랑스러움이 나중에 네가 나올 대학까지 이어진다면 얼마나 좋을까."

말 대신 싱긋 웃는 민의 표정이 어쩐지 모르게 듬직하다.

아빠가 들려주고픈 네 번째 이야기

실패를 사회 첫 걸음의 교훈으로 삼아라

오늘은 민이에게 한 가지 이야기를 들려주고 싶구나.

국내 K대학과 Y대학 의과대, 경영대에 다니는
여러 학생들에게 다음과 같이 물었다.
"이 대학을 선택한 이유가 무엇입니까?"

그러자 학생들이 대답했다.
"그저 성적에 맞춰 왔습니다."

대답한 학생들의 대부분은 여전히
S대학 의과대나 경영대에 가지 못한 아쉬움을
크게 느끼고 만족하지 못하는 듯 했다.

학생들에게 다시 물었다.
"그럼, 사회에 나갈 때는 어떤 기준으로 진로를 선택할 건가요?
대학 성적에 맞추어 갈 것인가요?"

학생들 대부분은 질문에 답을 하지 못하였다.

많은 사람들이 원하는 대학에 진학하지 못한 경우, 이를 실패라고 생각하지. 대학이 인생의 전부는 아니란다. 중요한 건, 자신이 원래 목표한 바에 미치지 못하여 이를 실패라고 판단하였다면 실패의 원인이 무엇인지 파악하고 같은 실수를 하지 않아야 한다는 점이지.

실패를 극복하는 방법은, 이전에 실패로 인하여 얻었던 쓰라린 아픔을 기억하고 같은 실수를 반복하지 않기 위해 노력하는 것뿐이다. 아빠는 종종 취업을 앞둔 대학교 3, 4학년 대상 특강을 갈 때면 진심으로 사회 진출할 때는 성적에 맞추어 대학을 진행했던 아픔너머를 가보라고 한다.

원하는 회사를 양손에 올려놓고 선택하여 갈 수 있는 기회를 만들려는 노력을 해보라고... 잊지 말고 기억하렴.

- 아빠가 -

5 2월 24일 일요일

장모님의 병환과 효孝

민이가 재수학원에 오후에 가겠다고 하여 모처럼 아이들과 함께 강남○○○○병원에 입원 중이신 장모님을 찾았다. 때마침 우리 어머니와 아버지, 그리고 작은 형님 내외가 병문안을 와 있었다. 그간 찾아뵙는다고 찾아뵈었는데도 하루가 다르게 병색이 완연한 장모님의 모습이 마치 처음 보는 사람처럼 어색했다. 그 자리에 있는 사람들 모두가 비슷한 마음이었는지, 다들 몰래 눈물을 훔치기에 바빴다. 특히 그중에서도 어머니는 안사돈의 상태가 적지 않게 마음이 아프셨는지 연신 장모님의 손을 붙잡고 쓰다듬기 바쁘셨다.

"사돈, 내가 어쩌다 이리 되었는지 몰라요…"

장모님께서도 어머니를 보자 마음이 더욱 약해졌는지 평소 잘 안하시던 말씀까지 하시며 내내 한숨을 내뱉으셨다. 아무래도 안 되겠다 싶어 연신 울음을 들이켜는 두 분을 겨우 떼어놓고 아이들에게 장모님을 맡겼다. 편찮으신 와중에도 늘 손자손녀 걱정이 끊이지 않았던 장모님이셨던 지라, 오랜만에 민이와 둘째아이의 얼굴을 보니 그나마 좀 기운이 나시는 듯 했다. 병원을 나와 홍제동 부모님을 모시고 함께 식사를 하려 하였지만, 병원에서 보았던 안사돈의 모습이 영 머릿속에서 떠나지 않으신지 그냥 집으로 가겠다고 하시며, 어머니께서 내게 까만 봉투 하나를 건네셨다. 그 안에는 곧 다가올 정월대보름에 자식들을 먹이려 손수 장만하신 오곡밥과 나물들이 가득 들어있었다. 두 손에 받아든 어머니의 마음이 그 어떤 것보다 무겁게 느껴졌다. 민이를 학원에 데려다 주기 전 아이들과 식사를 하기 위해 작은 식당에 들러 막국수와 수육 한 접시를 시켰다. 맛있게 국수자락을 후루룩 먹는 아이들을 보며 어쩐지 가슴 한 켠에 묵직함이 솟아올라왔다.

> '사느라 바쁜 와중에 내 나름대로 부모님께 한다고 하고 살았는데도,
> 내가 부모님을 챙기는 마음이 부모님이 나를 생각하는 마음의 10분의 1도 안 되는구나…'

그날 오후 민이를 학원에 데려다주고 오는 길, 집사람과 장모님이 좋아하시는 메밀전과 부침두부를 포장해 다시 병원을 찾았다.

아빠가 들려주고픈 다섯 번째 이야기

진정한 '효(孝)'가 무엇인지 깨우쳐라

오늘은 민이에게 '효(孝)'에 관한 이야기를 잠깐 하고 싶구나. 누군가 만일 이 아빠에게 '부모님께 잘하고 있는가?'라고 묻는다면, 아빠는 당당히 '내가 할 수 있는 한 노력하고 있다'라고 말할 수 있단다. 물론 아무리 아빠가 부모님께 잘하기 위해 노력한다고 해도 부모님이 아빠를 기르시며 헌신하신 것에 비하면 보잘 것 없겠지만 말이야.

아빠는 말이야, 양가 부모님 모두에게 있어 내가 할 수 있는 가장 큰 효의 방법이 바로 '마음을 편안하게 해 드리는 것'이라고 생각한단다. 물론, 물질적으로 해 드리는 것도 중요한 부분이지만 이것이 효의 전부는 아니란다.

중국의 유명한 유학자인 공자 선생은 이렇게 말했단다.

> 今之孝者(금지효자)는 是謂能養(시위능양)이니 至於犬馬(지어견마)라도
> 皆能有養(개능유양)이니라. 不敬(불경)이면 何以別乎(하이별호)이요.

"요즘 사람들 효도하는 방법은 그저 부모님에게 물질적인 봉양만 잘해주면 된다고 생각하는데, 그런 물질적인 봉양은 자신이 아끼는 개나 말한테도 할 수 있는 것 아니겠는가. 그러니 진정으로 부모를 공경하는 마음이 없이 그저 물질적 봉양만 해준다면 이것은 자기가 아끼는 개나 말에게 잘 먹이고 잘해주는 것과 무슨 차이가 있겠는가."

- 공자 -

위 글에서 공자 선생은 공경함이 없이 그저 부모에게 물질적으로만 잘하는 것은 그저 자신이 아끼는 애완견에게 잘 대해주는 것과 다를 바가 없다고 했어. 결국, 아무리 물질적으로 부모에게 잘한다 하더라도 그 안에 마음이 결여되어 있다면 이를 진정한 효로 보기 어렵다는 말이기도 하지.

그렇다면 진정으로 효를 실천하기 위해서는 어떻게 해야 할까?
공자 선생은 다음과 같은 세 가지를 강조하였단다.

첫째, 부모님을 무엇보다 마음으로 공경하기.
둘째, 자식인 본인이 아프지 않고 건강하게 살기.
셋째, 부모 앞에서 자식으로서 표정 관리를 잘 하기.

결국 이 세 가지는 모두 다른 무엇보다 부모님의 마음을 편안하게 해 드리는 것이 효의 지름길이라는 것을 돌려 말한 것이기도 하단다.

물질적으로 열 가지를 충족시켜드리는 것보다 걱정 끼치지 않고 마음을 편안하게 해 드리는 것이 부모님께 드릴 수 있는 가장 좋은 선물이라는 점, 늘 잊지 말고 명심하렴.

- 아빠가 -

6 2월 25일 월요일

나를 위해 저축하는 시간

오늘 오후에 골프 약속이 있어 아침부터 짐이 한 가득이다. 끙끙대며 차에 짐을 싣고 있는데, 민이도 양손 가득 무겁게 책을 들고 내려오는 모습이 보인다.

"민아, 학원에 사물함이 있다고 하지 않았니? 무겁게 들고 다니지 말고 학원에 두고 다니면 좋을 텐데."

"사물함이 그리 크지 않아서 책을 다 넣으려면 꽤 힘들어요. 그리고 자주 보는 책은 이렇게 들고 다니는 편이 왠지 마음이 안심되기도 하고요."

민이가 재수를 시작한 지 불과 일주일, 어쩐지 기분으로는 벌써 한 달은 지난 기분이다.

나를 위해 저축하는 시간. 그래, 생각해 보면 민이와 차를 타고 가며 한 마디라도 좋은 이야기를 해 주고 싶어 책을 보는 시간, 신문 기사를 읽는 시간, 사람을 만나거나 각종 정보를 접하는 시간 모두 어쩌면 민이가 아니라 나 자신의 성장을 돕는 시간일지도 모른다.

민이가 원하는 대학에 입학하게 되었을 때의 가장 좋은 선물로 아빠의 성장이 더해질 수 있다면 이보다 더 좋은 일이 어디 있으랴.

갑자기 심장이 두근두근 거린다.

아빠가 들려주고픈 여섯 번째 이야기

좋은 학과는 없지만, 좋은 대학은 있다

어렵사리 수능을 치르고 원하는 성적이 나오지 않아 마음고생을 하던 끝에 네가 재수 결정을 내리고 이를 우리에게 알리던 날, 아빠는 정말 이 말이 해 주고 싶었단다.

"그래, 힘든 결정이지만 잘 생각했다. 세상엔 분명 여러 사람들이 객관적으로 판단하기에 좋은 대학이라는 게 엄연히 존재하기 때문에, 지금의 네 결정이 길게 보았을 때 분명 후회하지 않는 선택이 될 거야."

이런 이야기를 하면 어떤 사람들은 원하는 학과에 들어가, 자신이 만족하며 공부할 수 있다면 그것이 좋은 대학이 아니냐고 반문할지도 모르겠다. 하지만 분명한 건, 세상은 혼자 사는 곳이 아니라는 점이야.

때로는 바로 이것이 주관적인 기준이 아니라, 객관적으로 보아도 좋은 대학에 가야 하는 이유가 될 수 있단다.

실제로 아빠가 삶을 살아가며 주위를 둘러보니, 초, 중, 고등학교 친구들을 한 번 보려고 해도 서로 사는 생활수준이 다른 경우 얼굴 한 번 보기가 힘든 것이 사실이란다. 때로 몇몇 친구들은 당장 먹고 사는 일이 너무 바빠 하루 정도 시간을 내어 오랜 만에 동기들의 얼굴을 보는 것조차 부담스러워 할 때가 있으니까.

그러나 대학교 친구들은 조금 다르단다. 비록 대학을 졸업한 후 서로의 진로가 다를지라도, 어느 정도 생활 수준이 비슷한 편이기 때문에 만나기도 훨씬 수월할뿐더러, 만나서 할 얘기 또한 건설적인 경우가 많지. 아빠는 바로 이러한 일이 가능한 이유 중 하나가 아빠가 객관적으로 보았을 때에 '좋은' 대학에서 비슷한 수준의 '좋은' 친구들을 만났기 때문이라고 생각한단다.

최고의 대학을 가라고 하는 것이 아니다. 누가 보아도 '그 학교 정말 괜찮은 학교다'라고 말할 수 있고, 너 자신도 자부심을 가질 수 있는 대학에 들어가, 누구보다 즐겁고, 활기찬 대학 생활을 하렴. 이는 분명 너의 인생 전체를 반짝반짝 빛나게 하는 초석이 될 것이란다.

― 아빠가 ―

7 2월 26일 화요일

아이들에게 물려 줄 좋은 습관

어제는 꽤 피곤한 하루였다. 오래간만에 필드에서 꽤 오랜 시간 동안 운동을 한 것은 물론, 운동을 마친 후엔 회사에서의 술자리가 늦게까지 이어지는 바람에 늦은 시간에 잠자리에 들었기 때문이다.

"아이고."

절로 곡소리가 나오는 피곤한 몸 상태를 겨우 추슬러 침대에서 몸을 일으켰다. 민이를 깨우기 위해서다. 장모님의 간병 때문에 집사람이 병원에서 자는 날에는 아이들의 기상과 아침식사 당번은 나이기 때문이다..

"민아! 일어나야지."

크게 민이의 이름을 외치며 방문을 열었는데, 어라? 민이가 없다. 이른 아침부터 어디를 갔나 싶어 눈을 부비고 여기저기를 두리번거리던 도중, 민이가 욕실에서 수건으로 젖은 머리를 부비며 나오는 모습이 보인다.

"벌써 일어났니?"

"네, 저절로 눈이 떠지더라고요."

평소 집사람이 집에 있는 날이면, 아침마다 우리 집은 아이들을 깨우는 일로 한바탕 전쟁이 일어난다. 워낙 잠이 많을 때인지라, 집사람 역시 아이들을 깨우기 위해 몇 번이나 아이들 방을 오가며 한바탕 전쟁을 치른 후에야 비로소 아이들이 샤워를 하러 들어간다.

그렇게 아침마다 엄마와 전쟁을 치르던 것이 마음가짐이 달라서 인걸까? 오늘은 오히려 엄마가 집에 없는 날임에도 평소와 다름없이 제 시간에 맞춰 일어나 씻고, 나갈 준비를 마친 후 아침 식사를 하기 위해 식탁에 나란히 앉아 있는 모습을 보니 새삼 기분이 이상하다. 아마도 이래서 세상에서 제일 무서운 것이 마음가짐이고, 습관이라고 하는지 모르겠다.

아이들과 마주앉아 식사를 하며, 문득 머릿속에 이러한 생각이 스쳐 지나간다.

'재수 생활 동안 무엇보다 중요한 것이 지구력과 집중력이라고 하던데, 이러한 능력을 차분히 길러줄 수 있는 마음가짐과 습관을 가진다면 참 좋을 텐데.'

민이를 학원 앞에 내려 주고 돌아서 회사로 향하는 내내,
아이에게 물려줄 수 있는 좋은 습관이 무엇일까 고민하며 회사 앞에 다다랐다.

아빠가 들려주고픈 일곱 번째 이야기

20%의 시간 관리가 80%의 성과를 지배한다!

'80 대 20'의 법칙이라는 말을 들어본 적이 있니? 19세기 후반에 이탈리아의 경제학자인 빌프레도 파레토가 제시한 법칙이란다. 그의 이름을 따서 '파레토의 법칙'으로 부르기도 하지. 정원에서 완두콩을 기르던 파레토는 그가 기르던 정원의 건강한 완두콩 20%와 나머지 건강하지 못한 완두콩을 통해 분배의 치우침에 대해 고민하게 되었지. 그리고 이후 관련된 연구를 지속한 파레토는 이탈리아 땅의 80%는 20%의 부유한 자들이 가지고 있으며 당시 시중에서 판매되는 제품의 80%는 약 20%의 회사에서 만들어 내는 것임을 알게 되었지. 이를 통해 그는 다음과 같은 결론을 내렸지.

"80%의 결과는 단지 20%의 활동으로부터 비롯된다."

이후 많은 사람들이 이 법칙을 실생활에 적용하였고, 몇몇 사람들은 이를 시간 관리 개념에도 적용하여 하루 전체성과의 약 80%는 하루의 20% 정도에 해당하는 4~5시간의 양질의 작업이 좌우한다는 사실을 발견했단다. 그렇다면 그 20%의 시간을 양질의 시간으로 바꾸기 위해서는 노력할 점이 없을까? 그 시간을 양질의 작업들로 채울 수 있도록 계획을 해두면 좋겠지?

이때 알아두면 좋은 방법이 바로 '비포 원데이' 스킬이란다.

잠자리에 들기 전, 다음 날 해야 할 일을 순서대로 정리해 보렴. 만일 이것이 공부와 관련된 것이라면, 공부의 목표, 순서, 그리고 학습량이 잘 드러날 수 있도록 정리해 두면 좋겠지. 많은 사람들이 보통 아침 시간에 그날 해야 할 일을 생각하느라 시간을 허비하곤 하는데, 아침 시간이 전체 하루 시간 중 가장 집중력이 높고 생산성이 높은 시간이라는 점을 감안하면 이 시간을 이렇게 허비하는 것은 그날 하루 전체를 버리는 것과 진배없는 일이란다.

하지만 전날 미리 그날 해야 할 일을 정리해 두면, 아침이 되었을 때 지체하거나 허비하는 시간 없이 온전히 시간을 사용할 수 있게 되지. 하루 20%의 시간을 온전하게 보내야 나머지 80%의 시간도 유용하게 쓸 수 있다는 점, 늘 잊지 말고 기억하렴.

― 아빠가 ―

8 2월 28일 목요일

이별이 다가오다

어제 밤, 병원에 계신 장모님의 상태가 갑작스레 위중해졌다. 이 때문에 온 가족이 혹시 모를 상황에 대비하기 위해 병원에 모여 밤새 기도하는 마음으로 시간을 보냈다. 새벽녘이 되어서야, 밤새 진행되던 복강 내 출혈이 줄어들고 호흡 역시 안정이 되어 한숨을 놓았다. 그럼에도 불구하고 한 치 앞을 내다볼 수 없는 상황인지라 다들 마음이 무겁기는 매한가지였다. 그러나 다들 돌아가야 할 일상이 있는지라, 마냥 병원에 모여 걱정만 하고 있을 수도 없는 노릇이었다.

결국 아침이 되자 모두 당장 자기 앞에 닥친 일상의 일부터 처리하기 위해 각자의 자리로 돌아가기로 하였다. 나 역시 민이를 데려다 주기 위해 집으로 향했다. 민이와 둘째아이를 비롯한 조카들을 어젯밤 늦게 병원 인근 우리 집으로 보냈던 터라, 잠깐이라도 눈을 붙인 덕분인지 민이의 컨디션은 비교적 괜찮아 보였다. 그러나 마음 한편에 언제 돌아가실지 모를 할머니에 대한 걱정과 불안감이 자리했는지 표정이 어두웠.

불현듯 내 대학교 3학년 시절의 일이 떠올랐다. 당시 처음으로 가장 가까운 사람의 죽음으로 맞이한 할머니와의 이별 앞에 얼마나 슬퍼하고, 아쉬워했던가. 그때 나는, 아무런 마음의 준비가 되어 있지 않았다. 민이 역시 마찬가지일 것이다. 가벼운 이야기라도 하면 긴장이 좀 풀릴까 하여 생각지도 못한 말이 툭 튀어나왔다.

"아빠 어릴 적엔 말이야, 한 번씩 이런 생각을 한 적도 있었다. 우리 집에 친척이 그렇게 많은데, 돌아가시는 분이 한 분도 없는 거야. 간혹 아빠 친구들은 친척 중 누구 한 분이 돌아가시면 학교에 안 나오곤 하니까, 그게 그렇게 부럽더라고. 그래서 한 번씩 친척 중 한 분이 돌아가시면 내가 학교도 쉬고, 중간고사 없이 기말 고사 한 번만으로 성적도 얻을 수 있으니 참 좋겠다는 생각을 했었어……. 하하."

이야기를 듣고 난 후, 민이가 피식 하는 웃음을 짓는다. 아마도 이 정도 농담으로 쉬이 가라앉을 불안감은? 걱정은? 아니리라.

그나저나, 민이가 흔들리지 않고 평정심을 잘 유지해야 할 텐데…….

아빠가 들려주고픈 여덟 번째 이야기

지금, 이 순간을 소중히

오늘은 '이별'에 대한 이야기를 해 볼까 한다, 민아.

그 사람과의 생전 관계가 좋고 나쁘고를 떠나 모든 사람은 사랑하는 가족의 죽음 앞에서 숙연해지고, 슬퍼할 수밖에 없다. 특히 죽음 앞에서 인간이 더욱 큰 슬픔을 느끼는 건, 그 죽어가는 사람에게 내가 해 줄 수 있는 것이 아무 것도 없기 때문이기도 할 거야.

그렇다면 사랑하는 사람이 내 곁을 떠난 후의 상실감과 슬픔을 조금이나마 줄이기 위해 우리가 할 수 있는 일은 무엇일까? 바로, 지금 이 순간을 보다 소중히 여기는 것, 그리고 지금 할 수 있는 것들을 하는 것이란다.

지금 이 순간 그 사람의 곁에 있어 주기, 지금 이 순간 그 사람과 맛있는 것 함께 먹기, 지금 이 순간 그 사람의 이야기 들어주기, 지금 이 순간 그 사람에게 사랑하고, 고맙고, 미안하다고 이야기해 주기……

모든 사람은 언젠가 헤어진단다. 그 사람과 이별 후 조금이나마 덜 미안해하고, 덜 슬퍼하기 위해 지금 네가 할 수 있는 최선을 다 하렴.

만일 무언가를 하려할 때 쑥스러움 또는 부끄러움 등으로 인하여 그 행동을 하기가 머뭇거려진다면, 지금 네가 하고자 하는 그 행동을 언젠가 하고 싶어도 할 수 없는 날이 온다는 점을 기억하렴.

가족을 위해 우리가 할 수 있는 가장 최선은, 앞으로 잘하는 것이 아니라 바로 지금, 소중함을 느끼는 이 순간에 최선을 다하는 것이라는 점을.

- 아빠가 -

9 3월 1일 금요일

미안한 하루

"지금 시기가 어떤 시간데 이렇게 행동을 해요?!"

아침부터 한 겨울 찬바람보다 더욱 매섭게 쏘아붙이는 집사람의 쨍한 소리가 귓전을 울린다. 어젯밤, 늦은 시각까지 이어진 나의 술자리 때문이다.

"대체 정신이 있어요, 없어요? 엄마 상태 몰라요? 오늘 당장 어떻게 되실지 모르는 상황인데, 어떻게 그 시간까지 술을 마시고 취해서 들어와요?"

입이 열 개라도 할 말이 없다. 분명 이유가 있는 술자리였다. 친한 친구들을 오랜만에 만났고, 저녁을 먹다보니 이야기가 길어져 술자리로 이어졌다. 장모님이 위중하시긴 하지만 한고비 넘겼다고 생각했고, 평소 금쪽 같이 여기고 살아온 인간관계를 등한시 할 수도 없는 노릇이었다.

그러나 내가 오늘 아무 말도 하지 못한 데에는 한 가지 이유가 더 있었다. 어제가 민이 생일이었는데 장모님이 위급하시다고 연락이 와서 모두들 병원에 있느라 아침에 민이 미역국도 못 끓여줬으니 저녁에 케익이라도 같이 먹자 하였는데, 그 약속도 못 지켰기 때문이다. 이 때문인지 민이 역시 어딘지 모르게 아침 내내 퉁명스러운 모습이다. 민이에게 다가가 슬그머니 말을 걸어 보았다.

"민아, 학원 가야지. 아빠랑 같이 나가자."

"가는 길에 병원 들러서 할머니 좀 뵙고 가려고요. 그냥 엄마랑 갈게요."

말이 끝나기가 무섭게 집사람과 민이가 짐을 챙겨 집을 나섰다. 가족들이 모두 빠진 텅 빈 거실에 홀로 앉아 있으려니, 새삼 때와 장소에 맞게 행동하는 것이 얼마나 중요한지 다시 한 번 뼈저리게 느껴진다. 당분간은 주변 지인들을 챙기는 일보다 장모님과 민이에게 조금 더 신경을 써야겠다.

아빠가 들려주고픈 아홉 번째 이야기

건강하고 행복한 술자리

민아, 너도 알다시피 아빠는 술자리를 무척 즐긴다. 밖에서는 사람들과 술잔을 기울이며 평소에 하지 못했던 이런 저런 이야기들을 나누기도 하고, 또 집에서는 가끔 엄마와 술 한 잔을 하며 피곤한 바깥 생활의 고단함을 털어내고는 하지. 그런데, 아빠가 술을 마실 때에 늘 잊지 않고 기억하려고 하는 점이 한 가지 있단다. 바로, '내게 맞는 술'을, '상황에 맞게', '좋은 사람'과, '적정량' 마셔야 한다는 것이다.

너도 이제 성인이 되었고 앞으로 술 마실 일들이 많이 생기겠지.. 술을 마실 때 네가 잘 마실 수 없는 술을 억지로 마시거나 호기로 마시지 말아라. 몸에 맞지 않는 술을 억지로 마시는 것은 독이 되니 말이다. 또, 사람들은 괴롭고 힘든 일이 있을 때에 술을 마시는 경우가 많단다. 그러나 기분이 좋지 않을 때에는 내가 감당할 수 없는 정도의 술을 마시게 되고, 이로 인해 평소 하지 않던 실수를 하게 될 확률이 크다. 기분이 안 좋을 때 술에 의지하려 하지 말고 다른 해결 방법을 찾아라..

네가 과음을 할 때 방관하거나 주량 이상의 술을 권하는 사람과는 술을 마시지 마라. 함께 술 마시기 좋은 사람이 아니기 때문이다. 술을 마실 때 너의 상태를 파악하고, 적당한 선에서 자제시킬 수 있는 사람이야말로 네가 함께 술잔을 기울여야 할 사람이다.

마지막으로, 네가 맑은 정신으로, 기분 좋게 사람들과 이야기 나눌 수 있는 적정량이 얼마 만큼인지 알고 마셔라. 술을 마시면 판단력과 자제력이 흐려지기 마련인데 너의 적정량을 알고 마시면 멈추어야 할 때가 언제인지 쉽게 알 수 있을 것이다.

좋은 사람과 건강하게 마시는 술 한 잔은 약이 되지만, 잘못 마시는 술 한 잔은 독이 된다는 사실, 잊지 말고 기억하렴.

- 아빠가 -

10 3월 3일 일요일

장거리 육상 선수가 되어라!

"아침 드세요."

집사람이 차려준 떡만둣국으로 간단히 하는 아침 식사, 맛있게 먹는 민이와 둘째아이의 모습을 보니 먹지 않아도 배가 부르다.

한창 식사를 하던 중, 둘째아이가 한 마디 한다.

"아빠, 지난번에 넘어간 오빠 생일 선물은 언제 챙겨주실 거예요?"

"응?"

"약속 못 지켜서 미안하다고, 오빠 선물 사주신다고 했잖아요. 설마 벌써 잊으신 거예요?"

잊었을 리가 없다. 힘든 시기에 생일조차 함께 해 주지 못한 데에서 오는 미안함이 얼마나 컸던지, 내내 마음에 걸렸기 때문이다.

"그럴 리가 있니? 당연히 챙겨 줘야지. 민아, 너 시간 날 때 뱅뱅사거리에서 한 번 보자. 청바지 하나 사 줄게."

민이의 대답을 미처 듣기도 전에, 둘째아이가 불쑥 끼어든다.

"아빠! 그럼 제가 따라 갈래요! 오빠 바지 제가 골라주면 되잖아요!"

"그럴래? 하긴, 남자 둘이 가서 고르는 것보다야 네가 같이 가서 골라주면 더 고르기 쉬울 지도 모르겠구나."

"히힛. 가는 김에 나도 청바지 하나 얻어 입어야지."

제 생일 선물을 사준다고 한 것도 아닌데 한껏 신이 난 둘째아이와 달리, 민이의 표정은 무덤덤하다. 요새 늦게까지 공부하는 일이 잦은 것 같던데, 혹시 체력이 달려서 그런 것은 아닌지 걱정스럽다.

"민아, 장거리 육상 선수가 단거리 육상 선수와 다른 점이 무엇이라고 생각하니?"

"글쎄요……. 단거리 육상 선수보다 지구력이 필요하다는 점?"

"그래, 맞아. 그런데, 장거리 육상 선수가 목표한 거리를 반드시 달리기 위해서 잊지 말아야 하는 점이 한 가지 더 있단다."

"뭔데요?"

"바로, 처음 스타트 신호에 맞추어 출발할 때의 열정과 동기를 잃지 않고 결승점까지 유지하는 것이란다. 처음에 달리기를 시작할 때에는 분명 목표한 거리를 완주할 거라 다짐하고 이에 임하지만, 힘든 구간에 접어들거나 시간이 흐름에 따라 의지는 약해지게 되지. 처음에 품은 이 열정을 결승점까지 유지하지 않는다면, 결승점까지 완주하는 것이 결코 쉽지 않은 일이란다."

인생 역시 이와 다를 바가 없다. 나는 간혹 주변인들과 이야기를 할 때, 인생이야말로 마라톤의 연속이라는 말을 하곤 한다. 살아가면서 이루고자 하는 크고 작은 목표들이 마라톤의 결승점과 같으니까 말이야. 우리는 이 목표를 향해 열정을 가지고 달려 나가게 되지만 처음 먹은 마음과 열정을 끝까지 유지하지 못한다면, 결국 목표를 이룰 수 없기 때문이다.

나는 민이가 인생에 있어 단거리 육상 선수가 아닌, 장거리 육상 선수가 되기를 바란다. 비록, 속도가 그리 빠르지 않더라도 말이다.

짧은 통원길, 나의 이러한 바람이 민이에게 잘 전해졌으면 하는 마음이다.

아빠가 들려주고픈 열 번째 이야기

동기를 꾸준히 이어가는 방법

어떠한 행동을 일으키게 하는 내적인 요인을 '동기'라고 하지? 동기는 목표를 세우고, 이를 이루어나가기 위해 무엇보다 중요한 것이란다. 오늘은, 우리의 마음을 움직여 행동하게 하는 '동기'를 꾸준히 이어나가는 몇 가지 방법에 대하여 이야기를 해 보고 싶구나.

하나, 실패를 '끝'이 아닌 '도전'의 과정으로 생각해야 한단다.
실패를 끝이라고 생각하고 좌절하는 순간, 정말 모든 것은 끝나버린단다. 하지만 이를 다시금 일어서는 발판으로 여긴다면, 자신의 내면의 힘을 키우는 자양분이 되지.

둘, 몰입을 위해 '최종 목표'가 아닌, '수행 목표'에 집중하렴.
최종 목표에 대한 지나친 집착은 오히려 이를 이루지 못한 순간 이상과 현실의 괴리감으로 인해 나를 주저앉게 하는 장애가 될 수도 있단다. 너무 멀리 있는 최종 목표보다, 오늘 당장 이루어나갈 수 있는 하나하나의 수행 목표에 집중해 보렴.

셋, 설령 행동의 결과가 기대에 못 미치더라도 이를 이루기 위해 내가 들인 노력에 집중해 보렴.
결과 보다 중요한 것이 노력의 과정이란다. 이러한 노력이 하나하나 모여 쌓이게 되면 추후 더욱 큰 열매를 맺는데 필요한 거름이 될 것이다.

- 아빠가 -

11 3월 9일 토요일

장모님 소천

3월 7일 오전 11시 20분. 깊은 병환으로 생의 마지막을 내내 고통스러워 하셨던 장모님께서 결국 우리 곁을 떠나셨다. 3일 간의 장례를 치르고 난 3월 9일 오전 6시 30분, 작고 마르셨던 장모님의 육신은 화장을 거쳐 약 1시간 만에 고작 한 줌의 재가 되어 돌아왔다. 어머님의 유골을 곱고 예쁜 아이보리빛 유골함에 담아 추모원에 안치하였다.

'이것으로 정말 끝인가…….'

너무나도 허무한 마음에 어느 것 하나 아쉽지 않은 순간이 없다. 부모님 살아 계실 때 잘 하라는 말을 명심하고 실천했다고 생각해 왔는데 막상 장모님을 이렇게 보내드리고 나니 잘 한 것은 하나도 떠오르지가 않고 그저 더 해드리지 못한 것만 잔뜩 떠올라 후회스럽기 그지없다.

"나 왜 안 죽어?"

"배 아파."

병환의 끝자락에서 장모님께서 하품처럼 자주 하셨던 말씀이다. 그 말을 들었을 때 가슴이 아파서 차라리 편하게 보내드리는 것이 도리가 아닌가 하고 생각한 적도 있었는데, 역시 곁에 계신 것과 그렇지 않은 것은 엄연히 다르다.

3일 간의 장례를 치르는 내내 가슴을 찌르는 고통이 수없이 왔다갔다. 그러나 내가 겪는 이 고통이 생의 끝자락에서 장모님이 겪으신 고통에 비할 수야 있으랴. 그저 바람이 있다면, 떠나간 그곳에서는 더 이상 아파하시는 일이 없기를 바랄 뿐이다.

'어머님, 이제 안 아프세요? 보고 싶습니다.'

아빠가 들려주고픈 열한 번째 이야기

힘든 시간을 이겨내는 방법, '이 또한 지나가리라'

살아가다 보면 행복한 기쁨의 시간도 있지만 힘든 고통의 순간도 있겠지. 슬픔에 빠져 힘든 시간을 어떤 사람들은 잘 극복하고 일상생활로 돌아오는 반면, 어떤 사람은 그렇지 못하지. 희로애락은 감정의 문제이고 사람마다 감정을 표현하는 방법과 컨트롤하는 기술이 다를 테니 말이야. 오늘은 마음속 슬픔을 이겨내는 방법에 대해 이야기를 해 볼까 한다.

1. 부정적인 상황을 계속 반추하지 말라.
부정적인 상황을 계속해서 돌아보는 것은 후회와 절망, 그리고 슬픔을 오래토록 가게 만든단다. 지금 너에게 슬픔을 주는 일이나 상황이 있다면, 지금 한 번 돌이켜보렴. 그 일과 상황 속에 과연 슬프고 후회되는 일만 있는지 말이야. 부정적인 생각은 또 다시 부정적인 상황을 불러올 수 있단다.

2. 용서하는 법을 배워라.
누군가와의 갈등으로 인하여 마음이 괴롭고 슬프다면, 그를 용서하는 법을 배워보렴. 누군가에 대한 불만과 갈등은 너로 하여금 계속해서 부정적인 생각을 가지게 하는 요인이 될 수 있다. 용서를 하는 것만으로도 너의 슬픔의 원인이 되는 스트레스가 절반으로 줄어들 수 있을 거란다.

3. 삶의 긍정적인 면을 발견하라.
아무리 나쁜 상황이라도 그 안에는 분명 긍정적인 부분이 존재한단다. 예를 들어, 외할머니께서 돌아가신 일은 너무나 슬픈 일이지만 외할머니를 그토록 괴롭혔던 고통에서 벗어나실 수 있게 된 것과 같이 말이야. 나와 주변, 그리고 삶 속에서 아주 작은 것이라도 긍정적인 부분을 발견하려고 노력해야 한다. 습관이 된다.

'이 또한 지나가리라' 이 말만큼 슬픔과 고통을 극복하는 방법에 어울리는 말은 없다고 생각한다. 잊지 말고 기억하렴. 슬픔과 고통의 시간들은 반드시 지나간단다.

- 아빠가 -

12 3월 10일 일요일

아련한 추억들

발인 후 장모님이 좋아하셨던 병원 앞 냉면 집에서 다 같이 점심 식사를 하고 헤어져 집으로 돌아와 우리 가족들 모두 마법에라도 걸린 듯 깊은 잠에 빠졌다. 저녁도 거른 채 자고 일어나니 일요일 아침이다.

그리고 이제 정말 끝이구나, 가셨구나, 라는 실감이 확연해진다. 장모님이 돌아가셔도 주변은 이전과 다름없이 돌아간다.

나는 예전처럼 회사를 나가고, 민이는 재수학원으로 가고, 둘째아이는 학교생활을 하고, 집사람 역시 자신만의 시간을 찾아갈 것이다. 그런데 이렇듯 아무렇지 않게 흘러가는 시간이 때로는 더욱 서러울 때가 있다. 장모님이 편찮아도 곁에 계실 때는 걱정과 근심, 가슴 아픔이 마음 한켠에 자리 잡고 있었는데 장모님이 떠나시고 난 지금은 허전함이나 슬픔조차 우리 곁에 머무르지 않는 것 같은 쓸쓸함이…

가라앉은 분위기 속에서 모두들 아무렇지도 않은 듯 아침 식사를 마치고 나니, 어쩐지 무거운 공기가 부담스럽다. 어떻게든 집 안 가득 고여 있는 이 무거운 기운을 걷어내고 싶었다.

"애들아, 아빠랑 같이 할머니 납골당에 붙여 둘 사진들을 좀 골라볼까? 사진이라도 붙여두면 혼자 계신 할머니가 좀 덜 외로우시지 않겠니?"

"좋아요."

함께 보낸 시간이 짧다고만 생각했는데, 막상 사진들을 펼쳐놓고 보니 그동안 우리가 함께 쌓아온 추억이 참 많기도 하다. 나들이를 가 함께 찍은 사진 속 장모님은, 참 곱기만 하다.

사진 속 추억을 하나하나 들춰보니 나도 모르게 행복했던 순간이 마치 어제 일처럼 떠올라 눈물이 왈칵 쏟아졌다.

아이들이 볼까 겨우 추스르고 다시 사진들을 보기 시작했다. 사진 속 민이와 둘째아이의 모습에 '참 아이들이 빨리도 자랐구나.' 하는 생각이 든다. 아이들은 너무 빨리 자라 자라는 그 순간을 함께 하지 못하면 나중에 정말 아쉽다고 하더니, 늘 곁에서 아이들이 자라는 모습을 지켜봐 왔음에도 지나간 시간이 자못 아쉬운 것은 어쩔 수가 없다.

몇 장의 사진을 고르기 위해 이 앨범 저 앨범 들여다보면서 오랜만에 밤늦게까지 가족들 간에 옛 추억을 곱씹는 시간을 가졌다.

이 또한 장모님이 주신 선물인가?

아빠가 들려주고픈 열두 번째 이야기

평생을 두고 볼 추억을 기록으로 남겨라

아빠가 삶을 살다보니, 사랑하는 사람들과 나눈 추억을 기록해 두고, 이것을 훗날 함께 꺼내 볼 때만큼 행복한 순간이 또 없더구나. 예를 들어, 너희들과 어릴 적 나눈 추억이 담긴 사진을 함께 보는 순간 역시 이 아빠가 가장 행복해마지 않는 순간 중 하나이지. 그런 의미에서 아빠는, 즐거웠던 순간순간을 기록으로 남겨두는 것만큼 중요한 일이 없음을 여러 번 강조하고 싶구나.

살다보면 행복함을 느끼는 순간이 제법 많이 있단다. 지금 와서 돌이켜보면 가장 아쉬운 점 중 하나가 바로 그 순간순간을 사진으로 남겨두지 못한 것이란다. 이렇게 시간이 지나고 돌이켜 보면 당시의 행복했던 순간을 돌아보는 것만으로도 삶에 대해, 또 내 곁을 지켜주는 주변 사람들에게 감사함을 느낄 수 있는데 말이다.

너희가 살아갈 앞으로의 사회는 사진이 아니더라도 분명 지금 이 순간을 기록할 다양한 방법이 많이 있겠지. 어떠한 방법이라도 좋단다. 지금 이 소중한 시간이 다시 돌아오지 않는다는 것을 명심하고, 너만의 방법으로 기록한 후 언젠가 네가 그것을 누군가와 나누고 싶을 때 다시 꺼내어 보렴. 그것만으로도 너의 삶이 몇 배는 더 행복해질 것이다.

- 아빠가 -

13 3월 13일 수요일

아빠의 행복이란..

여느 때와 다름없이 학원으로 향하는 아침, 모처럼 차 안에서 민이와 의지가 가득한 이야기를 나누었다.

"민아, 아침부터 뜬금없는 소리기는 한데 이 아빠가 약속 하나 할게."

"네?"

어리둥절해 하는 민이의 표정.

"아빠에게 있어 행복이란 자식들의 행복이랑 직결되어 있어. 그러니까 이 아빠는, 너희들을 행복하게 해 주기 위해서 최선을 다할 거야. 오늘은 그중 하나인 돈과 관련된 약속을 하려구. 정말 현실적인 이야기인데, 세상을 행복하게 살기 위한 많은 조건 중에 경제력은 무시할 수 없는 조건이니까. 그리고 다다익선이니까..많을수록 좋지 않을까? 하하하 앞으로 아빠는 더 열심히 일하고 돈을 벌어서 우리 가족이 보다 행복하게 살 수 있는 좋은 집으로 이사를 할 거야. 또 네 동생이 시집가고, 네가 장가를 갈 때 힘들지 않도록, 최소한의 지원을 아끼지 않을 거란다."

내가 처음 결혼생활을 시작할 때만 해도 어렵게 시작해 돈을 모아가며 살림을 하나하나 늘려가는 재미가 있는 것이 사실이었다. 하지만 앞으로 아이들이 살아가야 할 시대는 다르다. 나날이 치솟는 물가와 팍팍한 생활로 인하여 아무것도 없이 시작하여 열심히 산다 해도 더 이상 이전처럼 집도 사고, 차도 사고, 살다 보면 여유로운 날도 오는 그런 시대가 아닌 것이다. 이 때문에 아이들이 결혼할 즈음 내가 해 줄 수 있는 최소한을 해주고자 한 것은 사실 나의 주요한 인생 계획 중 하나이기도 했다.

"음. 그럼 저도 뭔가 아빠와 약속을 해야 할 것 같은데……. 무엇이 좋을까요?"
"너도, 네가 할 수 있는 걸 약속하면 되지."

잠시 눈을 반짝이던 민이 이내 입을 연다.

> "그럼 역시. 올해 당장 할 수 있는 것부터 약속할게요.
> 전, 올 한해 제가 할 수 있는 최선을 다해 다가올 수능 시험을 잘보고,
> 제가 원하는 대학에 합격해서 자신감을 찾을 거예요."

"하하하. 정말 그렇게 된다면 엄마, 아빠도 정말 기쁘겠다. 물론, 너희들은 지금도 이 아빠와 엄마의 자부심이다."

새끼손가락을 걸자마자 금세 민이가 내릴 곳이 보인다. 평소보다 밝은 표정으로 민이를 내려주고 난 후 서둘러 회사를 향해 차를 돌렸다. 어쩐지 오늘 하루는 일이 잘 풀릴 것만 같다.

아빠가 들려주고픈 열세 번째 이야기

먼 훗날 직업이나 회사를 바꾸고 싶다면

민아, 네가 언젠가 대학 생활을 마치고 사회생활을 시작하게 되면 때로 힘들고 지쳐 다른 직장으로 옮기고 싶다는 생각이 들 수 있단다. 또는 아예 다른 일을 하고 싶다는 생각 역시 들 수 있지. 너뿐만 아니라 모든 사람들이 사회생활을 하던 중 이러한 고민에 빠진단다. 그럴 때는 다음과 같은 점 네 가지를 꼭 네 자신에게 반문해 보렴. 그렇다면, 잘못된 선택으로 인한 실패를 줄일 수 있을 게다.

1. 급여가 적어서 떠나고자 하는가?
만일 현재 직장에서 받는 급여가 적어서 떠나는 것이라면, 다음에 옮길 직장에서 최소한 현재 받는 급여의 30% 이상은 받아야 할 것이다. 그래야 적은 급여로부터 오는 갈등을 어느 정도 줄일 수 있을 테니 말이다.

2. 일이 싫어서 떠나고자 하는가?
아무리 현재 하는 일 또는 직장이 싫어서 떠난다고 하더라도 지금 네가 하고 있던 일은 반드시 잘 해내고 떠나야 한다. 또한, 이직한 후 네게 주어질 업무의 책임과 권한이 많아야 하고, 더 고급진 업무여야 한다.

3. 사람이 싫어서 떠나고자 하는가?
사람들이 싫어하는 그런 사람은 어디를 가도 있다. 사람으로 인하여 자신이 하는 일을 그만두고자 하는 것이 가장 어리석인 일이다. 그럼에도 불구하고 꼭 그 직장을 떠나야겠다면, 그 사람과의 관계를 나쁘지 않게 마무리하고 떠나라. '會者定離 離者定會(회자정리 이자정회)'라는 말이 있다. 반드시 그 사람을 적이 아닌 아군으로 만들고 떠나라. 사람은 언제 어디서 다시 만날지 모를 일이니.

4. 미래가 있는 곳인가?
마지막으로, 네가 옮기고자 하는 곳이 미래가 있어야 한다. 만일 옮길 회사에서 지금 회사보다 더욱 나은 일을 할 수 있는 기회가 있고 발전적인 미래가 있다는 확신이 든다면, 망설이지 말고 떠나라.

- 아빠가 -

14 3월 16일 토요일

어느 봄날의 게으름

봄이라 그런지 주위에 이런 저런 행사가 참 많다. 오늘은 거래처인 한방병원에서 새로이 오픈하는 센터에 대한 마무리 공사가 예정되어 있는데다가 토요일이라 결혼식까지 가야한다.

'아, 피곤하다.'

지난 주 내내 제대로 쉬지를 못한 탓인지, 아니면 장모님 장례식을 치르느라 쌓인 피로가 채 가시지 않은 탓인지 쉬어도 쉬는 것 같지가 않다. 잠시 소파에 눕듯 앉아 몸을 기대고 있는데, 민이가 학원을 가려 주섬주섬 나온다.

"아빠, 언제 나가요?"

"응?"

평소 같으면 민이가 나오기 전에 미리 나갈 준비를 마쳤을 테지만 오늘따라 어쩐지 잠시나마 쉬고 싶다는 게으름이 올라와 행동이 느릿하기만 하다.

'아. 그냥 오늘은 민이 혼자 가라고 할까……. 너무 피곤하네.'
대답이 없으니 민이가 물끄러미 나를 바라본다.

"아빠?"

두 번째 부름에도 선뜻 몸이 일으켜지지 않자 그냥 현관 쪽으로 나가 신발을 신는다.

"아빠! 안 가실 거예요? 그럼 저 혼자 가요!"

"아, 아니다. 같이 나가자."

민이와 함께 학원으로 향하는 길, 문득 아이에게 미안한 마음이 든다.

'어휴. 올 한해 학원가는 길은 꼭 동행해 주리라 마음먹은 지 얼마나 됐다고. 나도 참.'

어쩐지 아빠의 게으름을 들켜버린 것 같은 부끄러움에 민이 쪽을 힐끗 쳐다보니 무표정한 얼굴로 창밖만 내다보고 있다. 섭섭했나? 어쩌면 당연한 일인지도 모른다. 대학에 들어간 친구들은 늦잠을 자거나 게으름을 부리고 있을 주말 아침, 학원에 가야 하는 본인의 상황도 속상했을 텐데 아빠가 귀찮아하는 듯 보였을 테니...... 아침의 좋지 않은 기분이 혹여 하루의 컨디션에 영향을 미칠까 싶어 평소 하지 않던 이런저런 농담을 던지니, 그만 하시라는 듯 한마디 날아든다..

"아.버.지"

"다녀오겠습니다." 평소보다 낮은 말투로 인사하고 학원을 향해 걸어가는 민이의 뒷모습을 보니 한숨이 푹 하고 새어나온다.

"휴. 잘한다. 잘해. 기운은 못 더해줄망정. 어휴!"

반성, 또 반성해야 할 것만 같은 하루다.

아빠가 들려주고픈 열네 번째 이야기

게으름 떨쳐내기

하고 싶지 않은 일을 해야 하거나 마주하기 싫은 상황을 마주해야 할 때 사람들은 게을러지고는 한단다. 어떠한 이유에서든 게으름은 그리 좋은 것이 아니란다. 그것은 바로 나 자신이 약한 정신력을 가지고 있거나 내게 주어진 책임을 피하려 한다는 증거이니 말이다.

스스로가 게을러지는 것 같은 순간, 잠시 시간을 가지고 지금 어떠한 일이 일어나고 있는지 곰곰이 떠올려 보렴. 그리고 지금 너의 발목을 잡는 것이 무엇인지 한 번 잘 생각해보렴. 지금 내가 직면한 문제가 무엇인지 정확히 알고 나면 그것을 어떻게 직면해야 할지도 명확해져 보다 중요한 일에 집중할 수 있게 될 거란다.

앞에서 말한 것이 마음으로 준비하는 일이라면, 마음만큼이나 행동을 일으키는 것 역시 중요하지. 예를 들어, 일어나서 침대에서 몇 분간의 달콤한 게으름을 즐기는 대신 바로 몸을 일으켜 하루를 시작할 준비를 한다거나 체크 리스트 등을 만들어 그날 해야 할 일을 명확히 하고 이를 반드시 실행에 옮기는 것과 같이 말이다.

마지막으로, 내가 세운 목표를 열심히 이루어나갔을 때에는 내가 가장 좋아하는 일로 내게 보상을 해 주렴. 이는 앞으로도 네가 일을 지속적으로 해 나가는 데에 큰 원동력이 될 것이니 말이다.

아빠는 일하기 싫고 게을러질 때면 가급적 외부사람과 약속을 많이 잡는단다. 약속을 지키기 위해 부지런히 움직이다보면 어느새 게으름은 사라지고 없어지니까...

너만의 게으름을 치워버리는 방법을 만들어보는 것도 좋겠다.

- 아빠가 -

15 3월 19일 화요일

성공한 선배 이야기

어김없이 차를 타고 민이와 함께 학원으로 향하는 아침. 우연히 강연을 들으면서 알게 된 같은 대학출신의 배 선배님에 대한 이야기가 나왔다.

사람이 살다보면 때로 노력만 가지고 되지 않는 일들이 있다. 그럴 때 꼭 필요한 것이 바로 운이다. 나는 이 운과 관련된 이야기가 나올 때마다 종종 강연에서 들은 배 선배님에 대한 이야기를 하는 편이다.

배 선배님은 처음 S그룹에 직원으로 입사하여 약 10년, 그리고 그 이후에는 S그룹 보안전문회사와 광고대행사에서 임원 및 사장을 지내며 약 20년을 보낸 그야말로 S그룹맨이었다.

그가 사장으로 지내던 어느 날, 사장단 회의 겸 휴가로 두바이를 방문할 일이 있었다. 사장단 회의 중간 중간 아침, 점심, 저녁을 그룹 회장님을 모시고 하게 되었고, 매 식사 때마다 각기 회사의 자랑거리, 좋은 덕담 등을 끊임없이 이어갔다고 한다. 며칠이 지나자 이야기 거리가 바닥나자 대부분 그룹 회장과 그룹에 대한 아첨의 이야기를 시작했고 배 선배님도 그룹 회장에게 아첨의 한마디를 건넸다고 한다.

"회장님, 감사합니다. S그룹이 오늘날 이렇게 세계적인 그룹으로 거듭나게 된 것은 그야말로 모두 회장님의 덕이 아니겠습니까?"

늘 그렇듯이 그룹 회장은 특별한 대꾸 없이 식사를 계속하셨고 이에 배 선배님은 이야기를 이어갔다고 한다.

"회장님, 저는 운이 참 좋은 놈입니다. 농대 축산과를 나와서 어찌 S그룹에 입사하여 10년을 사원으로, 10년을 임원으로, 또 10년을 사장으로 지냈습니다."

이회장이 고개를 들어 배 선배님을 한참을 쳐다보더니 이렇게 말씀하셨다고 한다.

"배 사장. 운? 그것 참 좋은 거지. 그런데 세상에는 거~져 되는 것은 하나도 없어."

정말 그랬다. 선배가 나온 대학은 일류대학이지만, 그가 나온 학과는 축산학과로 기업에서 선호하는 학과는 아니었다. 그런 그가 대학을 졸업한 후 공채로 S그룹을 들어가고 나름의 능력을 인정받아 부장까지 달고 난 후, 어쩐지 모를 자만심이 생겼다고 한다.

'그래. S그룹에서 부장까지 지냈는데 내가 나가서 못할 일이 뭐야.'

그는 곧 회사를 나가 야심찬 포부로 사업체를 열었다. 그러나 포부와 달리 세상은 만만치 않았다. 그가 차린 회사는 곧 망하고 말았다. 고심의 시간을 보내던 중, S그룹에 재입사하는 기회를 얻었고 그렇게 그는 이후 S그룹에서 임원과 사장으로 20여년이라는 긴 시간을 몸담게 되었다.

그룹 회장이 배 사장에게 이야기한 "운, 그거 참 좋은 거지. 그런데 세상에는 거~져 되는 것은 하나도 없어."란 말의 의미를 얼마 지나 알게 되었다. 배 선배는 S그룹의 보안전문회사의 수직적이고 경직된 조직을 잘 운영했으며, 광고대행사의 수평적이고 자유분방한 문화를 즐길 줄 알았으며, 또한 2002년 월드컵을 전후하여 유럽의 명문축구단 첼시의 유니폼에 CI를 광고하는 결단을 내려 큰 성과를 내었다고 한다. 그 뿐만이 아니다. 배 선배님은 늘 책을 가까이하고 남들보다 부지런하고 부드러웠다고 한다.

그룹 회장이 이야기한 "세상에 거~져 되는 것은 하나도 없다."라는 말이 의미가 있었다.

정말 살다보면 다른 사람에 비해 유독 운이 좋은 사람이 있다. 취업을 하려고 하면 넣는 족족 서류가 붙고, 사는 주식이나 부동산마다 소위 말하는 대박이 나는 그런 '운 좋은 사람' 말이다.

그러나 생각해 본 적이 있는가? 그렇게 넣는 족족 붙는 서류를 만들기 위해 그가 들인 노력이 얼마이며, 사는 족족 오르는 주식이나 부동산을 찾기 위해 그가 들인 공부의 시간을 말이다.

운 좋은 사람은 분명 있다. 그러나 준비되지 않은 사람에게 그 운은 절대 찾아오지 않는다.
아마도 배 선배님이 그런 분이라서 내가 종종 이야기하는 것일 게다.

아빠가 들려주고픈 열다섯 번째 이야기

준비된 사람에게만 운도 찾아온다

다른 사람처럼 공부를 열심히 하는 것 같지도, 또는 특출한 점이 있는 것이 아닌데도 유달리 운이 좋은 것 같이 보이는 사람이 있다. 과연 그럴까? 아빠는 그렇지 않다고 생각한단다. 특별하지 않은 것 같아 보여도 늘 운이 좋은 사람에게는 분명 다른 일반적인 사람들과 다르게 생각하고, 행동하는 점이 있단다. 그것이 무엇인지 한 번 같이 알아보자.

먼저, 운이 좋은 사람들은 때와 장소에 관계없이 늘 묵묵히, 자신의 일을 열심히 한다. 또, 긍정적인 사람들을 주변에 많이 두어 그 에너지를 자신의 것으로 만들지. 부정적인 사람들을 주위에 많이 두면 그들과 씨름하느라 놓아버리는 에너지도 만만치 않을 것이다.

그들은 긍정적인 생각을 많이 하는 데에 자신의 온 힘을 쏟아 붓는데, 때로는 이를 위해 명상이나 산책과 같이 혼자만의 시간을 가지기도 한다. 이 시간 동안 그들은 너무 지나친 고민에 빠지는 것을 경계하고, 목표에 더욱 잘 집중하는 방법에 몰입하지. 지나친 고민을 해 봤자 내가 할 수 없는 일은 할 수 없는 일이다. 이 때문에 그들은 자신이 할 수 없는 한계를 명확히 인지하고, 불필요한 고민에 쏟아 붓는 시간을 최소화하지.

또한 운이 좋은 사람들은 뚜렷한 목표를 가지고 생활하는 데 이 목표를 이루기 위한 계획을 스스로 끊임없이 확인하고, 그것이 적절하지 않은 경우 계획을 변경할 줄도 안단다. 그들에게 중요한 것은 단기 계획이 아니라, 최종 목표이기 때문이다. 마지막으로 그들은 그 누구보다 자신을 믿는단다. 그들의 실행력과 결단력은 바로 이러한 자기 믿음에서 나오기도 하지.

어떠니, 민아? 과연 너의 평소 행동 중에도 이들이 가진 행동적 특성과 맞는 부분이 있을까? 한 번 잘 생각해보고, 만일 부족한 부분이 있다면 상황이나 여건이 아닌, 나 자신을 먼저 돌아보는 민이가 되었으면 좋겠구나. 어떤 운이든 결코 준비되지 않은 사람에게는 찾아오지 않는다는 사실을, 꼭 기억해 주었으면 좋겠다.

- 아빠가 -

16　3월 22일 월요일

그저 오늘 하루 열심히!

요즘 들어 시간이 쏜살같이 지나간다는 생각이 든다. 누군가의 말에 따르면, 40대 후반은 마치 시간이 화살과 같이 지나가는 때라고 한다. 정말 그 말이 실감이 난다. 한 주로 예를 들면, 월요일이 되어 이번 주에 해야 할 일들을 하나하나 정리하기 시작했던 것이 바로 어제 같은데 눈 한 번 깜박였다 뜨니 벌써 한 주 업무를 정리해야 하는 금요일인 것이다.

문득 궁금하다.
'민이도 지나간 이 일주일이 너무도 빠르다고 느끼고 있을까? 아니면 그저 지루하게 느껴질까?'

"민아, 벌써 금요일이구나. 이번 주는 계획한 대로 공부 잘 했니? 피곤하지? 그래도, 금요일이니까 오늘 하루는 다른 거 다 잊고 즐겁게 보내렴. 학원도 좀 일찍 마치고 돌아와서 하고 싶었던 것 한 가지라도 꼭 하고."

"정말 이상해요."

"응? 뭐가?"

"금요일이 오면 항상 좋긴 한데, 그만큼 아쉬운 마음도 커요. 나름 한주 초에 세운 대로 공부를 하려고 하고 이에 맞게 공부하고 있다고 생각하는데, 금요일 쯤 되면 뭔가 모자란 거 같은데 시간은 부족하더라고요. 근데 또 수능까지 남은 날을 하나하나 세어보면 아직도 너무 멀어서, 다음 생같이 길게 느껴지기만 하고……."

지난 한 해 동안 마지막이라는 생각으로 고3 수험 생활에 임했을 텐데 그 힘든 시간을 다시 한 번 겪어내려니 여간 힘든 일이 아닐 것이다. 그럼에도 불구하고 한 번 경험했던 일이라고 올 한해 오히려 작년보다 담담하고도 안정된 모습으로 자신만의 수험 생활을 해 내는 민이를 보며 기특하다고 생각한 적이

한 두 번이 아니다. 그런데 오늘 민이 말에서, 표현은 안하고 있지만 저 혼자 불안하고 힘든 시간을 보내고 있는 것이 느껴져 가슴이 아프다. 무언가 위로될 말을 한 마디라도 해 주고 싶어 속에 있던 말을 한 마디 꺼낸다.

"시간이 길고 짧은 게 뭐가 중요하겠니.
너는 너대로 그저 오늘 하루 주어진 시간 네가 하고자 하는 일에 최선을 다하고,
그렇게 하루하루를 보내다보면 그동안의 노력을 검증하는 시간이 다가올 테니
또 그 순간엔 후회 없이 네가 그동안 쌓아온 것을 풀어놓으면 되는 거야.
올해 이렇게 열심히 한 만큼, 분명 결과도 좋을 테니 너무 걱정하지 말아라!"

1년 동안 준비한 것을 고작 단 하루의 시험에 쏟아 부어야 하는 수험생의 마음을 감히 내가 어떻게 모두 헤아릴 수 있을까.

다만 이 재수생활 동안 민이가 지난 수능의 실패로 잃었던 자신감을 조금씩이나마 되찾을 수 있기를 바랄 뿐이다.

민이, 파이팅!

아빠가 들려주고픈 열여섯 번째 이야기

지금 이 순간을 사랑하라!

행복하고 건강한 삶을 살기 위한 가장 중요한 요건이 무엇인지 알고 있니?
바로, '지금 이 순간, 나의 삶'을 사랑하는 일이란다. 오늘은 지금 이 순간을 사랑하는 몇 가지 방법에 대해 이야기를 해 보자꾸나.

하나. 무언가를 통제하려고 하지마라.
많은 사람들은 자신이 통제할 수 없는 여러 가지 상황을 통제하려고 하고, 이것이 자신의 뜻대로 되지 않으면 고통스러워하지. 하지만 알고 있니? 우리는 상황에 대한 반응은 통제할 수 있어도, 상황 자체를 통제할 수는 없다는 사실을 말이다.

둘. 융통성을 가져라.
일어날 수 있는 모든 가능성에 대해 열린 자세를 가지렴. '그럴 수 있다.'라고 생각할 수 있다면 예상치 못한 상황에서 느껴지는 불편한 감정 역시 최소화 할 수 있을 것이다.

셋. 문제 자체에 집중하기보다, 해결 방법에 집중하라.
문제를 가지고 있지 않은 사람은 없단다. 문제를 가지고 있지 않은 조직도 없단다.
그러나 중요한 것은 계속해서 문제에만 집중하다보면, 결코 그 문제 이후의 상황으로 나아갈 수 없다는 점이지. 문제가 아닌 문제를 해결하는 방법에 네 온 신경을 집중해 보렴. 그리하면 어느덧 한 발자국 앞으로 나아가 있을 테니.

아빠가 조직생활하면서 누군가로부터 듣고 늘 사용하는 말이 있지.

"문제제기(블레임, Blame)를 하려면 반드시 대안을 가지고 해주세요."

기억해두면 인생에 도움이 될 거야.

- 아빠가 -

17 3월 25일 월요일

근묵자흑(近墨者黑)

바쁘고 분주한, 그야말로 월요일다운 하루이다. 아침부터 각종 업무와 관련된 사항을 보고 받고 주간 업무 회의에, 거래처 미팅까지 마치고 보니 오전은 어느 새 훌쩍 지나가고 늦은 오후 시간이 되었다.

오후 내내 사내에서 직원들이 진행하고 있는 업무에 대해 이런저런 코칭을 하다 보니 날이 저물었다. 직원들이 늦게까지 남아서 업무를 처리하는 것까지 마저 확인하고 나니 시간이 제법 늦어 그 직원을 바래다주고 나도 집으로 향했다. 집으로 향하는 차안에서 문득 아침에 차 안에서 민이와 나눈 대화가 떠올랐다.

근묵자흑. 검은 먹을 가까이 하다 보면 자신도 모르는 사이에 검은 색이 된다는 뜻의 사자성어이다. 사실 살아가면서 이 말 만큼 인생에 있어 좋은 교훈을 주는 사자성어도 없다고 생각한다. 인생의 성공에 있어 절반은 '사람'에 있다고 생각하는 나이기 더욱 그렇다.

인생을 살면서 중요한 결정을 해야 하는 순간, 때로는 자신의 의지보다 주변인의 영향에 의해 그 결정을 하는 경우가 있다. 실제로 나의 경험을 비추어 봐도 초, 중, 고등학교 시절의 대부분의 결정은 부모님 또는 선생님의 영향을 받은 것이 대부분이었다.

학창 시절에는 이러한 영향으로 문학에 깊이 빠져 들어 도서부 활동에 적극적이었으며, 대학교 재학 당시 ROTC에 입단하는 것 역시 고등학교 선생님의 당시 조언이 한 몫 크게 담당했으니 말이다. 물론 부모님과 선생님 외에 친구, 선후배의 영향도 무시할 수 없다. 어쩌면 더 많은 시간을 함께 하면서 격이 없는 대화를 나눌 수 있는 동년배의 영향력은 더 클 수도 있을 것이다.

재수 시간 역시 개인적으로는 공부에 매진하는 시기이지만 이를 넓게 확장시켜 보면 또 다른 인간관계를 쌓아가야 하는 시기이기도 하다. 어쩌면 고3 생활과는 또 다른 재수생활의 특성상 이전에 만난 친구들과는 쌓지 못한 또 다른 유대감에 돈독한 인간관계를 만들 수 있을지도 모른다. 다행히 민이의 이야기를 들어보니, 제 나름대로 학원 내에서 친구들과 매끄러운 관계를 유지하며 재수생활을 하고 있는 것 같다.

"민이 너는 주변에 훌륭한 친구들이 많으니 앞으로 혹시 누군가의 조언이 필요할 때
보다 훌륭한 의사결정을 하는 데에 큰 도움을 받을 수 있을 거야.
재수생활 동안에도 많은 노력을 기울여서 너만의 훌륭한 인맥을 쌓을 수 있으면 좋겠구나."

고개를 끄덕이는 민이의 표정에 공감어린 미소가 번져간다.

아빠가 들려주고픈 열일곱 번째 이야기

사람이 최고의 재산이다

민이도 알다시피 아빠는 주위에 사람이 많은 편이란다. 이로 인해 너와 동생도 도움을 얻은 적이 많으니 이 점은 부인하지 못할 터이지? 하하.

좋은 인간관계를 유지하기 위해 아빠가 늘 잊지 않고 기억하는 원칙이 있단다. 바로 '손방문, 입방문, 그리고 발방문'이란다. 편지나 메일, 문자 등을 많이 쓰고, 전화로 자주 연락하고, 또 기쁜 일, 슬픈 일에 항상 잊지 않고 방문하는 것이지. 내 인생의 선배이고, 스승인 서장군님이 늘 주시던 가르침이다.

사람이 살다보면 바쁜 일상에 치여 자기 주변에 있는 사람에게 연락을 하고 사는 일이 그리 쉬운 일이 아니란다. 하지만, 아빠는 그럼에도 불구하고 오히려 더욱 챙겨야 하는 것이 '인간관계'라고 생각한단다. 오늘 하지 못한 일은 내일 할 수 있지만, 한번 끊어진 인연을 다시 엮기란 무엇보다 어려우니 말이다.

이를 위해 아빠는 아직도 매일 지인들에게 전화를 하고, 이메일을 쓰고, 가능하면 자주 찾아보려고 노력한단다. 이미 퇴사한 직원들과도 언제든 더 좋은 인연으로 만날 수 있으니 연락을 하고 지내는 일은 물론이고, 특히 주변인의 애사(哀史)와 경사(慶事) 만큼은 무슨 일이 있어도 챙기는 편이지. 기쁜 일은 함께 하면 배가 되고, 슬픈 일은 반이 된다는 말을 들어본 적이 있지? 아빠는, 주변인에게 기쁜 일은 더욱 크게 느끼게 해 주고 슬픈 일을 덜어줄 수 있는 한 사람이 되고 싶구나.

우리 민이도 어린 시절부터 이어져 온 좋은 친구들이 주위에 많은 것으로 알고 있다.
이제 대학교에 들어가고, 사회생활을 하게 되면 분명 지금 네가 가진 인맥의 두 배, 또는 세 배에 달하는 인맥이 생겨날 테지. 그러나 명심하렴. 인맥을 만들어 나가는 것만큼 중요한 것이 그렇게 만든 인맥을 오래토록 유지하는 일이라는 걸 말이다.

- 아빠가 -

18 3월 26일 화요일

지혜가 필요한 순간들

평소보다 불과 2, 3분정도 집에서 늦게 나왔을 뿐인데 교통 체증은 평소의 배는 되는 것 같다. 차가 막힌다고 하여 짜증을 낼 필요는 없다. 오히려 차 안에서 민이와 함께할 수 있는 시간이 배가 되었으니 있는 그대로 소중히 잘 사용하면 된다. 그때였다.

"내 지갑!"

지갑을 두고 왔다는 민이의 말에 대략 학원까지 가는 데에 남은 시간을 계산해 보니, 얼른 집에 다녀오면 지각은 피해 아슬아슬하게 수업에 들어갈 수 있는 정도이다. 어쩔 수 없지, 라는 생각과 함께 서둘러 집에 다녀왔다.

그런데 엎친 데 덮친 격으로, 집에서 다시 출발하여 학원으로 향하는 길, 우리 앞쪽에서 차량사고까지 나는 바람에 지각을 피할 수 없는 상황이 되었다. 학원 앞에 다다라 인사도 제대로 하지 못한 채 아이를 내려주고 나니 후회스럽다.

'나름 시간 계산이랑 다 하고 괜찮겠거니 하고 집에 다시 돌아갔다 오자 결정한 건데, 주변 변수를 전혀 계산 못했네. 차라리 아이에게 오늘 하루 생활하는 데 필요한 돈을 주고, 출석체크는 수동으로 하라고 하고 바로 학원으로 갔으면 지각으로 인해 아침부터 허둥지둥 할 일은 없었을 걸.'

이럴 때에는 지식과 지혜의 차이를 새삼 느끼게 된다. 오늘 아침 어쩌면 교통 상황이나 시간에 대해 내가 아는 어렴풋한 지식으로 이러한 상황이 발생한 것 같기도 하다. 앞으로는 보다 깊게 생각하고, 여러 가지 상황까지 폭넓게 고려하여 어떠한 일에 대한 결정을 내려야겠다. 특히 상황이 급할수록 더욱 말이다.

아빠가 들려주고픈 열여덟 번째 이야기

지식이 아닌, 지혜 기르기

민아, 지식(知識)과 지혜(智慧)의 차이에 대해 알고 있니? 아빠는 이 두 가지 차이점을 '지식'이 공부를 통해 습득하는 것이라면, '지혜'는 습득한 지식에 경험이 더해져 삶을 보다 풍요롭게 하는 것이라고 이야기하고 싶구나.

혹자는 지식과 지혜를 두고 이렇게 말하기도 하더구나.

> 지식과 지혜를 구분하자면 지식은 머리로 받아지는 것이요.
> 지혜는 가슴으로 느끼며 실천으로 나타나는 교훈적인 삶의 요소이다.
> 지식은 말로 표현하는 것이요 지혜는 몸에 배어 있는 것이다.

지식이 내가 단순히 노력하고 쌓은 힘이라고 한다면, 지혜는 이렇게 얻은 지식을 잘 운용하는 힘이라고 할 수 있지. 한 마디로, 지식이 모으는 힘이라면 지혜는 나누어주는 힘이라고 할 수 있지.

삶을 살다보면 단순한 지식만으로는 눈앞에 봉착한 문제를 해결할 수 없는 경우가 많단다. 이때 필요한 것은 지식에 경험이 더해진 '지혜'지. 아빠는 민이가 단순히 '지식'이 아닌, '지혜'를 갖춘 사람으로 거듭나기를 바란다.

- 아빠가 -

19 3월 29일 금요일

첫 모의고사

오늘은 민이가 재수를 시작한 후로 처음으로 학원에서 모의고사를 치르는 날이다. 아침부터 움직이는 아들의 모습에서 평소와 달리 초조하고, 긴장한 듯 한 느낌이 물씬 느껴진다.

지난 해 수험생활을 하는 중 민이는 모의고사나 학교 내신 시험을 보고 온 날이면 그 결과에 따라 누구나 그런 것처럼 감정 기복이 있는 편이었다. 이로 인해 집으로 돌아오면 가끔 가족들과 각을 세우며 대립하거나 갈등이 생기기도 했다.

"내가 민이랑 좀 얘기를 해 보면 어때요? 시험 결과에 한창 예민할 시기이기는 하지만, 그렇다고 하여 매번 이렇게 시험 볼 때마다 예민해지면 민이 스스로는 물론 우리 가족 모두에게 그리 좋지 않을 것 같은데. 이럴 때일수록 본인이 더 냉정해져야지."

"어휴, 쟤도 그러고 싶어 그러겠어요. 얼마나 힘들고 답답하면 그래. 괜히 그런 말하면 공부 말고 다른 것까지 신경 써야 해서 부담될 테니 하지 말아요."

집사람은 아이들 일이라면 세상에서 가장 현명한 사람이다. 시험 보는 날 예민해지는 것은 누구나 그렇다. 시험을 잘 보면 기분이 좋아지고, 못 보면 더 날카롭고 짜증을 내는 것 또한 누구나 그렇다. 집사람이 올해도 아이에게 잘 해주리라 믿는다.

'휴, 이럴 때일수록 결과에 더 객관적이고 냉정해져야 하는데. 앞으로 몇 번의 시험을 더 봐야 할지 모르는데, 매 시험에 담대해져라. 민아.'

오늘은 민이가 최선을 다해 시험을 보고 가뿐한 마음으로 집에 돌아오길 바랄 뿐이다.

아빠가 들려주고픈 열아홉 번째 이야기

마음속에서 불안감 몰아내기

거의 모든 사람은 살아가며 한 번쯤 불안감을 겪는단다. 때로 이를 몰아내기 위해 의학적인 방법을 이용하는 사람도 있지만, 이는 빠른 치료 속도만큼이나 부작용이 만만치 않단다. 이 때문에 아빠는 오늘, 민이에게 우리가 흔히 마주할 수 있는 '불안감'을 마음속에서 몰아내는 방법에 대하여 한 번 이야기 해 보고 싶구나.

불안감을 마음속에서 몰아내기 위한 1단계는, 바로 내가 지금 불안감을 느끼고 있다는 마음 속 상태를 인지하는 일이란다.

다음으로 그러한 불안감을 느끼는 원인이 무엇인지 생각해 보렴.
예를 들어, 지금 마치 벼랑 끝에 서 있는 것과 같은 느낌이 든다면 내게 그러한 감정이 들게끔 하는 원인이 무엇인지 천천히 돌이켜 보는 것이지. 대부분의 불안감은 과거의 후회나 미래에 대한 걱정에서 오는 경우가 많단다. 이때 중요한 것은 원인을 알았을 때, 이를 회피하거나 부정하지 않는 것이란다.

원인을 알았다면, 이 점을 명심하렴.

내가 내 의지대로 조절할 수 있는 것은 바로 '현재'뿐이라는 걸 말이다.

대부분의 사람들은 내가 컨트롤할 수 없는 지난, 또는 미래의 일로 인하여 수없이 긴 시간을 낭비하곤 하지. 이럴 때 과거의 일에 대한 후회나 미래의 일에 대한 불안을 말과 행동으로 나타내는 대신, 지금 현재의 상황을 개선하기 위해 내가 할 수 있는 일이 무엇인지 생각해 보렴.

사람은 종종 사람으로 인하여 마음의 불안이나 고통을 치유 받을 수 있단다. 네가 믿을 수 있는 친구에게 네 마음속 불안감을 꺼내어 이야기하고, 조언을 구해보렴. 이때, 아빠도 언제든 네 고민을 들어줄 수 있는 친구가 되어 줄 수 있으니 잊지 말고 말이다.

- 아빠가 -

20 3월 331일 일요일

객관적인 시선

지난 모의고사 결과가 그리 만족스럽지 않은지 며칠 내내 민이의 기분이 저기압이다. 차 안에 흐르는 정적을 깨고자 며칠 전 직원들과 있었던 '창의적인 아이디어를 내기 위한 조건'에 대한 이야기를 꺼냈다.

"며칠 전 아빠가 디자이너들과 회의를 했어. 그때 디자이너들에게 디자인을 할 때에도 가능하면 창의적인 아이디어를 가지고 노력하면 좋겠다는 말을 했는데, 그때 대부분의 디자이너가 하는 말이 '충분한 휴식과 작업 시간'을 주면 가능하다고 말을 하더구나."

기업을 운영하는 입장에서 작업 시간이 부족해서, 또는 휴식 시간이 부족해서 작업의 퀄리티가 올라가지 않는다는 말은 결코 흘려들어서는 안 될 말이다. 관리자로서 시간 관리 또는 작업 관리가 전혀 되고 있지 않다는 말과 같은 말일 수 있기 때문이다. 이 때문에 오전에 디자이너들이 한 말을 듣고 정말 내가 우리 회사 디자이너들에게 창의적인 아이디어조차 생각해낼 수 없을 만큼 업무 강도로 일을 시키고 있나 싶은 생각에 오후 내내 고민이 많았다.

그러다 퇴근 시간이 되었고 퇴근을 하던 중 오전 중 입을 꼭 다물고 있던 다른 한 디자이너를 만났는데, 그녀가 하는 말은 귀담아 들을 만한 것이었다.

"저, 사장님. 아까는 대다수의 의견이 저와 달라서 그 자리에서 말씀을 드리지 못했는데요. 사실 반드시 여유로운 시간과 충분한 휴식이 주어져야만 창의적인 아이디가 나오는 것은 아닌 것 같아요. 실제로 저만 해도, 아이디어를 내는 순간이 여유로운 일정으로 일을 하거나 쉬는 중이 아니라, 바삐 돌아가는 일상 중에 순간순간 떠오르는 경우가 많거든요. 예를 들어서, 그냥 일상적으로 양치질을 하거나 만원의 버스나 지하철을 타고 출퇴근을 하는 순간과 같이요."

다른 사람들과 상반되는 의견을 대표인 내게 이야기하기까지 꽤나 말을 꺼내기가 곤란했을 것이다. 그럼에도 불구하고 소신 있게 자신의 생각을 말해준 그녀가 고마워 감사하다는 말을 전하고 각자의 퇴근길로 향했다.

"이 이야기를 아빠가 왜 했냐면, 아빠는 공부를 하는 것도 이와 비슷하다고 생각해.
공부를 할 때 더 길고, 많은 양의 공부를 한 사람이 반드시 공부를 잘 하는 것은 아니잖니?
특히 지금 너와 같은 공간에서 같은 조건으로 공부를 하는 친구들은
어찌 보면 모두들 같은 제약사항과 조건 하에서 공부를 하고 있는 거고 말이야.
그렇다면 같은 조건에서 공부를 하는 친구들의 결과가 다른 근본적인 원인이 무엇인지
한 번 고민해 볼 필요가 있는 것 같아. 아빠는 바로 그 원인이 '집중력'에 있다고 생각한단다."

사실 이 말을 꺼내기까지 고민을 많이 했다. 어떻게 들으면 이는 마치 민이가 모의고사에서 원하는 성적을 거두지 못한 것이 집중력이 부족했기 때문이라고 들릴 수 있기 때문이다. 실제로 민이 역시 이야기를 듣고 이것이 마치 자신의 이야기를 하는 것과 같이 들렸는지 이야기를 끝내고 학원으로 향하는 내내 표정이 어두웠다.

그러나 사실 이 이야기는 결코 민이에게 책임을 묻기 위한 것이 아니었다. 요즘 들어 민이가 시간이 부족하다고 느끼는 경우가 많은 듯하여, 시간보다 중요한 것이 집중력임을 언젠간 반드시 말해주고 싶었다.

그럼에도 불구하고 어깨가 무거워져 학원으로 들어가는 아이의 모습을 보니 마음이 아려왔다. 지금은 비록 힘들지만, 언젠가 민이가 이 순간을 돌아보며 '행복하다' 느낄 만한 순간들을 많이 만들었으면 좋겠다.

'사랑한다. 민아. 누군가 이렇게 말하더라. 가식 없는 삶이 성공한다고.
그러려면 무엇보다 중요한 것이 나 자신을 객관적으로 바라보는 일이야.
너도. 그리고 나도 오늘 이렇게 목표를 향해 달려가고 있음에
감사하고. 또 감사하자꾸나.'

아빠가 들려주고픈 스무 번째 이야기

나 자신을 객관적으로 바라보기

아빠가 회사를 설립한지 어느 새 10여년, 하루 12시간 이상의 업무를 반복해 오는 것에 대해 때로 지치고 힘들 때도 있지만 이 아빠는 아직도 아침마다 오늘 하루만큼은 새로운 성공이 찾아올 것이라는 기대감으로 아침에 눈을 뜬단다.

회사를 설립한 기간이 길어지면 길어질수록 가장 중요한 것이 바로 '나 자신과 우리 회사'를 객관적인 눈으로 바라보는 것이란다. 성공에 있어 가장 적대시해야 할 것이 '나태함'과 '자만심'이기 때문이지. 이 나태함과 자만심을 경계하는 데에 한 발자국 멀리 떨어져 스스로를 바라보는 것만큼 중요한 일이 없단다. 아빠는 그래서 아직도 매일, 오늘의 성공을 조금 멀리 떨어져 바라보는 일을 멈추지 않는단다.

'조금 상황이 나아졌다고 하여 내가 미처 생각하지 못하고 있는 점은 없는가?'
'우리 회사의 상품과 매출이 객관적으로 괜찮은 편인가?'
'부족하거나 결여되어 반드시 지금 이 시점에 채워주어야 할 점은 없는가?'
'가까운 미래, 먼 미래를 위해 오늘 준비하고 있는 것은 무엇인가?'

민아, 너는 네 스스로의 상황에 대하여 객관적으로 바라본 일이 있니? 공부를 할 때, 시험을 치른 후, 혹은 어떠한 목표를 향해 달려 나갈 때 '나는 누구 못지않게 열심히 하고 있고, 잘 하고 있다'라는 전제에서만 달려 나간다면, 그 일이 잘 되지 않을 때 문제의 원인이 어디에 있는지 쉽게 찾아낼 수 없지.

무언가 잘 되고 있을 때 오히려 '지금 현재의 내 상태'를 한 발자국 멀리서 바라보렴. 그럼 내게 지금 부족한 것이 무엇이고, 어떠한 점을 더 채워야 할지, 보다 잘 보일 테니 말이다.

- 아빠가 -

견디고
또 견디는 시간

21 4월 2일 화요일

아들의 미래 여자친구

"정말 걔가 그랬다니까요."

모의고사의 후폭풍에서 벗어난 탓일까. 오늘은 학원으로 가는 차 안이 유난히 소란스럽다. 밝은 표정으로 친구와 있었던 일을 이야기하는 민이의 모습을 보니 나도 모르게 미소가 지어진다.

"고등학교 때 그 친구 모습을 생각하면 정말 말도 안 된다니까요."

"하하. 그게 그렇게 배가 아프니?"

얼마 전 대학에 들어간 친구에게 여자 친구가 생겼다며 함께 찍은 사진을 매일같이 민이에게 보내오는 터라. 내심 부러웠나보다. 말이 나온 김에 물어봤다.

"민이는 어떤 사람을 만나고 싶니?"

"네? 그게 무슨 말씀이세요?"

"여자 친구 말이야."

"아. 글쎄요. 전 그냥, 제가 좋아하는 사람이면 돼요. 성격이나 느낌이 잘 맞으면 더 좋고요."

살다보면 '사랑'이라는 감정 하나만으로는 해결되지 않는 문제들이 꽤 있다. 물론 사랑이 필요 없다는 말은 아니다. 그러나 살다보니 삶의 과정 에서 발생하는 대부분의 문제들에 대한 해결책이 사랑이 아닌 다른 것에 있다는 것을 감안해 보았을 때 가볍게나마 이 이야기를 꺼내어도 좋은 때가 아닌가 싶었다.

"민아, 엄마랑 아빠랑 연애 결혼한 건 잘 알고 있지?"

"네. 아빠가 귀에 못이 박힐 정도로 자주 말씀하셨잖아요. 하하."

"그래. 하하. 처음에 아빠가 엄마와 결혼하겠다고 했을 때, 할머니와 할아버지께서는 크게 반기지 않으셨어. 옛날 분이시다 보니 아빠와 엄마의 고향과 여러 가지를 포함해 살아온 환경이 다른 것을 걱정하셨지."

"그런데 엄마랑 왜 결혼하셨어요?"

"아빠가 엄마를 정말 많이 사랑했거든. 그래서 할머니와 할아버지께서 어떤 이유로 엄마와의 결혼을 반대하시면, 조목조목 설명을 해 드리며 반박을 했단다."

"이야. 아빠 멋진데요?"

"그런데 말이야. 살다보니 할아버지, 할머니께서 그때 왜 그렇게 결혼을 걱정하였었는지 알 것 같은 순간들이 한 번씩 있더라고. 사람이 살다보면, 여러 가지 문제에 부딪힐 수 있는데 때로는 사랑 외에 현실적인 부분들이 그 문제를 해결하는 데에 도움이 되는 경우가 있으니까. 물론, 그렇다고 사랑이 중요치 않다는 말은 아니란다. 그 외에 현실적인 부분도 어느 정도는 고려해야 한다는 거지. 그런 의미에서 아빠는 민이가 양가 부모님이 계신 집에서 건강하게 자라고, 경제적으로 큰 어려움을 겪지 않으며 평범한 어린 시절을 보낸 친구를 만났으면 좋겠다. 아무래도 안정적인 가정환경이 그 사람의 성격 형성에 영향을 준다는 사실을 부인할 수는 없으니 말이다. 그런 의미에서, 나중에 대학에 입학하고 나면 아빠가 보증하는 아빠 친구 딸 한 번 만나 볼래? 하하."

"에이. 아빠. 부담스러워요."

농담인 듯 진담인 듯 한 여러 가지 이야기들이 끝나갈 무렵, 어느 새 차는 학원 입구에 다다랐다. 모처럼 즐거운 이야기들로 통학을 함께 하고 나니 민이 녀석도 발걸음이 가벼운 지 서둘러 차에서 내려 활기찬 걸음으로 학원에 들어선다.

여러 모로 기분 좋은 아침이다.

아빠가 들려주고픈 스물한 번째 이야기

아들아, 이런 사람을 만나라

자기 관리를 할 줄 아는 사람을 만나라.
자기 관리를 할 줄 아는 사람은 가정과 가족에 대한 의무를 충실하게 행한다.

거짓말하지 않는 사람을 만나라.
자신을 감추기 위해 시작한 작은 거짓말은 결국 큰 거짓말로 번지게 된다.

인간에 대한 예의가 있는 사람을 만나라.
식당이나 백화점에 가서 그 사람이 점원을 대할 때의 태도를 잘 살펴보아라. 돈을 주고 서비스를 이용한다는 이유로 종업원을 함부로 대하는 사람에게는 가족과 어른에 대한 예의를 기대할 수 없다.

검소하고 경제관념이 있는 사람을 만나라.
지나친 사치는 가정을 불행으로 이끄는 관문이 될 수 있다.
사귈 때 돈을 아끼고 귀하게 사용할 줄 아는 사람이 미래를 함께 행복하게 만들 수 있다.

인생의 목표를 가진 사람을 만나라.
서로의 꿈과 목표를 공유하고, 노력할 줄 아는 사람을 만나면 함께 성장할 수 있다.
인생의 목표가 없는 사람과 결혼하는 것은 어디로 갈지 모르는 기차에 올라타는 것과 같단다.

끝으로 아침에 일어나 바라보는 민낯이 예쁜 여자를 만나라.
너의 아침을 늘 기쁨으로 충만하게 해줄 것이다.

- 아빠가 -

22   4월 3일 수요일

누가 내 치즈를 옮겼을까?

"민아, 「누가 내 치즈를 옮겼을까」 라는 책을 읽어본 적이 있니?"

처음 들어보는 제목인지 민이는 눈을 껌벅인다.

"아빠가 첫 직장인 제약회사에 다니다가 전혀 다른 분야의 케이블 음악방송사로 이직을 하려고 할 때 큰 용기를 주었던 책이란다."

아침부터 뜬금없는 책 이야기에 민이는 당황하는 표정이다. 지난 몇 년간 일반적인 문학이나 자기계발 서보다 수험서를 훨씬 많이 봐왔을 민이에게 이런 책을 읽어 봤냐는 질문은 적절하지 않을 수도 있다. 하지만 오늘만큼은 이 책에 대한 이야기를 해 주고 싶었다.

"이 책은 생쥐 두 마리의 이야기란다. 한 마리는 치즈가 가득한 창고를 두고 치즈가 절대 사라지지 않을 거라는 믿음으로 매일 같이 치즈를 배불리 먹으며 만족스런 생활을 하고, 다른 한 마리는 혹시라도 치즈가 사라질 경우 어떻게 해야 하는지에 대한 고민으로 매일같이 꾸준하게 치즈를 옮겨놓으며 하루하루를 보내지. 그러던 어느 날, 그 많던 치즈가 거짓말처럼 바닥이 나게 되고 치즈를 배불리 먹기만 했던 생쥐는 망연자실하게 되지. 그럼, 치즈가 바닥날 것을 대비해 매일같이 고민하고 치즈를 옮겨 놓은 다른 생쥐는 어떻게 되었을까? 그래, 매일매일 꾸준하게 치즈를 옮겨 놓고 미래에 대비한 덕분에 다른 생쥐에게도 치즈를 나누어줄 수 있게 되었지. 이 이야기가 의미하는 바가 무엇인 것 같니?"

"음, 주어진 환경에 안주하지 말고 항상 준비해라, 뭐 그런 내용인가요?"

"그래, 맞아."

"사람들은 현재의 상황이 만족스럽고 안정적이면
뒤에 찾아올 변화에 대비해야 한다는 생각을 못하곤 하지.
하지만, 환경이란 언제든지 변화할 수 있기 때문에
우리는 늘 대비하고, 준비하는 자세를 가져야 하는 것이지."

"예전에 아빠가 제약회사에 다닐 때 상황도 이와 비슷했단다. 사실 아빠의 첫 직장인 제약회사는 당시 우리나라에서 일 많이 하고 돈 많이 주기로는 손 안에 꼽히는 회사였어. 이 때문에 당시 아빠와 같이 회사를 다녔던 대부분의 동료들은, 회사가 그리 튼튼하니 절대 무너지지 않을 것이라 여기고 대부분 그 회사에 오래 다니기를 희망했어. 하지만 아빠는 조금 달랐단다. 분명 그 회사가 튼튼한 회사는 맞았지만,"

"사회가 급속도로 변화하는 만큼 분명 이 치즈창고도 언젠가 고갈이 될 것이고.
그렇다면 이에 대비해 좀 더 나은 방향으로 발 빠르게 움직여야 한다고 생각을 했거든."

"바로 이것이 아빠가 당시 잘 다니던 회사에서 이직을 한 이유란다."

"후. 어렵네요."

"하하. 어렵긴. 너도 곧 이해하게 될 거야."

살아가다 보면 내가 가진 지혜만으로 갈림길에서 결정하기에 어려운 경우가 많다. 그럴 때마다 내게 도움이 되어 준 것은, 다름 아닌 책이었다. 지금의 이 시기가 끝나고 대학에 입학하게 되면, 민이가 다른 활동만큼이나 독서에도 많은 시간을 할애하면 좋겠다. 분명 그로 인해 지금보다 10배는 풍요로운 삶을 살 수 있을 테니까.

아빠가 들려주고픈 스물두 번째 이야기

책을 많이 읽어라

1박 2일과 꽃보다 청춘 시리즈로 유명한 예능 감독 나영석이 한 인터뷰에서 이렇게 말을 했다.

"책을 본다고 인생이 바뀌지 않습니다. 한 사람의 인생이 그렇게 만만하지는 않아요. 그럼에도 왜 책을 읽어야 할까요? 책은 나에 대해 조금 더 알 수 있게 해주는 지침서입니다."

누구나 읽었을 법한 '베스트셀러'나 '스테디셀러'에 얽매여 너의 취향이나 적성과 맞지 않는 책을 탐닉하라고 할 생각은 없다. 처음에는 소설이든 여행서가 되었든, 너에게 맞는 책으로 일주일에 한두 권씩 책을 읽어나가는 습관을 길러라. 그러다보면, 책 속에서 얻게 된 새로운 정보나 흥미 하나하나가 너를 다른 책의 세계로 인도해 나갈 것이다.

책을 읽는다고 하여 너의 삶이 책을 읽지 않는 이들보다 당장 풍요로워지는 것은 아니다. 그러나 책을 가까이하며 살아온 10년 뒤의 미래는 그렇지 않은 미래보다 훨씬 풍요롭고 윤택할 것이라는 사실을 명심해라.

아빠가 읽은 책에 이런 말이 있다.

"독서는 가난한 사람을 부자로 만들고, 부자를 귀하게 만든다."

어떠니? 나의 귀한 아들아...

- 아빠가 -

23 4월 5일 금요일

기대

"아, 날씨 좋다."

하늘이 이렇게 맑을 수 있을까. 구름 한 점 없이 푸르고, 기온이 20도를 웃도는 온화한 날씨이다.

"이런 날 학원에 박혀서 책만 봐야 하다니, 너무 슬퍼요."

"올해만 좀 참으렴. 내년에도 봄은 올 테니 그 때 신나게 즐기면 되지."

"그래도, 올해 느끼는 봄과 내년에 느끼는 봄은 엄연히 다르지 않을까요?"

맞는 말이다. 어떠한 시기이든, 그 때 그 시절에 느끼지 않으면 다시 느끼기 힘든 감정이 있다.

"주말에 잠시라도 동생이랑 엄마랑 같이 나가 바람이라도 쐬자꾸나."

"네."

일주일 중 주말을 앞둔 마지막 날이라 그런지, 유독 민이의 표정이 지쳐 보인다.

"많이 피곤해 보이네, 우리 아들. 오늘은 우선 열심히 하고, 주말에는 컨디션 회복할 수 있게 조절해 가며 공부해야 하는 거 알지?"

"네……."

다소 기운이 빠진 민이의 얼굴을 바라보며 불현듯 떠오른 생각.

'내가 이런 이야기를 하며 일일이 민이의 컨디션까지 챙기려고 하는 것이 오히려 아이에게 부담이 되지는 않을까? 말 하지 않아도 알아서 잘 할 텐데.'

그동안 나는 누군가 나를 존중하고 기대를 하면 이에 부응하기 위해 그만큼 노력하게 되고,
실제로 그렇게 된다는 '피그말리온 효과'에 대해 맹신해 온 편이었다.

그래서 민이와 이야기를 나눌 때에도 민이의 진로와 관련하여 기대하는 점을 스스럼없이 말하곤 했다.
실제로 그것이 아이가 목표를 이루는 데에 도움이 된다고 생각해 왔기 때문이다.

그런데 오늘은 문득 이런 생각이 든다.

'엄마와 아빠의 기대감보다 중요한 것은,
아이가 자신이 꿈꾸는 미래에 대해 얼마나 진지하게 갈구하고 있느냐 인데…….
어쩌면 내가 민이의 진로에 대한 꿈을 정확히 알지 못하고
이런 기대를 무의식적으로 표현해 온 것은 아닐까?'

오는 주말에는 가족들과 나들이를 가는 김에 민이와 진로에 대해 진지한 대화를 나누어 보아야겠다.

아빠가 들려주고픈 스물세 번째 이야기

기대하는 만큼 성장한다, 피그말리온 효과

'피그말리온 효과(Pygmalion Effect)'라는 말을 들어본 적이 있니? 이는, 타인의 기대나 관심으로 인하여 능률이 오르거나 결과가 좋아지는 현상을 말하는 용어로, 로젠탈 효과나 자성적 예언, 자기 충족적 예언이라고도 한단다. 이 말은 다음과 같은 그리스 신화에서 유래되었지.

조각가였던 피그말리온은 아름다운 여인상을 조각하고, 그 여인상을 진심으로 사랑하게 된다. 여신(女神) 아프로디테(로마신화의 비너스)는 그의 사랑에 감동하여 여인상에게 생명을 주었다. 이 피그말리온 효과는 특히 교육심리학 분야에서 주목하는 부분이기도 한데, 실제로 1968년 하버드대 사회심리학과 교수인 로버트 로젠탈과 미국에서 20년 이상 초등학교 교장을 지낸 레노어 제이콥슨은 이와 관련된 실험을 진행하기도 하였단다.

실험은 다음과 같았단다. 미국 샌프란시스코의 한 초등학교에서 전교생을 대상으로 지능검사를 하고, 검사를 받은 학생들 가운데 결과와 상관없이 무작위로 20%의 학생의 명단을 뽑아 교사에게 '지적 능력이나 학업 능력의 성취 가능성이 높은 학생들'이라고 전달을 한 것이다. 8개월이라는 시간이 지나고, 실제로 놀라운 일이 벌어졌다. 교사로부터 '가능성이 높은 학생들'이라는 기대를 듬뿍 받은 20%의 학생들이 그렇지 않은 학생들에 비해 학업 성적은 물론, 지능 역시 높게 나타난 것이었지. 심지어 그들 중에는 실험 전 지능 검사에서 그리 높은 성적을 거두지 못한 학생들이 있었음에도 불구하고 말이야. 이는 교사의 관심이 학생의 성장에 얼마나 큰 영향을 미치는지 보여주는 대표적인 실험이었고 여러 책에 종종 인용되는 사례란다.

교육에만 해당되는 것은 아니란다. 민이 너도 언젠간 회사에 나가 누군가를 관리하는 사람이 될 수도 있겠지. 동료나 후배들과 함께 일을 할 때, 그들이 무엇을 할 수 있느냐에 집중하기보다 그들이 가진 가능성에 주목해 보렴. 이는 그들이 가진 역량을 120% 끌어내는 데에 도움이 되는 것은 물론, 조직의 성과를 올리는 데에도 큰 도움이 될 것이란다. 아빠가 종종 놓치고 있는 부분이어서 꼭 담아두면 좋겠다.

명심하렴. 모든 성장은 '관심'에서부터 시작된다는 사실을 말이다.
그리고 피말리는 효과(?), 간절함이 어떤 결과를 만드는지도…

- 아빠가 -

24 4월 7일 일요일

자신에게 냉정한 사람

벌써부터 나태함이 올라오는 것인지 민이가 어제에 이어 오늘도 늑장을 부린다. 나름 합당한 이유도 있다.

"좀 늦게 가는 대신 일찌감치 미용실에 가서 머리를 좀 정리하려고요. 어차피 시간 내서 가야 하잖아요."

그러나 그것이 타당한 이유가 아니라 그저 주말에 게으름을 피워보고자 하는 자기 합리화인 듯하다.

"아침에 9시 50분까지는 학원에 가야 하는데, 그 전에 문을 여는 미용실이 어디 있어? 잔소리 말고 일찌감치 학원에 가서 저녁에 집에 오는 길에 정리하고 와. 어제도 이렇게 꾸물거리다가 늦게 가 놓고, 오늘도 그러겠다는 거야?"

평소 이런 역할은 주로 집사람의 몫인데, 이틀 연속 늑장부리는 민이를 보니 오늘만큼은 한 마디 해야겠다 싶어 총대를 메고 한 마디 쏘아붙였다. 그새 민이의 얼굴은 서운한 기색이 가득하다. 자신의 마음을 몰라준다는 생각에 섭섭한 것인지, 아니면 평소답지 않게 다그치는 아빠에 대한 서운함 때문인지 아리송하다.

"어서 준비하고 나와!"

아침부터 언성을 높였으니 둘 다 기분이 좋을 리 없다. 민이는 차를 타고 가는 내내 말 한마디 시키지 말라는 듯 창밖만 내다보고, 나 역시 그런 아이에게 말을 붙이는 것이 쉽지가 않다.

'이루고 싶은 목표에 대한 의지가 있는 걸까?'

걱정과 함께 한숨이 푹 나왔다. 어쩌면 민이의 이런저런 자기합리화가 아빠가 본을 보이지 못한 데서 오는 것은 아닐까 싶어 마음이 무겁다.

사실 나에게는 목표가 있었다. 내년에 민이가 대학에 갈 즈음 나 역시 MBA나 보건행정 관련 대학원에 들어가 2년간 최선을 다하여 석사학위를 갖겠다는 목표다. 어쩌면 막연한 것이었는지도 모르겠다. 하지만 오늘의 민이 모습을 보고 나니 결심이 굳어졌다.

'반드시 목표를 이루어 민이 앞에 자신과의 약속을 이룬 아빠로 당당하게 설 테다.'
학원에 다다를 즈음, 그래도 마음을 조금 풀어주어야 하지 않을까 싶어 딱딱하게나마 한 마디를 건넨다.

"다른 사람에게 친절하고 너그럽게 대하는 것보다 어려운 일이 뭔 줄 아니?
바로, 나 자신에게 냉정하게 대하는 일이야.
내 자신에게 냉정해지지 못하면, 내 안의 또 다른 나로 인해 의지나 결심이 흐려지기 마련이지.
앞으로 재수 생활은 물론, 사회생활을 하게 될 때에도 이 말을 꼭 기억했으면 좋겠다. 민아."

아빠가 들려주고픈 스물네 번째 이야기

최고가 되려면 냉정해져야 한다

많은 사람들이 아무리 어렵고 힘든 상황에서도 '긍정적인 자세'를 가지고 있다면 이루지 못할 것이 없다고 말을 한다. 그러나 아빠는 이를 조금 달리 보며, 때로는 무한 긍정이라는 자세에서 벗어나 스스로를 보다 냉정하고 엄격하게 바라볼 필요가 있다는 사실을 이야기해 보고 싶구나.

최근 각종 예능에서 두각을 나타내며 큰 사랑을 받고 있는 '서장훈'선수에 대해 알고 있니? 그는 오래 전, 한국 프로 농구계에서 전설과도 같은 활약을 펼친 선수였지. 모두들 그가 가진 신체적 장점과 훌륭한 농구 실력을 감안하여 '그만하면 충분하다'라고 말을 할 때, 그는 오직 한 가지 생각을 했다고 한다.

'여기서 만족하면 더 이상의 발전은 없다. 오히려 더욱 갈구해야 지금보다 한 걸음 나아간 형태로 발전할 수 있다.'

민이 너에게도 간절히 바라는 무언가가 있을 테지. 그리고 만약 그 간절한 바람을 누군가와 공유하였고 이를 지켜본 주변 사람이 '그만하면 됐다'고 말을 한다면, 그때 스스로 한 번 냉정하게 자신을 돌아보기를 바란다.

'정말 이정도면 됐나? 아직 모자라지는 않은가?'

절제되지 않은 무분별한 긍정은 때로 사람을 함정에 빠뜨린다. 만일 네가 원하는 일에 도전하였지만 성공하지 못하였다면, 이를 '다음에는 잘 될 거야'라는 긍정적 자세만으로 상쇄시키는 것이 아니라 '실패의 원인'이 무엇인지 돌아보는 데에 먼저 집중해 보렴. 단, 그 순간만큼은 누구보다 냉정해져야 하겠지. 무조건 나를 다독이며 위로하는 대신 실패의 원인을 정확히 알고 대처하는 것이야 말로 같은 실패를 반복하지 않는 지름길이 된다는 사실을 잊지 말고 기억하렴.

- 아빠가 -

25 4월 15일 월요일

황산 여행 이야기

지난주 지인들과의 중국 황산 여행으로 집을 오래 비웠기에, 모처럼 민이와 동행하는 아침길이다. 황산에서 등산을 하며 쌓인 여독이 아직 풀리지 않은 탓인지 몸이 무겁지만, 오롯이 민이와 이야기를 나눌 수 있는 이 시간만큼은 언제나처럼 즐겁다.

"황산 여행은 어떠셨어요? 즐거우셨어요?"

"그럼. 정말 즐거웠단다. 그런데 이렇게 여행을 가보니 건강을 잘 관리하는 일이 얼마나 중요한 것인지 새삼 느껴지더구나."

"왜요?"

"이번 여행에 동행한 사람들 가운데 나이가 제법 되는 사람들도 꽤 있었는데, 어쩜 젊은 사람들보다도 산을 더 잘 타더라고. 아빠는 중간쯤 가니 숨이 턱턱 막혔는데 말이야. 특히, 돌아가신 외할머니랑 연세가 거의 비슷한 한 분이 계셨는데 같이 돌계단을 오르는 동안 그런 말씀을 하시더라고. '잘 먹고, 잘 자는 것만큼 중요한 것이 없다'고 말이야. 하하."

"하하하."

"그 연세에도 건강하게 생활하시려고, 그동안 얼마나 열심히 자기 관리를 해 왔겠니?"

"아, 아빠. 자기 관리 말씀을 하시니 말인데, 어제 인터넷 검색을 하다가 우연히 야구선수 류현진에 대한 글을 보게 됐는데 그 사람도 정말 대단하더라고요. 그냥 타고나서 야구를 잘하는 줄만 알았더니, 알고 보니 연습할 상대가 없을 때에는 혼자 공을 던지고, 치고 하는 연습을 반복할 정도로 평소에도 연습광인 모양이더라고요."

"그 친구 정말 대단하지. 사실 아빠는 박찬호 선수 이후로 딱히 좋아하는 야구 선수가 없었는데, 요새 그 친구 야구하는 것을 보면서 옛날 경기를 다시 보는 것 같은 설렘을 느낀단다."

"어쩜 그렇게 야구를 잘하는지 모르겠어요."

"왜 그럴 것 같니?"

"음. 글쎄요?"

"먼저, 타고난 유전자로 인해 강심장인 것도 그 친구가 위기 상황에서 담대하게 대처하는 데에 큰 도움이 될 거야. 또, 어린 나이인 19살부터 약 7년 동안 한화에서 에이스로 뛰는 동안 쌓인 경험 역시 무시하지 못할 거다. 하지만 아빠는 그보다 더 중요한 요인이 있다고 생각한다."

"그게 뭔데요?"

"바로. 끊임없는 자신과의 싸움이야.
어릴 적부터 빅리거가 되기 위해 수도 없는 노력을 기울여 왔으니,
그런 그가 지금과 같은 선수로 성장하지 않는 것이 더 이상할 노릇 아니겠니?"

"듣고 보니 그런 것도 같네요."

대화가 끝나고 차에서 내릴 즈음 민이의 표정이 묘하다. 어쩌면 지난 며칠간의 자신의 모습을 돌이켜보며 생각이 많아진 것은 아닐까.

그래 민아, 느낀 점이 있다면 너도 얼마든지 자신과의 싸움에서 이기고 네가 원하는 모습으로 성장할 수 있단다.

언제든 너 자신에게 지지 말고 항상 이기는 싸움을 하렴.
아빠가 응원한다.

아빠가 들려주고픈 스물다섯 번째 이야기

'나'를 소중히 여기는 자기 관리

민이는 평소에 스스로에 대해 얼마나 만족스러운 자기 관리를 하고 있니? 아마도 그럼 너는 이렇게 대답할 테지.

"공부할 시간도 부족한데 자기 관리할 시간이 어디 있어요."

그러나 바쁘고 분주한 때일수록 더욱 신경을 써야 하는 것이 바로 '자기 관리'란다. 이를 통해 일과 학업을 성공적으로 이끌어나갈 수 있음은 물론, 나를 둘러싼 주위 사람들과의 관계 역시 건강하게 챙길 수 있게 되기 때문이지.

자기 관리의 가장 기본은 바로 '건강한 육체'를 유지하는 데에 있단다. 이를 위해 늘 규칙적으로 운동하고, 건강한 음식을 섭취하고, 충분한 휴식을 취하는 일을 무엇보다 중요하지.

'육체적 건강' 만큼이나 중요한 것이 바로 '정신적 건강'이란다. 이를 위해 무엇보다 중요한 일은 바로 '스트레스'를 잘 핸들링하는 일이야. 아직 스트레스를 해소하는 너만의 방법을 찾지 못했다면, 지금부터라도 네가 어떠한 일을 할 때 그동안 쌓인 스트레스가 잘 해소되는지 잘 살펴보렴. 예를 들어, 음악을 듣는다거나 친구와 수다를 떠는 일로 스트레스를 해소하는 데에 도움을 얻을 수 있다면 잘 활용해 보는 것도 좋겠지.

아빠는 제약회사에서 영업을 할 때 스트레스가 생기면 남대문시장이나 동대문시장 같은 곳을 돌아다녔어. 종종 용산 전자상가도 갔단다. 많은 사람들이 정신없이 열심히 사는 모습을 보면 내가 받는 스트레스는 언제 그랬었냐는 듯이 날아가곤 했어.

물론 술자리를 빌어 좋은 사람들과 이야기를 나누는 해소법은 꾸준하게 해왔던 방법이고...

몸과 마음의 건강을 통해 누구보다 자신을 사랑할 줄 아는 민이가 되기를 바란다.

- 아빠가 -

26 4월 17일 수요일

미리 준비하는 습관

"아빠, 빨리요!"

아침부터 집안이 부산스럽다. 알고 보니 오늘 민이가 자원해서 학원에서 치르는 생물시험을 보기로 했는데, 이를 깜빡하고 늦게 일어난 것이다. 엎친 데 덮친 격으로 오늘따라 차까지 막혀 시험시간에 임박해서야 민이를 학원 앞에 내려줄 수 있었다.

아이를 내려주고 회사로 향하는 길.

'본인이 직접 신청한 시험을 깜빡하다니. 이 녀석 요즘 많이 힘든 건 아닌가??'

문득 예전에도 비슷한 상황이 있어 민이와 나누었던 대화가 떠올랐다.

"아빠가 학교에 다닐 때에는 시험 보는 날이면 기본적으로 1시간 정도는 일찍 학교에 가서 그 전날 공부한 것을 다시 한 번 살펴보고, 정리도 하곤 했는데 요즘 친구들은 그렇지 않은가 보더라? 민이 너는 어떠니?"

"아이참, 아빠. 그럴 시간이 어디 있어요. 맨날 늦게까지 학원 갔다가 집에 돌아와서 정신 없이 자고 일어나 학교에 시간 맞춰 가기도 빠듯한데요."

세상이 아무리 변한다 한들 미리 준비하는 것은 언제나 중요한 것이다.

"글쎄. 정말 그럴까? 민이 너도 알다시피 아빠가 골프를 시작한지가 조금 있으면 3년이 되어 간단다. 그런데 같은 컨디션으로 필드에 나가는 날이어도 미리 일찍 가서 몸을 풀고, 마음의 여유도 가지고 한 날의 결과가 운동시간에 임박해서 도착해 부랴부랴 옷을 갈아입고 스윙을 하는 날보다 훨씬 좋더구나.

"어떠한 일이든 충분한 시간을 가지고 마음의 준비를 하는 것이
실제 성과를 내는 데에도 도움이 된다고 생각해."

아빠의 예시에 민이 역시 긍정한다는 듯 고개를 끄덕인다. 하지만, 여전히 현실적으로는 그것이 쉽지 않다는 입장이다.

이는 분명 민이만의 생각은 아닐 것이다. 실제로 우리 회사에 있는 많은 직원들의 경우를 봐도, 매일같이 업무나 중요한 프로젝트를 진행함에 있어 시간에 쫓기고 상황에 쫓기다 보니 미리 준비를 하는 것이 쉽지 않다고 말하는 경우를 많이 보아왔기 때문이다.

그러나 인생은 생각보다 정직하다. 늘 남들보다 먼저 준비하고,
움직인 사람에게 기회가 주어진다.

언젠가, 민이가 이 단순한 진리를 깨닫게 되기를 바란다.

아빠가 들려주고픈 스물여섯 번째 이야기

성공적으로 하루 계획 이끌기

사람들이 목표를 세우고 나서 이를 잘 지키지 못하는 이유 중 하나는, 목표가 너무 추상적이거나 멀리 있기 때문이란다. 그래서 한 달, 또는 1년의 계획이 아닌, 오늘의 계획을 성공적으로 이끄는 방법에 대해 이야기하고 싶구나.

하나. 내가 보내는 하루 되돌아보기
시간을 효율적으로 사용하기 위해서는 현재 내가 어떤 식으로 시간을 사용하고 있는지를 잘 아는 것은 너무나도 중요하단다. 며칠 동안 스스로 하루의 시간을 어떠한 일들로 채우고 생활하는지 되돌아보렴.

둘. 각각의 일을 수행하기 위해 소요되는 시간 계산하기
하루 중 발생하는 각각의 일을 수행하는 데에 소요되는 시간이 얼 만큼인지 정확히 알고 있는 것 역시 중요하단다. 그래야 시간을 보다 효율적으로 사용하는 계획을 세우고, 수행하는 데에 도움이 되기 때문이지.

셋. 하루 중 가장 생산적인 시간 알아내기
사람이라면 누구나 하루 중 가장 생산적인 시간이 있다. 예를 들어, 아빠는 정신이 맑은 오전 시간이 가장 생산적인 시간이지. 따라서 가능하면 그 시간에 중요한 일들을 배치하고, 처리하려고 한단다. 중요한 일일수록 생산성이 높은 시간에 배치를 한다면 더욱 빠르고 정확하게 처리할 수 있겠지?

넷. 낭비되는 시간 활용하기
만일 하루 중에 처리해야 하는 일이 많다면, 버려지는 시간을 활용하는 것도 좋다. 예를 들어, 학교를 오가는 시간을 이용해 공부를 한다거나, 카페에 앉아 차를 마시는 시간을 활용해 책을 읽는다던지 말이야. 하루 24시간 중 버려지는 시간을 최소화하는 것만으로도 보다 알찬 하루를 보낼 수 있다는 사실, 명심하렴.

**아빠가 읽었던 「48분의 기적의 독서법」에서는
'낭비되는 시간을 활용하고 목표를 세워서 임계치 이상의 책 1,000권을 읽는 것'을 이야기 하더라.**

독서의 임계치 이상이 무엇인지와 목표의 중요성, 낭비되는 시간의 활용 등을 생각하게 하는 책이었어. 너도 한 번 읽어보렴.

- 아빠가 -

27   4월 19일 금요일

말 한마디

어제 고등학교 동창이자 친한 친구이기도 했던 지인이 교통사고로 갑작스레 세상을 떠났다. 학창 시절의 추억도 추억이거니와 산부인과를 운영하는 의사이다 보니 자연스럽게 친분이 비즈니스로까지 이어져 서로 도움을 주고받은 적도 있는, 꽤 친한 친구였다.

정말 마음이 안 좋았다. 이 와중에 어젯밤 출장 가방을 챙기는 사소한 일로 집사람과 다투던 중, 나도 모르게 '기분 더럽다'라는 말을 내뱉어 집사람의 기분을 상하게 하고 잠을 자 버리는 바람에 아침에 눈을 떴을 때도 기분이 좋지 않았다.

민이와 함께 학원으로 향하는 길, 있는 그대로의 마음을 솔직히 얘기했다.

"어제 아빠 친구가 교통사고로 세상을 떠난 거 알지? 그래서 오늘은 마음이 정말 좋지 않다. 남겨진 그 친구 가족들은 얼마나 슬프겠니……."

그저 넋두리나 할 생각으로 던진 말에 예상 밖의 대답이 돌아왔다.

> "아빠, 얼마나 힘드실지 충분히 이해 돼요.
> 힘내세요."

이 녀석이 이렇게 컸었나. 아빠한테 위로라는 것도 건넬 줄 알고 말이다.

"예전에 아빠가 20대나 30대에 문상을 가면, 머리가 허연 아저씨들이 담배를 물고 앉아 소주잔을 기울이는 모습이 그렇게 초라해 보일 수가 없었거든. 그러면서 그 모습이 절대 나중에 내 모습이 될 거라 생각하지 못했거든. 그런데 말이다. 어제 장례식장에 들어서는데, 아빠가 젊은 시절에 보았던 친구들은 없고, 늙고 쪼글쪼글한 아저씨들이 아빠를 반갑게 맞이해 주는 거야."

"……."

"이상하다 싶어 눈을 부비고 다시 앞을 보니, 내 친구들이 맞더라고. 분명 내 나이보다 한 스무 살은 많아 보였는데, 그게 내 또래들이었다고 생각하니 문득, 그동안 내 모습을 잘못 알고 있었구나 싶은 생각에 그렇게 우울할 수가 없더라."

어떠한 말도 쉽게 건네지 못하는 민이의 안타까운 얼굴을 바라보며, 이런 다짐을 해 본다.

'언젠가 나이를 먹어 가야할 때가 되면 이 녀석한테 제대로 인사나 하고 떠나야 할 텐데…….'

아빠가 들려주고픈 스물일곱 번째 이야기

한 번 내뱉은 말은 담을 수 없다

오래 전 한 방송국에서 한글날 특집으로 '말의 힘'이라는 주제의 다큐멘터리를 방송한 적이 있단다. 당시 방송에서 보여준 한 가지 실험이 무척 인상적이었어.

두 개의 통에 쌀밥을 나누어 넣고, 한 쪽에는 '고맙습니다.'라는 이름을 붙여준 후 매일 같이 긍정적인 말을 들려주고, 나머지 한 쪽에는 '짜증나'라는 이름과 더불어 매일 같이 부정적인 말을 들려주는 실험을 한 달 동안 진행한 거야. 결과가 어땠을까? 긍정적인 말을 들려준 통의 밥은 하얗고 뽀얀 곰팡이가 누룩 냄새를 풍기며 올라온 반면, 부정적인 말을 들려준 밥은 그대로 시커멓게 썩어버리고 말았어.

참 신기하지 않니? 고작 말 하나 다르게 들려준 것뿐인데 이렇게 다른 결과가 나타난다니 말이다. 살아 움직이지 않는 밥풀도 이렇게 말의 힘을 크게 받는데, 하물며 사람이 받는 영향은 말할 것도 없겠지. 바로 이것이 우리가 평소 습관처럼 내뱉은 말을 보다 아름답고, 듣기 좋게 해야 하는 까닭이란다.

사실 이렇게 중요한 말의 힘을 알고 있으면서도 아빠도 이를 간과할 때가 많아. 예를 들어, 어제 엄마에게 툭 하고 내뱉은 말도 이러한 실수의 일환이고 말이야. 아마도 평소 이렇게 고운 말, 듣기 좋은 말을 쓰는 것이 익숙하지 않은 탓이겠지.

평소 늘 듣기 좋은 말을 하는 것이 습관이 된다면, 누구를 만나 어떤 상황에 부딪힌다 해도 가능하면 모두에게 듣기 좋은 말을 할 수 있게 될 것이다. 잊지 말고 기억하렴. 한 번 입 밖으로 나온 말은 어떠한 일이 있어도 다시 돌이킬 수 없다는 사실을 말이다.

- 아빠가 -

28 4월 23일 화요일

건강한 자아

간밤에 마신 술이 덜 깨 술 냄새가 아직 가시지 않았다고 집사람에게 핀잔을 듣는 와중에도 제법 기분이 좋은 아침이다. 지난 술자리에서 일행들로부터 우리 민이와 둘째아이에 대한 칭찬과 격려가 쏟아졌기 때문이다. 우리 아이들이 나름 대치동의 학교생활에 잘 적응하고 성적도 잘 유지한다는 등의 현실에 대한 좋은 이야기가 아침까지 귀에 매달렸다.

함께 한 사람 중 이○○ 상무는 최근 아이들로 인해 골머리를 썩고 있다고 했다.

"아니, 자식이라고 둘 있는 녀석들이 어쩜 그리 하나같이 자아가 강한지, 부모 말을 들을 생각을 안 한다니까요."

자아가 강해서 부모 말을 안 듣는다? 그럼 우리 민이와 둘째아이는 자아가 약해서 착하고 온순하게 자라주는 것인가 싶어 헛웃음이 나왔다.

어제 있었던 일들을 이야기하던 중, 피곤한 듯 눈을 감고 있는 민이의 얼굴을 가만히 내려다본다. 체형이나 얼굴 생김은 나를 참 많이도 닮았으나, 성격은 나보다 집사람을 빼다 박은 녀석이다. 이 때문에 우리 부부는 가끔 아이들을 이야기할 때 '어쩜 그리 당신과 나를 골고루 닮았는지 몰라.'하고 우스갯소리를 할 때가 있다.

이 상무가 이야기한 자아가 무엇을 의미하는 것인지는 모르겠으나, 우리 아이들은 나름 타인을 배려하는 가운데 자신의 참모습을 찾아나가는 방법을 무척 잘 알고 있다. 만일 자아 정체성이 이와 유사한 것이라면 우리 아이들의 자아정체성은 남부럽지 않게 훌륭하다 자부할 수 있다.

실제로 아이들은 자기가 잘하는 것이 무엇이고, 무엇을 좋아하는지 누구보다 잘 알고 있다.
부모로서 바람이 있다면 앞으로도 이러한 주관을 잃지 말고 살아가는 내내 좋은 방향으로 잘 활용하여 살주기를 바랄 뿐이다.

아빠가 들려주고픈 스물여덟 번째 이야기

변하지 않는 존재의 본질

'나는 누구인가?'

한 번이라도 이 물음에 대해 고민해 본 적이 있니, 민아? 이 물음은, 자아정체성과 아주 큰 관련이 있단다. 자아정체성이 '변하지 않는 존재의 본질'이라는 점을 감안하였을 때, 주변 환경이 아무리 변화한다고 해도 결코 변하지 않는 내 안의 본질이 무엇인가를 깨닫는 것이야말로 나를 아는 지름길이 될 수 있기 때문이지.

자아정체성이 확실한 사람일수록 자신에 대해 긍정적으로 느끼고 받아들이는 존중감이 뛰어나단다. 반면 자아정체성이 확립되지 않아 나에 대해 잘 모르는 상태에서는 부지불식간에 나를 파괴하는 행동을 아무렇지도 않게 할 수 있지. 왜냐하면 그것이 얼마나 나에게 안 좋은 행동인지를 모르기 때문이야. 바로 이것이 '나'에 대해 바르게 알아야 하는 이유이지.

나를 알아가는 과정 중에는 내게 상처가 되었던 지난 일이나 나의 약점, 치부 등을 똑바로 바라봐야 하는 과정이 있을 수도 있어. 그러나 그러한 과정을 견디고 자신의 진짜 모습을 마주할 수 있게 된다면, 내 삶의 방향을 모색하는 일 역시 그리 어렵지 않을 거야.

바로 지금, 다시 한 번 잘 생각해 보렴.

**나는 누구인지, 내가 좋아하는 일과 싫어하는 일은 무엇인지,
세상이 변해도 절대 변하지 않는 나만의 가치는 무엇인지 말이야.**

- 아빠가 -

29 4월 26일 금요일

클래식으로 여는 아침

아침에 학원으로 향하는 길, 라디오에서 귀에 익은 클래식 한 곡이 흘러나온다.

"민아, 이 곡 제목이 뭔지 좀 찾아봐 줄래?"

세상 살기 참 편해졌다. 잘 모르는 곡 제목도 핸드폰으로 앱 한 번만 실행하면 바로 제목을 알 수 있으니 말이다. 내 말이 끝나자마자 민이가 관련 앱을 열고 제목을 확인한다.

"아빠, 드보르작의 교향곡 9번, 4악장 신세계 교향곡이래요."

"아, 역시."

곡명은 깜박하지만 내 귀에 익은 클래식 음악 중 가장 활기차고 기분을 들뜨게 하는 곡 중 하나이다. 강력한 드럼의 리드 속에 환상적으로 펼쳐지는 여러 악기들의 화음을 듣고 있노라면 어느 새 나도 모르게 제목 그대로 '신세계'로 달려가고 싶은 기분이다. 며칠 전 학원으로 향하는 차 안에서도 민이와 함께 이 곡을 들었던 적이 있다.

회사에 출근하면 나는 제일 먼저 음악을 튼다. 이러한 일이 습관이 된지는 꽤 오래되었다. 실제로 음악을 들으며 하루를 시작하는 날은 유독 일이 잘 풀리기도 한다. 아마도 음악을 듣는 동안 내 몸의 피로와 마음 속 찌뿌둥함이 은연중에 풀리기 때문이 아닌가 싶다.

물론 40대 초반부터 시작된 약간의 이명 현상을 잠재우는 최고의 명약이기도 하다. 화이트소음…

"드보르작은 푸줏간과 여관을 운영하는 부모 밑에서 태어났어. 음악과는 거리가 아주 먼 집이었지. 그런 그가 음악을 할 수 있었던 것은, 그의 부모가 운영하는 여관에 머물렀던 방랑 음악가들의 영향이 아주 컸단다. 음악에 대한 관심이 커진 드보르작은 1857년, 부모님의 허락을 받고 프라하에서 음악공부를 하게 되고, 이후 브람스에게까지 인정을 받게 되지. 이 곡 '신세계'는 드보르작이 미국을 보고 난 후 쓴 곡이자, 그의 생애 마지막 곡이기도 해."

"여행을 가서 보고 느낀 것을 이렇게 대단한 음악으로 남겼다니, 당시 드보르작이 미국을 다녀와서 느낀 감동의 크기가 어느 정도였는지 짐작이 가는 거 같아요."

"그렇지?"

경험은 사람을 만들고, 그 사람은 역사를 만든다. 나는 민이가 누구보다 다양한 경험을 해 보는 사람이 되기를 원한다. 그리고 그 경험 중에 '음악'이 포함이 되기를 바란다. 분명 음악과 함께 하는 삶은 그렇지 않은 삶보다 몇 배 풍요로울 것이기 때문이다.

오늘 함께 듣는 이 음악의 힘이 민이가 새로운 세계로 나아가는 데에 큰 디딤돌이 되기를 바래본다.

아빠가 들려주고픈 스물아홉 번째 이야기

예술과 가까이하는 삶

대부분의 유럽국가 교육이 우리나라의 교육보다 선진화되어 있다는 점에 대하여 부정하는 사람은 아마도 없으리라 생각한다. 몇 년 전 우리나라의 여러 출판사가 앞 다투어 한 나라의 교육법을 정리한 책을 펴내기에 바빴는데, 바로 샹송과 에펠탑으로 유명한 나라 프랑스란다.

당시 프랑스식 교육이 워낙 이슈였기에 아빠 또한 다양한 책과 기사 등으로 해당 내용을 접해본 적이 있었는데 매우 인상적인 부분이 한 가지 있었단다. 바로, 아이들이 어려서부터 저렴한 비용으로 다양한 예술 교육을 받아볼 기회를 누린다는 점이었지. 그 가운데에서도 음악교육이 특히 잘 되어 있었는데, 아마도 아이들이 악기 한두 가지 정도는 다룰 수 있어야 보다 행복한 삶을 사는 데에 도움이 된다고 여기는 프랑스 시민들의 사고방식이 그대로 반영된 것이 아닌가 싶다.

아빠 역시 절대적으로 공감을 한다. 그래서 너희들이 어릴 때부터 다양한 음악을 들을 수 있는 기회를 제공해 주고, 또 미술관이나 박물관에도 함께 다니려고 했지만 때로 이러한 의문이 들더구나.

'과연 이렇게 하는 것만으로 아이들이 예술에 조금 더 가까워졌다고 이야기할 수 있을까?'

예술과 함께하는 생활은 삶을 윤택하고 풍요롭게 만드는 것을 넘어, 때로 삶 그 자체를 예술로 만든다. 바로 이것이 아빠가 너희들에게 매일같이 반복되는 일상 속에서도 좋아하는 음악 한두 곡 그리고, 좋아하는 작가의 전시회 한두 개는 찾아서 돌아다니라고 이야기하는 이유이기도 하단다.

바쁜 삶 속에서도 음악이 주는 여유를 찾아내는 눈을 가진 아들 민이가 되기를 바라며.

- 아빠가 -

30 4월 29일 월요일

자기합리화

어제는 홍제동 어머님의 생신이었다. 마침 인근에 볼일도 있고 생신도 축하해 드릴 겸 집에 들러 두어 시간가량 함께 다과를 나누며 어머님의 옛날이야기를 들어드렸다. 늘 느끼는 것이지만 어머님은 내가 이렇게 당신의 이야기를 들어주는 것만으로도 기분이 좋아지시는 모양이다.

아침에 함께 길을 나서며 민이에게 물었다.

"민아. 홍제동 할머니의 어머니의 소설 같은 이야기를 아니?"

함께 살아온 날이 얼만데 그 정도도 모르겠냐는 눈빛으로 민이 나를 바라본다. 사실 아이들에게 굳이 할 필요는 없는 이야기 같아 내 입으로는 꺼내지 않는 이야기인데 아마도 집사람을 통해 여러 차례 들은 모양이다.

"어제 할머니 댁에 다녀왔잖아. 근데 할머니는 아직도 어릴 때 학교를 못 다니신 게 그렇게 한이 되시는 모양이더라. 어제도 두 시간 내내 그 얘기만 하시지 뭐니."

"하하. 할머니는 저나 동생이 가도 그 말씀 꼭 하세요. 그래서 우리를 보면 공부 더 열심히 하라고 하시는 거겠죠."

어머님은 어릴 적 의붓어머니에게 자랐다. 그리 다정한 분은 아니셨던지, 어릴 적 어머님이 배다른 동생들을 제대로 보지 않고 공부라도 할라 치면 부리나케 쫓아와서 혼을 내시고 집으로 데려가곤 하셨단다. 그때 그렇게 공부를 하고 싶었는데 혼을 내시면서까지 공부를 못하게 한 외할머니 때문에 어머니는 어린 시절 공부를 하지 못하신 것이 크게 한으로 남았다. 그래서 아직도 틈만 나면 이렇게 말씀하신다.

"이게 다 네 외할머니 때문이지 뭐니."

그동안은 어머니의 한탄이 그럴 법한 이유가 있다 여겨졌다. 하지만 어제 어머니의 이야기를 듣는 도중, 문득 그런 생각이 들었다.

'개개인에게 닥치는 인생은 모두 다를 수밖에 없는데, 결국 그것을 어떻게 극복하느냐는 개인의 노력이 아닌가.'

실제로 일을 하다 만난 사람 중 어떤 사람은 어렵고 힘든 여건으로 인해 초등학교도 나오지 못했지만, 이후 배움에 대한 열정으로 야학을 다니고 검정고시까지 치러 대학에 들어간 사람이 있었다. 대학에 들어간 후에도 그의 생활고는 끊이지 않았기에 그는 과외와 아르바이트로 생활비를 근근이 이어가며 남들보다 제법 늦게 졸업을 했지만, 그의 그러한 성실함과 열정을 알아챈 것인지 느지막이 들어간 회사에서는 그에게 박사 학위까지 딸 수 있도록 기회를 제공해 주었다.

"그렇게 박사 학위까지 따고 한참을 열심히 살다보니, 어느 새 생활에도 여유가 생겨 이제야 후배들하고 좀 어울릴 수 있게 되더군요. 하하."

나는 그의 이야기가 시사 하는 바가 매우 크다고 생각한다. 개인의 실패는 결코 환경이나 시대, 상황의 탓이 아니다. 결국 개인의 탓인 것이다. 1997년도에 부도가 났다고 하여 과연 그 부도가 100% IMF 금융 위기 때문이라고 말할 수 있는가? 돌이켜보면 한 회사가 부도가 나기까지는 이면에 보이지 않는 문제점들이 산재해 있었을 것이다.

나는 민이와 둘째아이가 앞으로 살아가는 동안 어떠한 실패를 하게 되더라도 주위 환경을 탓하기 보다는 자신을 돌아보는 계기로 삼았으면 한다. 따라서 오늘 민이에게 이 얘기를 꼭 해 주고 싶었다.

"민아. 너와 비슷한 또래가 아마 대한민국에 6~70만 명은 되겠지?
하지만 그 중에 절반 이상은
지금 너보다 훨씬 못한 상황에서 입시를 준비하는 경우가 허다할 거야.
너는 이미 그들보다 절반 이상은 유리한 환경에서 출발했어.
그러니 어떤 경우에도 환경을 탓하지 말고, 그저 최선을 다해라.
그것만으로도 너는 이미 훌륭한 인생을 살고 있는 것일 테니."

아빠가 들려주고픈 서른 번째 이야기

문제의 원인은 '남'이 아닌 '나'에게 있다

'똥 묻은 개가 겨 묻은 개 나무란다.'라는 말을 들어본 적이 있지? 오늘은 이 속담과 관련된 이야기를 하나 하려고 한다, 민아.

많은 사람들은 자신의 실수나 잘못으로 궁지에 몰리게 되면 순간적으로 내가 아닌, 다른 사람이나 상황, 또는 환경의 탓으로 이를 돌리게 되지. 어쩌면 이것은 불확실한 상황에 대하여 자신을 보호하고자 하는 자기방어의 일종이 아닌가 싶다. 그러나 알고 있니? 남의 탓을 잘하는 사람들의 공통점 중 하나가 바로 '자기반성'이 결여되어 있는 상태라는 것을 말이다.

자기반성이 결여되어 있는 사람들은 아무리 잘못한 상황에서도 일단은 자신의 행동에 대해 합리화하는 데에 급하고, 다른 사람을 탓하곤 한단다. 이러한 자세가 습관이 되어 버린다면, 결국 어떠한 문제 상황에 대해서도 해결책은 내지 못한 채 그저 주변을 원망하는 사람이 되어 버리지. 왜냐고? 자기반성이 없으니 문제의 원인이 되는 행동이 무엇인지도 모르기 때문이란다.

반면, 문제의 원인을 자신에게서 찾는 사람은 삶은 스스로 책임진다는 생각으로 살기 때문에, 문제를 해결하는 데에 집중하고, 이에 대한 원인을 남에게 돌리지 않는다. 모든 일의 원인과 결과는 바로 '나'에게서 시작한다고 생각하기 때문이다.

우리 인생은 남이 아닌, 내가 살아가는 인생이다. 이 점을 생각해 보았을 때, 어떠한 문제가 발생했을 때 과연 문제의 원인을 어디서부터 찾는 것이 바른 행동인지를 한번 잘 생각해 보았으면 좋겠구나.

아빠는 지금 종교는 없지만 천주교에서 미사를 볼 때면 종종 들리는 기도문 중에 '내 탓이오 내 탓이오 내 큰 탓이로소이다.'라는 가슴을 치며 하는 행동과 말이 가슴에 와 닿는다. 모든 문제는 나로부터 원인과 해결책을 찾는 것이 가장 빠른 해법이란다.

― 아빠가 ―

31 5월 4일 토요일

식사자리와 아이들

"오늘 저녁에 아빠 친구네 가족이랑 같이 저녁 먹기로 했다. 너희들도 같이 가자. 홍제동 할머니와 할아버지도 오실 거야."

아침을 먹으며 오래전부터 계획해두었던 저녁식사 자리에 대한 이야기를 꺼냈다. 아이들의 표정이 그리 좋지 않다.

"아……. 그냥 아빠랑 엄마만 가시면 안 돼요?"

비록 잘 모르는 사람들과 함께 하는 자리이긴 하지만 우리 가족이 마련한 자리이고, 아이들에게도 분명 도움이 될 것 같았다. 더욱이 아빠가 이렇게 같이 가자고 말하는데 아이들이 싫은 반응을 보이리라고는 예상하지 못했다.

"왜? 불편 할까봐 그러니?"

"아빠도 아시다시피 전 학원도 가고 해야 할 공부도 많은데, 굳이 그런 자리까지 따라가야 하나 싶어서요."

듣고 보니 민이 말이 일리가 있는 듯 하여 수험생활 중인 민이는 제외하고 남은 가족들끼리 저녁식사 자리에 참석하기로 했다. 그런데, 한참 일을 하는 도중 웬일로 둘째아이 녀석이 카톡으로 날 괴롭힌다.

"아빠, 저도 그냥 안 가면 안 돼요? 우리 할머니랑 할아버지만 계신 거면 모르겠는데 굳이 남의 가족이랑 같이 밥을 먹으려니 너무 불편해요."

"안 돼. 이미 다 약속이 된 자리야."

"학교 갔다가 학원가야 하고, 숙제도 해야 하는데, 스케줄도 너무 바빠요."

"그렇게 오랜 시간이 걸리지는 않을 거야. 밥 먹고 들어와서 하면 되지."

"오빠는 안 와도 된다고 하셨다면서, 저는 왜 안 돼요?!"

순간 서운함이 확 몰려온다. 이렇게 아빠의 맘을 모르다니.

"그럼 오빠도 학원이고 뭐고 그냥 무조건 오라고 할까?"

따끔하게 카톡으로 한마디를 하고 나서야 둘째아이도 자신이 과했다 싶었는지 이내 알았다고 답한다. 순간 별생각이 다 든다.

'그냥 우리 부모님과 식사만 한다고 했으면 될 일을 괜히 내가 욕심을 부려서 일을 키웠나……'

오후 내내 복잡했던 생각과는 달리 그날의 저녁 식사 자리는 꽤 좋았다. 아이들은 때로 다른 사람과의 만남을 통해 얻는 것도 있다는 내 생각이 맞는 듯했다.

'민이도 함께 했으면 더 좋은 자리가 되었을 텐데……'

아빠가 들려주고픈 서른한 번째 이야기

'경청'을 통해 배워라

'인간관계'에 대한 중요성은 이미 아빠가 민이에게 수차례 이야기했으니, 잘 알고 있을 것이라고 생각한다. 사람은 다른 누군가를 통해 배우고, 깨닫고, 성장한다. 이때 무엇보다 중요한 것이 바로 그 사람의 이야기를 '잘 듣는 것'이란다.

잘 듣는 사람은 말하는 사람의 이야기를 100% 이해하고, 공감하며, 이를 통해 느낀 점을 내 것으로 만드는 탁월한 능력을 가지고 있다. 또한, 더욱 넓은 인간관계를 만드는 데에도 도움을 얻을 수 있다.

그렇다면 어떻게 해야 다른 사람의 말을 잘 들을 수 있을까? 여기, 몇 가지 방법이 있단다.

1. 이야기를 들을 때에는 그 사람의 입장에 서서 들어볼 것.
2. 이야기를 들으며 그의 경험을 나의 경험과 비교하며 듣지 말 것.
3. 이야기를 잘 듣고 있다는 적절한 몸짓을 통해 상대방으로부터 더욱 깊은 이야기를 이끌어 낼 것.
4. 궁금한 점이 있다면, 힘을 실어 물어보도록 할 것.
5. 상대방이 이야기하는 내용에 대해 절대 내 기준으로 평가하지 말고 있는 그대로 들어줄 것.

남의 말을 잘 듣는 것만으로도, 그가 가진 삶의 지혜 중 절반 이상을 내 것으로 만들 수 있음을 명심하도록 하렴.

경청과 관련된 일화는 인터넷 검색을 통해 많이 얻을 수 있으니 꼭 찾아서 읽어보면 더 도움이 될 거야. 민아.

- 아빠가 -

32 5월 7일 화요일

둘째 아이의 고충

학원으로 향하는 차 안에서 민으로부터 뜻밖의 이야기를 들었다.
"동생은 아빠랑 대화하는 게 조금 불편한가 봐요."

처음에는 잘못 들었나 싶어 귀를 의심했지만, 혹시라도 내 커뮤니케이션 방법에 문제가 있나 싶어 민이에게 차근차근 물어보았다.

"그래? 동생이 네게 무슨 말을 했니?"
이내 민이가 피식 웃음을 지으며 말을 이어간다.

"아빠 맨날 동생한테 '놀순이, 놀순이' 그러면서 장난삼아 이야기하잖아요. 물론 저는 농담인 거 다 아는데, 듣는 아이 입장에서는 그렇지가 않은가 봐요. 저한테 하는 말이 자기 딴에는 정말 매일매일 최선을 다해 생활하고 있는데 아빠는 자기를 늘 노는 사람으로만 보는 것 같아 너무 서운하대요."

이것 참, 기가 막힐 노릇이다. 아들, 딸 가릴 것 없이 둘 다 열심히 생활하고 있다는 사실을 아빠인 내가 모를 리가 있는가. 그저 딸이 예쁘고 귀여워서 친근한 농담조로 '놀순이'라고 불렀던 것뿐인데 그것이 외려 독이 된 것이다.

'내 딴엔 애들하고 친하고 제법 인기도 많은 아빠라고 생각했는데 그게 아니었네.'

어쩐지, 요새 들어 둘째아이 녀석이 틱틱 거리는 것이 이상하다 싶었다. 그동안 나는 바깥에서는 다른 이 못지않게 업무도 잘하고, 커뮤니케이션에 있어서는 일가견이 있다고 자부해왔다. 그런데 정작 내게 있어 가장 중요한 내부 고객인 가족과는 그러지 못하고 있다는 생각이 들자 한없는 우울함이 밀려온다.

조금 더 좋은 아빠, 남편, 그리고 아들로 거듭나기 위한 방법을 고민해 보아야겠다.

아빠가 들려주고픈 서른두 번째 이야기

부모와 자녀가 서로 지켜야 할 예절

오늘 민이의 이야기를 듣고 나서 어쩌면 그동안 내가 생각했던 가족 내에서의 소통 방법이 잘못된 것은 아닐까 싶어 생각이 복잡했어, 민아.

우연히 인터넷에서 '보다 즐겁고 행복한 가정생활을 위해 부모와 자식이 서로 지켜야 할 예절'에 대해 찾아보게 되었으니, 읽어보고 지금보다 더 나은 가정생활을 만드는 데에 서로 노력해보면 좋겠구나.

1. 아침은 하루의 시작이다. 불쾌할 수 있는 대화는 추후 가족이 함께 토론하는 자리를 통해 나누도록 하고 아침에는 가능하면 긍정적인 대화만 나눈다.
2. 자식이 이야기할 때 부모는 사랑하는 눈으로 경청하며 문화의 차이를 이해한다.
3. 언제, 어디서, 무엇을, 누구와, 왜, 어떻게 식으로 정확하게 대화한다.
4. 부모와 자식 모두 자신이 지키지 못할 룰은 만들지도 않고 강요하지도 않는다.
5. 잘 모르거나 정확하지 않은 것을 알고 있는 것처럼 말하지 않는다.
6. 'Why Don't you' 식으로 부정적 이기보다 'How about this way' 식으로 제안하는 방식의 대화를 이끌어 간다.
7. 부모는 자신이 먼저 아이들에게 약속한 바를 지키고 난 후 자식에게 약속의 이행을 요구한다.
8. 생활 언어의 질을 높이고 절대로 언성을 높이지 않는다.
9. 자식을 '양반'급으로 만들려면 '양반'급 가정처럼 생활한다.
10. 자식에게서 존경받기를 기대하지 않는다. 존경은 거저 얻어지지 않는다.

*출처: www.GoodNeighboring.org

최근에 들은 이야기지만 가족 간의 예의를 갖추고 부부간에 존중하는 태도를 체득하는 것은 예의범절의 시작이라고 한다. 우리 함께 해보자꾸나. 민아...

- 아빠가 -

33 | 5월 11일 토요일

어색한 칭찬

오늘은 나의 모교 ROTC 가족동반모임이 있는 날이다. 아침 일찍 민이를 학원 앞에 내려 주고 나서, 모임이 있는 잠실 주경기장으로 향했다. 행사장에 도착하여 여기저기를 살펴보니 이번 행사를 주관한 후배들이 공을 많이 들인 것이 느껴졌다. 또한, 제법 기수 차이가 남에도 불구하고 아래 후배들을 이리저리 통솔하는 교우 회장님의 리더십이 느껴지는 순간이기도 했다.

행사의 이모저모가 모두 알찬 시간이었지만 나에게 울림을 준 시간은 바로 30분 남짓 이어진 강연 시간이었다.

"여기 있는 우리 모두는 태어나서부터 가정이라는 울타리 안에서 자라나고, 또 나이를 먹고 새로운 가정을 이루고 살아갑니다. 이 과정에서 우리를 낳아준 분들과는 부모자식의 연, 그리고 내 곁에 있는 동반자와는 부부의 연을 맺고 살아가지요. 그런데 한번 잘 생각해 보십시오. 돌이켜 보면 나의 부모, 반려자, 그리고 자식까지 모두 고마운 인연인데 실제로 이 사람들에게 고맙다는 말을 얼마나 하고 사십니까? 또, 칭찬은 얼마나 하고 사십니까?"

몇 가지 사례를 더 들어보니 어쩐지 남의 이야기 같지가 않았다. 사실 표현을 한다고 하는 편인데도, 나 역시 칭찬과 감사에 인색한 아빠이자 가장이고, 아들이었기 때문이다.

'안 되겠다. 오늘부터라도 집에서 칭찬과 감사의 말을 많이 해야겠다.'

집에 돌아오자마자 막내 처제의 시아버님이 돌아가셨다는 말을 듣고 문상을 위해 채비를 했다. 함께 집을 나서 장례식장으로 향하는 차 안, 오늘 배운 것을 실행해볼까 마음먹고 입을 연다.

"여보, 오늘 옷차림이 참 곱네. 나이를 어디로 먹는지 모르겠어."

"?"

평소 가뭄에 콩 나듯 했던 칭찬에 집사람이 흠칫 놀란다.

"여보, 항상 우리 집에서 중심을 잘 잡아줘서 정말 고마워. 당신이 있어 나는 물론이고, 아이들도 안심하고 자기 생활을 할 수 있는 것 같아."

"당신 왜 그래요? 어디 아파요?"

세 살 버릇 여든 간다고, 평소 칭찬에 인색한 편이다 보니 듣는 사람 입장에서도 어색할 수밖에 없다. 결국 이 날의 칭찬과 감사의 말 노력은 물거품이 되어 버렸다.

칭찬과 감사를 평소 생활 습관으로 가지고 사는 일은 역시 쉬운 일이 아니다. 그러나 이것이 몸에 배게 되면 그 어떤 것보다 가정생활을 행복하게 만드는 밑거름이 되고, 사회생활을 잘 하는 재산이 된다.

이제부터라도 칭찬에 관대한 남편이자 아빠로 거듭나야겠다. 민아…

아빠가 들려주고픈 서른세 번째 이야기

감동을 주는 칭찬 방법

강연을 통해 칭찬과 감사의 말을 자주 하는 것이 얼마나 중요한지 알게 되었음에도 가까운 가족에게는 평소 습관이 되지 않은 탓에 이를 입 밖에 내는 일이 여간 어려운 일이 아니더구나. 그러던 중 마침 아빠가 읽은 책 한 권에 주위 사람에게 감동을 주는 칭찬 방법이 아주 일목요연하게 정리되어 있어, 이를 함께 읽어보았으면 좋겠다.

1. 막연하게 하지 말고 구체적으로 칭찬하라
구체적이고 근거가 확실한 칭찬을 하면 칭찬뿐 아니라 당신에 대한 믿음도 배가 된다.

2. 본인도 몰랐던 장점을 찾아 칭찬하라
그런 칭찬을 받으면 기쁨이 배가 되고 상대는 당신의 탁월한 식견에 감탄하게 된다.

3. 공개적으로 하거나 제3자에게 전달하라
남들 앞에서 듣는 칭찬이나 제3자에게서 전해들은 칭찬이 기쁨과 자부심을 더해주며 더 오래 지속된다.

4. 차별화된 방식으로 칭찬하라
남다른 내용을 남다른 방식으로 칭찬하면 당신은 특별한 사람으로 기억된다.

5. 결과뿐 아니라 과정을 칭찬하라
성과에만 초점을 맞추지 않고 노력하는 과정에 초점을 맞춰 칭찬하면 상대는 더욱 분발하게 된다.

6. 예상외의 상황에서 칭찬하라
질책을 예상했던 상황에서 문제를 지적한 다음 칭찬으로 마무리를 지으면 예상외로 효과가 크다.

7. 다양한 방식을 찾아라
때론 말로, 때론 편지로, 때론 문자메시지로 칭찬을 전달하라. 레퍼토리가 다양하면 그만큼 멋진 사람으로 각인된다.

*출처: '끌리는 사람은 1%가 다르다' 中

- 아빠가 -

34 5월 14일 화요일

지갑분실

아침부터 차에 오르는 민이의 얼굴에 근심이 가득하다.

"무슨 일 있니, 민아?"

"아휴, 어제 학원에서 지갑을 잃어버렸어요."

"저런, 중요한 것들이 많이 들어있진 않았니?"

"뭐, 주민등록증이랑 체크카드 두 장, 그리고 현금 조금이요. 아, 돈은 얼마 되지 않아서 다행인데, 주민등록증이랑 체크카드는 다시 발급 받을 생각을 하니 답답하네요. 그거 발급 받으러 갈 시간도 없는데……."

요즘 들어 집에 지갑이나 학생증을 두고 오는 일이 있더니, 결국 지갑을 잃어버리는 일이 발생하였다. 며칠 전에 나 역시 비슷한 일이 있었다. 명함 지갑을 잃어버린 줄 알고 여기저기 묻고 허둥지둥했는데, 나중에 보니 차 안에 잠시 두고 내린 것을 깜박했던 것이다. 그러나 이미 잃어버린 물건에 마음을 빼앗겨 시간과 정신을 허비하는 것만큼 어리석은 일도 없다.

"속상해도 어쩌겠니. 이미 잃어버린 것이니 새 지갑을 사던가 해야겠네. 또, 혹시 아니? 오늘 학원에 가면 잃어버린 지갑을 누군가 네 책상 위에 올려두었을지도 모를 일이고. 너무 마음 쓰지 말아라."

"네."

대답은 잘 했지만, 마음 쓰이는 일이 있으면 쉽게 잊지 않는 민이의 성격상 이 작은 스트레스가 오래가지 않았으면 좋겠다.

아빠가 들려주고픈 서른네 번째 이야기

나의 자리를 한 번 더 보기

민아, 지금의 너만큼 아빠 역시 젊은 시절에 물건을 잃어버리던 적이 많았다. 특히 지갑을 잃어버린 후에는 돈도 돈이지만, 그 안에 들어있던 신분증이며 신용카드 등을 다시 발급받아야 하는 불편함 때문에 늘 그때마다 '다음부터는 조금 더 주의를 기울여야지.' 하면서도 정작 비슷한 상황이 되면 바삐 움직인다는 핑계로 서두르다 같은 실수를 반복하곤 했지.

도저히 안 되겠다 싶어 아빠가 어디를 가든 잊지 말고 실천하기 위해 애쓰는 점이 한 가지 있어. 바로, '일어설 때 내가 앉았던 자리를 다시 한 번 살펴보는 일'이야. 사실 이 일은 아빠가 어렸을 때 지금의 할머니와 할아버지께서 꽤 여러 번 강조하셨던 말씀인데, 당시엔 듣고 지나쳤지만 살다보니 그만큼 물건을 잃어버리지 않는 습관을 기르는 데에 좋은 일이 없더구나.

지금껏 네가 잃어버렸던 물건들 역시 일어설 때 딱 한 번만 그 자리를 돌아보고 일어났다면 잃어버리지 않았을 물건들이 아니겠니?

아빠는 늘 민이가 있었던 곳을 다시 한 번 되돌아볼 줄 아는 지혜로운 사람으로 자라기를 바란다.

- 아빠가 -

35 5월 16일 목요일

어느 스승의 날에 생긴 일

"민아, 군사부일체(君師父一體)라는 말을 아니?"

차를 타기 위해 함께 주차장으로 내려가는 계단에서 넌지시 질문을 던지니, 민이가 아침나절부터 대체 이게 무슨 질문인가 싶은 눈으로 나를 빤히 쳐다본다.

"아빠, 당연히 알죠. 임금과 스승과 어버이는 하나 라는 말이잖아요."

"허허. 이 녀석. 난 또 네가 두사부일체 영화만 알고 이 고사성어는 전혀 모르는 줄 알았지."

"아이 참, 아빠. 그 정도는 상식이잖아요. 제가 그 정도도 모를까 봐요?"

"그래? 잘 알고 있다니 다행이네. 그래서 어제, 선생님께 맛있는 다과랑 선물도 드리고, 가르쳐주셔서 감사하다는 말씀도 전했니?"

사실 내가 오늘 이른 아침부터 이 이야기를 꺼낸 데에는 이유가 있었다. 바로, 스승의 날인 어제 벌어진 일 때문이었다. 평소 아침에 일어나는 것을 힘들어하는 녀석이 웬일로 꼭두새벽부터 일어나 아침도 먹지 않고 학원에 간다고 하였다.

"오늘 스승의 날이라 친구들하고 선생님을 위한 행사 준비하기로 했단 말이에요."

"파티?"

"별 건 아니고, 그냥 다과랑 선물 좀 준비하고, 풍선 좀 달고 이 정도요. 제가 그래서 어제 저녁에 오늘 학원에 일찍 가야한다고 말씀드렸잖아요."

나와 집사람 모두가 잘 기억을 못하는 걸로 봐서는 분명 제대로 이야기를 한 것이 아니라 지나가듯 말을 한 것이 분명한데, 그래도 밥은 먹고 가라는 제 엄마의 말에 밥숟가락을 입에 밀어 넣으며 한 그릇을 뚝딱한 민이를 데리고 서둘러 집을 나섰다.

'군사부일체라고 했거늘, 제 스승 챙긴답시고 부모 맘을 불편하게 하는 녀석이구먼.'

내 자식이지만 때로 이렇게 얄미울 때가 있다. 군사부일체의 뜻까지 잘 알고 있다는 녀석이 정작 현실 상황에서는 부모의 마음을 헤아리지 못하고 행동한다니

어제의 상황에 대해 솔직히 이야기하고 따끔하게 훈계를 할까 하다 이미 지난 일로 이야기를 꺼내는 것이 무슨 의미가 있나 싶었다. 다만, 민이에게 이 이야기는 해 주고 싶었다.

"민아, 사람들은 누구나 많은 것을 알고 있지만
자신이 아는 것을 실제 그만큼 행동하기는 쉽지 않지.
아는 만큼 행동하는 민이가 되었으면 좋겠구나."

아빠가 들려주고픈 서른다섯 번째 이야기

지행일치(智行一致)의 중요성

"아는 것(知)와 행하는 것(行)은 둘이 아니다."

이는 정조이산어록에 나오는 말로, 아는 만큼 행동하는 것의 중요성을 역설하고 있는 말이란다.

사람은 누구나 알고 있는 것이 있지. 우리가 흔히 살아가면서 가장 중요한 가치라고 일컫는 '인(仁), 의(義), 예(禮), 지(智), 신(信) 모두 대부분의 사람들이 학교 교육 등을 통해 알고 있는 가치일 텐데 말이야.

하지만 현실은 어떠니? 내가 집에서 부모님께 하는 행동, 또는 밖에 나가 웃어른께 하는 행동만 가만히 돌이켜보아도 실제로 내가 아는 것만큼 행하지 못하고 있음을 알 수 있을 거야.

알고 있는 만큼 행동하는 일은 결코 쉬운 일이 아니야. 그렇기에 옛 어르신들이 지행일치와 관련된 다양한 가르침을 글로 남겨 전하고자 한 것이겠지. 하지만, 쉬운 일이 아니라고 하여 이것을 행하지 않는 다면 결국 우리가 배운 것은 모르는 것보다 못한 일이 되고 말 거다.

어떠니, 민아? 오늘부터라도 네가 그동안 학교 수업을 통해 배운 다양한 삶의 지혜들을 하나씩 생활 속에서 실천해보는 것이 말이야.

- 아빠가 -

36 5월 18일 토요일

인생을 담을 그릇 만들기

오늘은 아침에 운동 약속이 있어 민이를 학원에 데려다 주지 못하였다. 아이를 데려다주지 못한 것이 마음에 걸렸는데, 마침 저녁에 비가 오는 것이 아닌가. 서둘러 민이와 둘째아이에게 카톡을 보냈다.

"비가 오네. 아들, 딸 오늘 아빠랑 같이 들어갈까? 아빠가 데리러 갈게."

그렇게 오랜만에 아들과 딸아이와 함께 차 안에서 빗소리를 들으며 집으로 돌아오는 길, 민이가 슬금슬금 내 눈치를 보더니 말을 꺼낸다.

"아빠, 실은 저녁에 엄마랑 잠깐 통화했었는데 제가 엄마 기분을 상하시게 한 것 같아요"

"응? 그게 무슨 소리야?"

이야기를 들어보면 이랬다. 수업을 마친 후 저녁을 먹기 위해 밖에 나간 민이가 마침 비도 오고하여 친구들과 고기를 먹다보니, 자습실에 들어갈 시간을 놓치게 된 것이다. 이 때 마침 집사람이 전화를 했고, 민이는 별 생각 없이 제 엄마한테 이러저러해서 지금 친구들과 카페에서 공부도 하고, 수다도 떨며 땡땡이 아닌 땡땡이를 치고 있다고 말을 했는데 그 말을 들은 집사람이 훈계를 한 것이다 .

어떠한 내용 이었을지 예상이 갔다.

"민아, 아빠 생각에는 네가 제시간에 저녁을 먹지 않고 자습실로 돌아가지 않아 결국 정해져 있던 일과를 놓친 것에 대해 꾸중을 들은 것 같은데 말이야."

"네, 저도 그런 것 같아요."

자신이 잘못한 것을 아는지 고분고분하게 잘못을 인정한다. 그러나 민이의 심정 또한 충분히 이해가 간다. 같이 고등학교에서 공부한 친구들은 대학에 가서 캠퍼스의 청춘을 한창 즐기고 있을 시간에 학원한 구석에 틀어박혀 밤낮없이 공부를 하는 일이 쉬울 리 없지 않는가.

민이에게 있어 오늘 저녁에 친구들과 고기를 구워 먹고, 카페에서 수다를 떠느라 쓴 한두 시간은 고작 길고 긴 수험생활 중 아주 잠깐의 휴식이었던 것이고, 반면 집사람 입장에서는 이렇게 한두 시간씩 놓치는 습관이 어느새 규칙적으로 자리 잡아 버릴까봐 걱정이 되었을 것이다.

두 사람 입장이 모두 이해가 갔다.

"민아, 네 입장도 이해를 못하는 게 아니야. 아빠가 왜 공부를 해야 하는지에 대해 이미 여러 차례 얘기한 바 있지? 아빠는 공부를 열심히 한 결과로 좋은 대학을 가는 것도 중요하지만, 네가 인내의 과정을 거쳐 다른 무엇과도 바꾸지 못할 경험을 쌓는 것 역시 중요하다고 생각한다. 길고 긴 재수생활이 언제 끝나나 싶어 힘들고 지치겠지만 이 기간을 통해 민이 네가 더욱 단단해지고, 성숙해지리라고 아빠는 믿어. 엄마도 그럴 거야. 그렇기 때문에 네가 힘든 줄 알면서도 한 번씩 이렇게 네가 흔들릴 때 잘 이겨내고 지금의 수험생활에 더욱 집중하기를 바라는 거고 말이야."

말이 길어지다 보니 혹시 지루해하는 것은 아닐까 싶어 슬쩍 민이의 얼굴을 바라보니 예상외로 잘 듣고 있다.

"지금 이 시기는 너의 인생을 담을 그릇을 만드는 시기와 비슷하다고 생각해.
얼마나 크고 깊은 그릇을 만들지는 결국 너의 노력에 달려있지.
아빠는 네가 아빠보다 더욱 훌륭한 삶을 살기를 바란다."

민이가 밝은 표정으로 끄덕거린다.
아, 오늘 한 이야기가 민이에게 정말 도움이 되었구나 싶어 어쩐지 안도가 된다.

아빠가 들려주고픈 서른여섯 번째 이야기

인내심을 기르는 방법

인디언들이 기우제를 지낼 때마다 비를 내리는 것을 신기하게 여긴 한 외국인이
어느 날 한 인디언에게 가서 물었다.

"어떻게 당신들이 기우제를 지낼 때마다 그렇게 비가 내리나요?"
"그건 바로, 비가 올 때까지 기우제를 지내기 때문입니다."

민아, 이 이야기를 들어본 적이 있니? 인디언들의 기우제 얘기는 많은 사람들이 인내심과 관련된 이야기를 하고자 할 때 응용할 만큼 널리 알려진 이야기란다.

어쩌면 이 이야기가 요즘 사람들의 사고방식과는 잘 맞지 않는 이야기일지도 모른다. 그저 '빨리 빨리', 그리고 '최단 시간에' 모든 것을 처리하는 것을 성공의 큰 덕목 중 하나라고 생각하는 현대인들에게 비가 올 때까지 그저 묵묵히 제사를 지낸다는 일이 얼마나 어리석은 일처럼 보이겠니.

하지만 그럼에도 불구하고 목표를 이루는 데에 있어 무엇보다 중요한 것이 바로 '인내심'이라는 사실 또한 대부분의 사람들은 부정하지 못할 거야.

왜냐하면, 사람이 자신이 이루는 바를 성취하는 과정 중에는 여러 가지 장애물을 마주칠 수 있는데, 진정한 인내심은 바로 이때 느끼는 분노나 걱정, 좌절 역시 참아내는 것이기 때문이지. 결국 이러한 감정을 제대로 다스리지 못한다면 일을 성공적으로 이끌 수 없다는 말이기도 하지.

그렇다면, 어떻게 인내심을 기를 수 있을까? 여기, 데일리카네기연구소에서 제시한 9가지 인내심을 키우는 방법을 함께 보자꾸나.

1. 자신이 통제할 수 있는 일과 영향을 줄 수 있는 일, 그리고 그렇지 않은 일을 구분하기
2. 하루하루에 충실하기
3. 스스로를 인정하고 용서하기
4. 관점을 바꿔 생각해보기
5. 삶을 계획하고 그 계획에 따르기
6. 큰 목표를 세우고, 대신 한 계단씩 오르기
7. 금방 목표에 도달하지 못하더라도 실망감을 적절히 관리하기
8. 지나친 걱정 하지 않기
9. 자신에게 가장 친한 친구가 되기

모든 일에는 시간이 걸린단다. 이를 인정하고, 그동안 나를 지배해 온 불안감과 초조감을 잘 다스린다면 목표로 나아가기까지 부딪힐 다양한 문제들에 대해 보다 초연해지는 것은 물론, 인내심을 키울 수 있을 거라는 사실을 잊지 말고 기억하렴.

— 아빠가 —

37 5월 21일 화요일

아들아, 힘 내거라!

"이야~~~!"

5월의 하늘은 언제 보아도 맑고 푸르다. 아침부터 쾌청한 하늘을 보고 있노라니 감탄사가 절로 나온다.

'오늘의 이 활기찬 기운을 민이에게도 듬뿍 담아 주어야지!'

차를 타고 학원으로 향하는 길, 콧노래를 부르며 오늘 날씨가 어떠냐고 민이에게 물었다. 그런데 이 녀석의 반응이 시원찮다.

"어휴. 오늘 너무 덥겠는데요?"

그래, 뭐 같은 날씨라도 사람마다 다르게 느낄 수도 있지. 그런데 뭔가 좀 심상치가 않다. 단순히 피곤하거나 예민해 보이는 얼굴이 아니라, 어딘지 모르게 기운이 쭉 빠진 모습이다. 그러고 보니 어제 저녁 퇴근 후 집사람이 한 말이 떠올랐다.

"민이 친구 있잖아요. 그 친구 외할아버지가 돌아가셨다네요. 그래서 오늘 문상을 다녀왔는데, 애가 맥이 빠져 있는 거야. 그래서 무슨 일 있었냐고 물어보니까 오늘 거기 온 친구들 대부분이 자기가 원하는 대학에 떡 하니 붙은 애들이라서, 그 중에서 재수생은 민이 하나였다고 하더라고요. 어휴, 그 자리가 얼마나 가시방석 같았을지 생각하니 마음이 참 안 좋네."

민이가 재수를 시작한 이후, 나는 늘 입버릇처럼 말했다.

"지금 당장 무언가를 이루었느냐에 대한 문제는 크게 중요하지 않아. 중요한 건 앞으로란다. 아빠는 네가 한 해 동안 더 강하게 자신의 위치를 인지하고 목표를 향해 한 걸음 한 걸음 나아가는 계기가 되었으면 한다."

어쩌면 이는 나보다 민이가 더 잘 알고 있을지도 모른다. 만일 재수로 인한 생활이 자신이 달성하고자 하는 목표에 대해 그저 불안하고 흔들리기만 할 것이 자명했다면 애초에 시작도 하지 않았을 녀석이니까.

사실 나 역시 비슷한 고민을 하던 시기가 있었다. 학력고사 성적이 나왔고, 그리 나쁜 성적은 아니었기에 국내에서 나름 스카이라 부르던 대학 중 한 곳에 충분히 서류를 넣을 수 있는 정도였지만 내가 그토록 원했던 다른 곳에 진학하는 것은 불투명한 상황이었다. 그 당시 조금 더 준비해서 원하는 대학에 입학하는 것을 고려해 보지 않았던 건 아니다. 하지만 그때 나는 너무 용기가 없었다.

그래서인지 나는 민이가 '재수'라는 어려운 결정을 하고 나와 집사람에게 알렸던 날, 그 대단한 용기에 정말 박수를 보내고 싶었다. 또한 감사했다. 민이가 결정을 내린 그 시점에, 내가 아이를 지원해 줄 수 있는 경제적 여력을 갖추고 있다는 사실에.

내일의 행복은 거저 오는 것이 아니다. 지금은 하루하루 시간이 더디게 가는 것만 같고 힘들겠지만, 나는 이 시간이 지나면 내 아들이 한층 더 성숙해져 있을 것임을 믿어 의심치 않는다.

'아들, 열심히 준비하고 노력해서, 꼭 달콤한 열매를 따 먹어보자꾸나. 우리 아들, 파이팅!'

아빠가 들려주고픈 서른일곱 번째 이야기

진정한 용기는 두려움을 극복하는 것이다

많은 사람들이 한 번 어떠한 일에 도전하였다가 실패하면, 혹여 또 실패할까 하는 두려움으로 다시 도전하는 것을 망설이지. 그러나 민아, 알고 있니? 이럴 때일수록 필요한 것이 바로 '용기'라는 사실을 말이야.

사람들이 흔히 착각하는 것 중 하나가 '겁이 없고, 대담한 사람'일수록 용감하다고 판단하는 거야. 그러나 실제로 이러한 사람들은 일이 닥치기 전에는 앞뒤 가리지 않고 용맹하게 도전하다가도, 정작 눈앞에 위험이 닥쳐오면 놀라 뒷걸음질 치기 마련이지.

반면, 한 번 실패해 본 경험이 있거나 두려움이 있음에도 이를 극복하고 도전하는 사람은 다르다. 이미 닥쳐올 두려움에 대해 어느 정도 예상을 하고 있기 때문에, 절대 뒤로 물러서지 않고 자신이 할 수 있는 최선을 다해 맞서지. 바로 이것이 '진정한 용기'란다.

그리스의 철학자인 아리스토텔레스는 이렇게 말했단다.

"용기란 두려운 것들과 대담함을 불러일으키는 것들에 관련한 중용이며, 그렇게 하는 것이 고귀하기 때문에, 또 그렇게 하지 않는 것이 부끄러운 일이기 때문에 선택하고 견뎌낸다."

민이 네가 앞으로 살아가는 동안 많은 실패와 좌절을 느끼게 될 테지. 하지만 그것들을 딛고 다시 일어서서 도전하는 것이야말로, 무엇보다 중요한 것이란다.

네게 늘 그러한 용기가 함께 하기를 이 아빠가 기도하마.

- 아빠가 -

38　5월 28일 화요일

정신적 풍요

지난밤 꽤 세차게 비가 내린 뒤의 아침이라 그런지, 제법 쌀쌀하다.

"민아, 춥지 않니?"

"괜찮아요."

민이는 요 며칠 목감기로 인해 고생을 하더니, 어제는 저녁에 집에 일찍 들어와 내리 잤다고 한다. 덕분에 오늘의 컨디션은 목소리가 조금 쉰 듯 한 것만 빼면 그리 나쁘지 않은 상태인 것 같다.

함께 차를 타고 가며 어제 서장군님을 만나 고대 그리스의 철학자인 '디오게네스'에 대한 이야기를 나누었다는 이야기를 들려주었다. ROTC 선배인 서장군님은 내가 참으로 좋아하는 분이자, 초등학교 담임 선생님 이후로 아무 조건 없이 곁에서 모시고 싶을 만큼 존경하는 분이다. 워낙에 존경하는 분이다 보니 이 분과 관련된 일화 역시 아이들에게 꾸준히 들려주었고, 덕분에 우리 집에서 서장군님은 유명 인사나 다름이 없다.

"기원전 4세기 무렵의 어느 추운 겨울날, 온기라고는 찾아볼 수도 없는 디오게네스의 거처로 그 유명한 알렉산더 대왕이 찾아왔다고 해. 디오게네스와 몇 마디 대화를 나누고 난 후 알렉산더 대왕은 이 가난하지만 명민한 철학자에게 무언가 도움을 주고자 했지. 그에게 무언가 원하는 것이 있다면 말해보라고 했어. 그러자 이 가난한 철학자가 알렉산더 대왕에게 뭐라고 말했는지 아니?"

"뭐라고 말했는데요?"

"내가 지금 원하는 것은, 저 창문을 통해 비추는 햇빛을 가로막고 있는 대왕이 잠시 옆으로 비켜주는 것이오!"

"네?"

"하하하하하."

실제로 '목숨 외에는 아무것도 잃을 게 없어서 행복하다.'라고 말한 디오게네스는 무소유와 무욕을 강조했던 당당한 그리스의 철학자이자 아름다운 영혼의 소유자였다. 나는 이 이야기를 통해 물질적인 풍요보다 더욱 중요한 것이 정신적 풍요임을 민이가 이해주기를 바랐다. 왜냐하면 물질적 풍요가 삶을 보다 편하게 만들어 주는 것은 분명하지만, 그것이 반드시 삶의 자유로 이어지는 것은 아니기 때문이다.

오히려 물질적 풍요보다 정신적 풍요가 더 큰 자유를 가져다주는 경우도 있다는 사실을 늘 민이가 기억하며 살아가기를 바란다.

아빠가 들려주고픈 서른여덟 번째 이야기

베풂은 나를 정신적으로 더욱 살찌게 한다

최근 1~2년 사이에 큰 이슈가 되었던 책 중에 미국의 교육자인 '안젤라 더크워스'가 쓴 '그릿'이라는 책이 있단다. 이 책에 따르면, 다양한 연구 결과 성공과 실패를 좌우하는 중요한 요인은 아이큐나 학업 성적 등이 아니라 어떠한 목표를 향해 꾸준히 밀고 나갈 수 있는 끈기인 '그릿(GRIT)'이며 이를 향상시키는 데에 무엇보다 중요한 것이 바로 '긍정적 정서'라고 하는구나.

그런데 민아, 우리가 가진 긍정적 정서를 올리는 데에 무엇보다 효과적인 방법 중 하나가 바로 내가 가진 것을 다른 이에게 베푸는 것이라는 사실을 알고 있니? 우리가 가진 물질적 풍요는 우리의 삶을 풍요롭게 해주지만, 그것만으로 우리의 삶을 행복하게 만들어주지는 못한단다.

정신적 풍요는 다르단다. 대부분의 사람들은 내가 누군가를 돕고, 그로 인해 그 사람이 행복해지는 것을 볼 때 극도의 행복감을 느낀다고 한다. 이는 곧 나로 하여금 긍정적인 정서를 느끼는데 도움을 주고, 나를 둘러싼 주위의 사소한 것에도 감사한 태도를 가지게 되는 데에 중요한 영향을 미친단다.

매사에 감사하는 태도를 가진 삶이 행복할 것이라는 점은 아빠가 굳이 설명을 하지 않아도 짐작할 수 있겠지? 누군가와 함께하는 삶을 살고 그 누군가를 통해 너 자신을 더욱 행복하게 만들길 바란다.

- 아빠가 -

39 5월 30일 목요일

새로운 도전

회사 운영 10여 년, 자금 문제로 머리가 지끈거리는 며칠이다. 사업을 운영하는 사람이라면 누구나 그렇겠지만, 가장 곤란한 때 중 하나가 바로 자금 회전이 잘되지 않을 때이다. 정말 힘들 때에는 은행에서 자금을 빌리는 것으로도 어려워 형에게 빌리고, 친구에게 빌려 간신히 당장 눈앞에 닥친 위기를 넘기고, 추후 회전이 잘되면 변제하는 경우가 허다하다.

문득 궁금해진다.

'민이에게도 인생에 있어 장애물이라고 느끼는 순간이 있을까?'

"민아, 지금껏 살아오면서 장애물에 부딪힌 것 같다고 느낀 순간이 있었니? 있었다면 너는 그걸 뛰어넘었니, 아니면 피해서 다른 길을 찾았니?"

민이가 진지한 표정으로 대답한다.

"아빠, 아직 얼마 살지는 않았지만 내 인생에 있어 장애물에 봉착한 시기는 지금이 아닌가 싶어요. 재수라는 장애물 말이에요. 저는 그래서 지금 이 장애물을 뛰어넘으려고 누구보다 애쓰고 있어요."

어릴 적부터 나와 집사람의 노력으로 비교적 무난한 삶을 살아온 아이들이다. 그래서일까 아마도 지금의 재수 생활은 민이에게 있어 살아가면서 처음 느껴보는 장애물이나 다름없을 것이다.

"민아. 장애물을 뛰어넘거나 돌파하는 것도 좋지만, 중요한 건 그 과정에서 다치지 않는 거야. 아빠는 장애물이 나타났다고 해서 무조건 그걸 뛰어넘을 필요는 없다고 생각해. 그럼에도 불구하고 그 장애물을 반드시 뛰어넘고자 한다면 충분한 분석과 예측을 통해 조금이라도 위험요소가 적은 방법을 택해야겠지."

이야기를 듣던 민이가 물끄러미 나를 바라보며 되묻는다.

"그런데 아빠, 재수를 하는데 위험 요소가 적은 방법이 있나요?
때로 장애물이 있고, 그걸 극복하는 방법이 눈에 보인다면
그냥 그것을 해내기 위해 임하는 것도 한 방법이라고 봐요. 전 지금 그렇게 하고 있거든요.
아빠랑 엄마, 그리고 나 자신하고 약속한 바를 이루기 위해서요."

민이를 데려다주고 사무실에 들어와 앉은 순간, 갑자기 이런 생각이 들었다.

'나도 과연 내 인생에 있어 장애를 만났을 때, 피하지 않고 맞닥뜨렸던가.'

아니다. 물론 맞닥뜨린 경우도 있었지만 그것을 우회하거나 피하기 위해 애를 썼던 적도 있었다. 가끔 아이에게 가르침을 주고자 대화를 시작했다가, 도리어 얻는 경우도 있다. 오늘도 바로 그러한 상황이 아닌가 싶다.

회사를 운영하며 오래전부터 영어의 필요성을 절실하게 느꼈었다. 그러나 조금 만 더 뒤에, 조금만 더 나중에 라는 생각으로 배움을 여태껏 미루어 온 것은 나였다. 자신감이 없었기 때문이다.

그러나 이제는 다르다. 더 이상 장애물을 피해갈 수는 없다.
다시 한 번 영어라는 장애물을 넘어 석사 학위에 도전해보리라는 의지를 다지는 아침이다.

아빠가 들려주고픈 서른아홉 번째 이야기

무조건 장애물을 뛰어넘는 것이 능사는 아니다

우리가 살다 보면, 크고 작은 장애물에 부딪힐 수 있지. 때로는 그것이 너의 능력으로 충분히 뛰어넘을 수 있는 수준의 것 일수도 있고, 힘겨운 일이 될 수도 있다. 물론 너의 능력으로 충분히 극복이 가능한 장애물이라면, 이는 당연히 부딪혀서 이겨내야겠지.

그러나 어떤 장애는 그것을 뛰어넘기도 전에 마주하는 것만으로도 우리에게 쉽게 극복할 수 없는 상처를 남길 수도 있단다. 따라서 이러한 장애물의 성격을 잘 파악해 뛰어넘는 대신, 피해가는 요령을 활용하는 것이 무척 중요하지.

오늘 아침, 이와 관련하여 누군가 아빠에게 좋은 글귀를 하나 보내준 것이 있어 민이에게도 소개해주고 싶구나.

> 장애물이 있을 경우에는 될 수 있는 한
> 위험한 길로 들어서지 않고 평탄한 길로 돌아가려고 노력하는 것이 좋다.
> 무조건 장애물을 뛰어넘는다거나 걷어차는 것이 능사는 아니다.
>
> 가령 바위를 치운다든가 뛰어넘는다든가 걷어차 버리려고 할 때
> 생각처럼 그것이 잘 됐을 때는 문제가 없다. 하지만 제대로 되지 않으면 오히려 부상을 입고 만다.
> 하지만 불을 보듯 완전히 피할 수 없는 상황인데도 피하려고만 하는 것은 쓸데없는 노력이다.
>
> 절대 피할 수 없을 때는 그대로 나아가야 한다.
> 단 정면으로 부딪칠 수밖에 없다면?
> 가능한 한 크게 다치지 않을 수 있는 방법을 생각해 내야 한다.
>
> *출처: '경영에 불가능은 없다' 中

- 아빠가 -

지루한 장마와 긴긴 여름

40 6월 1일 토요일

건강을 챙기자

민이를 태우고 가는 아침, 피곤함이 묻어나는 얼굴로 눈을 지그시 감고 조수석에 앉아 있다.

"민아, 많이 피곤하니? 커피라도 한 잔 사줄 테니 마실래?"

"아니요. 괜찮아요."

"음? 그럼, 내일 저녁에 아빠가 일찍 들어올 테니 같이 맛있는 거나 먹으러 갈까?"

"네. 알았어요."

유독 짧고 간단한 대화이다. 혹시 어제 내가 전날 마신 술로 인해 힘들어 하다 결국 오전에 자신을 학원까지 데려다 주지 않은 것이 서운해 그런 것일까? 다시 슬쩍 말을 걸어본다.

"민아, 혹시 어제 아빠가 학원에 데려다 주지 못해서 많이 서운했니?"

대답 대신 민이가 고개를 돌려 나를 위아래로 스윽 쳐다본다.

"왜 그러니?"

"아빠."

"응. 그래."

"데려다 주지 못한 건 피곤하시면 어쩔 수 없는 일이라 생각하니까 괜찮아요. 그런데, 요즘 아빠가 술이 많이 약해지신 것 같아서 마음이 너무 안 좋아요. 술을 좀 적당히 드시면 좋을 것 같은데……."

'아. 이 녀석이 나를 걱정해 주는 구나.'

언제 이 녀석이 이렇게 컸나 싶은 생각과 함께 새삼 내가 나이를 먹었다는 생각이 머릿속에 스쳐지나간다.

"아빠. 저뿐만이 아니고 동생도 아빠 건강 걱정 많이 해요.
아빠가 아무래도 술을 좋아하시다 보니 혹시라도 과음 때문에 건강을 해치시면 어쩌나 하고요."

나는 나름 운동도 하고 하니 건강에 자신이 있다 생각해 왔는데 아이들의 마음을 헤아리지 못한 것 같아 미안한 마음이 몰려왔다.

"민아. 그렇게 걱정하는지 몰랐네. 그래, 앞으로는 아빠가 네가 걱정하지 않도록 술도 좀 줄이고, 일도 적당히 조절해서 할게. 또, 즐거운 일을 많이 하면서 열심히 살아가고 말야."

그제야 민이의 얼굴에 안도의 빛이 어린다.

'그래. 내가 건강해야 가정도 행복할 테지. 더 건강에 신경을 쓰자.'

아빠가 들려주고픈 마흔 번째 이야기

부모도 언젠가는 늙는다

두 팔에 자식을 안고 있는 어머니를 보는 것처럼 매력 있는 일은 없다.
그리고 여러 자식에게 둘러싸인 어머니처럼 존귀한 것은 없다.
- 괴테 -

어릴 적 내게 늘 산과 같았던 아버지의 어깨가 어느 순간 너무나도 작아 보이고, 밝은 보름달처럼 환했던 어머니의 주름 가득한 얼굴을 보는 순간 아빠가 느꼈던 섭섭하고 속상한 기분은 정말 이루 말할 수가 없었다. 왜 그랬는지는 모르겠지만, 아마도 아빠는 어릴 적부터 지금까지 우리 부모님만큼은 늙지 않고 내가 어릴 때 본 그 모습 그대로 곁에 계셔 주리라고 막연하게 생각했던 것 같아.

그런데 말이야, 아빠가 이만큼 나이를 먹고 보니 어느새 엄마와 아빠의 얼굴 역시 그때 아빠가 안타깝게 바라보았던 어머니와 아버지의 얼굴을 닮아가는 것이 보이더구나. 아마도 어느 순간이 되면 너희들도 이런 엄마와 아빠의 모습을 보며 가슴 아파할 날이 오겠지 했는데...

'아, 우리 엄마 아빠도 이제 늙었네.'라는 생각을 벌써 네가 하는 구나.

슬퍼하지 말아라. 사람은 누구나 늙는다. 아빠가 늙어가기는 하지만, 너희들이 자라는 것을 보는 것이 기쁘다. 내게 청춘을 다시 돌려준다고 해도 맞바꾸지 못할 만큼 값진 것이 너희들이란다. 다만, 잊지 말아라. 어릴 적 아빠와 엄마가 너희가 제대로 걷지 못하고 넘어지려 할 때 늘 곁을 지켜주었던 것처럼, 언젠가 너희도 아빠와 엄마의 손을 잡아줘야 하는 순간이 올 수 있다는 것을.

사랑한다, 민아.

- 아빠가 -

41 6월 3일 월요일

아빠 노릇, 남편 노릇

류현진의 야구 중계가 새벽 5시에 있을 예정이라는 말에 해도 뜨기도 전에 눈이 절로 떠졌다. TV를 틀어놓고 채널을 돌리다 보니 기대하던 류현진의 경기는 시작할 기미가 보이지 않고 추신수의 신시내티 경기 중계만 연달아 나오는 것이 아닌가. 그때, 늘 아침 6시면 일어나는 집사람이 잠에서 깨어나 곁으로 다가왔다.

"하아. 류현진 경기 본다더니, 아직 경기 시작 안했어요?"

"그러게. 분명 오늘 류현진 선발 등판 경기를 중계할 예정이라고 들었던 것 같은데, 아직 안 하네……."

"아, 그러고 보니 어제 밤늦게 TV에서 부상 때문에 당분간 무리한 등판은 하지 않는다는 이야기를 들었던 것 같기도 하네. 안 할지도 모르겠어요, 여보."

아, 그랬구나. 제대로 된 정보도 없이 괜히 아침부터 1시간 이상 일찍 일어나 부산을 떤 것 같은 느낌에 갑자기 피곤이 몰려오는 기분이다. 여유롭게 아침을 먹고 민이를 태워 학원으로 향했다.

"민아, 이번 주 수요일에 모의고사 본다며? 공부는 잘 되니?"

"네……. 잘 봐야죠. 어제 고기도 먹었으니, 열심히 할게요."

어쩐지 시큰둥하게 대답하는 민이의 모습에 나도 모르게 서글픔이 몰려온다. 지난 토요일에는 기분 좋게 거래처 대표랑 술 한 잔을 하고 들어왔는데, 술도 약해졌으면서 적당히 조절하지 않는다고 집사람의 걱정스런 핀잔과 민의 걱정하는 말을 들은 통에 이러지도 못하고 저러지도 못해 나도 모르게 짜증이 올라왔다.

'휴. 아빠 노릇, 남편 노릇 하기 정말 힘드네.'

아빠가 들려주고픈 마흔한 번째 이야기

아버지라는 이름

"인생을 살맛나게 하는 99가지 희망 공식"이라는 책을 보면, 한 사내가 '아버지 면허증'이라는 것을 가지고 다니는 내용이 나온다. 그가 가진 아버지 면허증에는 다음과 같은 아버지의 조건이 적혀 있다.

> 첫째, 자녀들에게 꿈과 비전을 심어주는 아버지가 된다.
> 둘째, 아이들의 어머니를 사랑하는 아버지가 된다.
> 셋째, 자녀들을 위해 기도하는 아버지가 된다.
> 넷째, 하루에 한 번씩 가족들과 웃음을 나누는 아버지가 된다.
> 다섯째, 자녀들을 존중함으로 존경받는 아버지가 된다.

민아, 너도 언젠가는 결혼을 하여 아이를 낳고 그 아이의 아버지가 될 테지. 아버지로 살아간다는 것은 결코 쉬운 일이 아니다. '아버지'라는 이름이 너의 이름 앞에 붙는 순간, 너는 그 누구보다 무거운 책임감으로 세상을 살아가야 할 테니 말이다.

그러나 잊지 말아라. 그 어떤 책임감보다 중요한 건 바로, 가족과의 순간순간을 함께하려는 노력이라는 사실을 말이야. 경제적으로 어려운 것은 언제든 다른 계기를 통해 회복할 수 있지만, 한 번 놓친 가족과의 소중한 시간은 결코 되돌려 가지려 할 수 없다.

그 누구보다 소중한 가족과 너의 모든 시간을 함께하는 아버지로 자라렴.

- 아빠가 -

42 6월 5일 수요일

시험도 하나의 과정이란다

오늘은 민이가 며칠 전부터 총력을 다 해 준비해 온 전국모의고사를 치르는 날이다. 또한, 둘째아이가 시험을 치르는 날이기도 하다.

사실 민이가 재수를 시작하면서, 똑같은 수험 생활을 하는 둘째아이에게 민이만큼의 신경을 써 주지 못한 것 같아 미안할 때가 한두 번이 아니었다. 다행이 둘째아이는 누가 챙겨주는 것과 관계없이 자신의 길을 묵묵히 잘 걸어가고 있는 듯하다.

어제는 자정 무렵 둘째아이를 데리러 갔는데, 유달리 자신감이 가득한 얼굴로 나오는 것이 아닌가. 무슨 일이 있나 싶어 물어보니 이 녀석이 대답하는 말이 기분 좋았다.

"지난번에 반에서 1등 했으니, 이번엔 학원에서 1등 해야죠!"

도대체 누구를 닮아 이렇게 당당한가 싶으면서도, 어쩐지 부모입장에서 볼 때 그 모습이 귀엽고 기특해 웃음이 나왔다. 이럴 때 부모는 자식 키우는 보람을 느끼는지도 모르겠다. 오늘 시험 치러 가는 민이의 얼굴은 마치 건드리면 툭 하고 무언가가 튀어나오기라도 할 듯 긴장감이 보인다.

'그래. 둘째아이가 잘해내는 원동력이 자신감이라면, 민이의 원동력은 중요한 일에 임할 때 느끼는 긴장감일지도 모르지.'

그래도 조금이라도 편안한 마음으로 시험에 임하는 편이 낫지 않을까 싶은 생각으로, 민이에게 류현진 선수와 박찬호 선수에 대한 이야기를 풀어내기 시작했다.

"민아. 아빠가 박찬호 선수랑 류현진 선수를 좋아하는 것 알지? 그런데, 두 선수의 경기 스타일은 무척 차이가 있단다. 예를 들어서, 박찬호 선수는 승부 앞에서 긴장하는 편이기 때문에 혹시 상대방에게 패하는 경우. 이때의 결과가 이후 경기에까지 좋지 않은 영향을 미치곤 하지. 아마도 평소 끈질긴 연습으로 다진 자신의 실력에 대한 믿음이 무너지는 듯 한 충격이 만만치 않은 모양이지. 그런데 류현진 선수는 좀 다르더라. 이기고 지는 것에 그렇게 연연하지를 않는 모습으로 보이더라고. 마치 이기고 지는 것 역시 그저 경기의 한 과정일 뿐이라는 듯 말이야."

"음……."

"아빠가 갑자기 이 이야기를 왜 하는 건지 아니?"

"글쎄요?"

"민아. 네가 오늘 치를 시험은 물론 너에게 매우 중요한 시험일 거야. 하지만, 중요한 건 이 시험이 민이네 인생에서 딱 한 번밖에 주어지지 않는 마지막 시험이 아니라는 거야. 길게 보면 네 인생의 한 과정일 뿐이란다. 이 점을 꼭 기억하고 마음을 조금 가볍게 하고 시험을 치르면 좋겠구나."

민이를 내려주고 회사로 향하는 길, 둘째아이와 민이에게 격려의 마음을 담은 메시지를 보냈다.

"네가 꾸는 꿈은 한 순간에 이루어지지 않는다. 과정을 묵묵히 걸어가다 보면 분명 얻는 것이 있을 거야. 파이팅!"

아빠가 들려주고픈 마흔두 번째 이야기

과정과 결과 모두 중요하다

우리 역사상 늘 공과 과를 논할 때 빠지지 않고 등장하는 인물이 있다. 바로, 박정희 대통령이지. 오늘을 살아가는 사람들 중 그가 통치하던 시대를 지나온 많은 사람들은 그로 인하여 오늘의 대한민국이 있었다고 말을 할 만큼 그의 경제적 업적을 높이 추켜세우지. 그러나 한편, 그 이면에 자리한 민주적이지 못한 여러 가지 모습들은 그의 대단한 업적을 빛바래게 하는 요인이 되기도 한다.

많은 사람들은 어떠한 일에 있어 결국은 목표를 달성했거나, 결과가 좋은 경우 그 일은 잘 된 것이라고 판단을 한다. 그러나 위 박 대통령의 사례를 보아도 알 수 있듯이,

아무리 결과가 좋다고 하더라고 과정이 바르지 않다면 결국 그 일은 반쪽짜리 성공으로 남기 마련이지.

민이 너에게도 이루고 싶은 많은 목표들이 있겠지?

당장은 원하는 대학에 합격하는 것부터, 취업, 그리고 결혼 등 네 인생에 있어 참으로 많은 목표들이 너를 이끄는 순간이 있을 거야. 이 과정에서 네가 잊지 말고 기억해야 할 것이 있다. 목표를 이루는 것만큼 중요한 것이 바로 그 목표를 향해 달려가는 과정이라는 사실을 말이다. 목표를 이루는 과정에서 하나하나 바르게 밟아 나가는 과정은 결국 그 사람을 성장시키는 원동력이 된다는 사실을 잊지 말아라.

- 아빠가 -

43 6월 11일 화요일

비교

오늘은 둘째아이가 중국으로 수학여행을 가는 날이다. 비행시간이 이른 아침이다 보니, 오늘 나의 일정도 무척 바쁘다. 새벽 5시가 조금 넘은 시간에 둘째아이를 공항에 데려다준 후, 집에 돌아와 다시 민이를 학원에 데려다줘야 하기 때문이다.

수학여행을 가는 둘째아이의 표정은 무척 밝았다. 지난주에 치른 시험 결과가 무척 만족스러웠기 때문이다.

"아빠, 글쎄 제가 이번 시험에서 전체적으로 딱 3문제를 빼고는 모두 맞았다니까요!"

"이야, 우리 딸 대단하네! 그 정도면 전교에서 일 등도 하고 남았겠는데?"

"쳇. 저도 그럴 줄 알았는데 만점을 받은 애도 있고, 딱 한 문제나 두 문제 밖에 틀리지 않은 애도 있더라고요. 참나. 걔네는 사람도 아닌가 봐."

결과가 좋으니 좋은 것이겠지만, 무엇보다 둘째아이가 자신이 노력한 일에 대한 정당한 대가를 받고 기뻐하는 것을 보니 부모로서 이보다 더 기쁠 수가 없다.

허나, 때로 둘째아이의 이러한 좋은 결과가 재수 생활을 하는 민이에게는 큰 부담으로 다가오기도 하는 모양이다. 학원으로 향하는 차 안에서 문득 이런 말을 하는 것이 아닌가.

"아빠, 동생은 정말 머리가 좋은가 봐요… 그냥 부럽다는 생각이…"

어쩐지 기운 없이 내뱉은 한마디에 어깨가 축 처진 민이의 모습이 한눈에 들어왔다.

"왜 그렇게 생각을 하니? 아빠가 보기엔 너나 네 동생이나 모두 머리가 좋은 편인데?"

"아니에요. 이번 6월에 보니까 학원에 들어온 같은 고등학교 출신 애들 중에 제가 시험을 가장 못 본 거 같더라고요. 그래도 지난달에 치른 시험은 좀 괜찮았는데……."

아무래도 비슷한 목표를 가진 친구들끼리 한자리에 모여 정기적으로 시험을 치르다 보니 순간순간 자신과 그들이 비교가 되는 순간이 제법 있는 모양이다.

"민아. 아빠 친구 중에 서울대 의대를 나와서 안과 의사를 하는 친구가 하나 있는 것 알지? 아빠가 그 친구랑 초등학교 때부터 고등학교를 졸업할 때까지 같은 반이었던 적이 한두 번이 아니라 그 친구가 공부를 잘 한다는 것쯤은 진작 알고 있었거든. 그런데 늘 전교 1등을 놓치지 않는 그 친구가, 쉬는 시간조차 잠시도 쉬지 않고 수학 문제집을 끊임없이 풀더라고. 그래서 언젠가 아빠가 그 친구한테 너는 이미 전교 1등이니, 좀 쉬엄쉬엄 공부해도 괜찮지 않느냐고 물었더니 그 친구가 뭐라고 대답했는지 아니?"

"?"

"내가 지금 전교 1등인 것은 다른 친구들보다 조금 성적이 높아서 그런 거지, 내가 그 분야에 있어 최고라는 소리는 아니잖아. 다른 사람과 나를 비교하는 상대평가가 아니라, 그저 이 부분에 있어서만큼은 내가 만족할 수 있는 만큼 열심히 공부해서 절대평가로 1등을 하고 싶어."

어린 나이에 그 친구가 내게 한 그날의 말은 꽤나 자극이 되었다. 그 이후 나 역시 다른 친구들과의 성적에 대한 비교로 일희일비하는 대신 나 자신을 절대평가하며 냉정하게 바라보기 위해 노력하였으니까.

"민아. 아빠는 민이가 다른 사람이랑 비교하여 일희일비하기보다 스스로가 정한 기준에 따라 그저 꾸준히 걸어가면 좋겠어. 음. 굳이 친구 따라 강남 갈 필요 없잖니? 네가 앞서는 사람이 돼서 친구들을 데리고 강남 가면 되지!"

내 말을 알아들은 것인지 민이가 고개를 말없이 끄덕인다.

회사에 도착한 후, 민이에게 이러한 글 한 구절을 보냈다. 부디 민이가 내가 이 글을 보낸 의미를 잘 캐치해야 할 텐데.

민아, 지금 내가 하는 공부가, 하는 일이 없어진다면 나는 무엇을 할까?
한번 생각해보라고 아래 책 글귀를 보내. 한번 읽어보렴.

'회사 때려치우고 싶다'고 오늘도 생각한 당신에게
- 이나모리 가즈오 지음 -

오늘은 일본에서 '살아있는 경영의 신'이라 불리는 이나모리 가즈오가 지은
'일심일언 – 어떻게 일하고 어떻게 살 것인가'의 한 구절을 소개해 드립니다.

일이란 어떤 종류의 것이건 늘 힘들기 마련이다.
이런 일을 다만 '의무감' 때문에 한다면, 다만 그 이유뿐이라면,
이만큼 비극적인 것은 없다.
갈수록 일을 하는 것이 견딜 수 없이 괴로워질 텐데,
퇴직 때까지 몇 십 년 이상 버텨내야 하니까 말이다.

"회사 때려치우고 싶다"는 말을 입에 달고 다니는 사람이 많다.
내색하지 않지만, 당신도 한 번쯤 그런 마음을 가져보았을 것이다.
왜 아니겠는가?
실은 나 역시 회사를 그만두고 싶었던 때가 한두 번이 아니었으니 말이다.

하지만 회피한다고 다가 아니다.
일이 괴로워서 그만둔다고 인생에 무한한 행복이 찾아오지 않는다.
정말로 일을 그만두고 며칠이 지나면,
어느새 일 생각에 몸이 근질거리는 자신을 발견하게 될 것이다.
괴로운 가운데서도 우리는 일이 있기에, 알게 모르게 삶의 보람을 느낀다.
바쁜 출근길, 집을 나서는 당신에게 묻고 싶다.
당신에게 일을 한다는 것은 어떤 의미인가?
인생에 걸쳐 몰두할 수 있는 일을 당신은 가지고 있는가?
당신 인생의 행복과 불행은 그 대답이 어떠한가에 달려있다.

아빠가 들려주고픈 마흔세 번째 이야기

다른 사람과 비교하지 않기

'부러우면 지는 거야'라는 말을 아니?

우리는 사람이기 때문에 나보다 잘나고 뛰어난 사람을 보면 부러워하고, 그를 닮고 싶어 하게 되지. 그 자체를 나쁘다고 할 수는 없다. 너무나도 자연스러운 현상이기 때문이지. 단, 그 사람과 나의 모습을 살필 때 계속해서 나의 장점은 살펴보지 않고 단점에만 치중하게 된다면, 문제가 될 수 있지. 왜냐하면, 사람마다 가지고 있는 능력은 모두 다르기 때문이야. 어떻게 하면 나와 남을 부정적으로 비교하지 않으며 생활할 수 있을까?

먼저, 나 자신과 그를 비교하는 원인이 무엇인지 천천히 생각해 보렴.
지금 나를 스스로 어떻게 바라보고 있으며, 내가 가진 자존감은 어느 정도인지, 또 그와 나를 비교할 때마다 어떤 생각이 드는지, 그와 나를 비교하기 시작한 시점은 언제부터인지를 적어보는 것도 좋겠지.

두 번째로, 내가 가진 것에 집중해 보자.
대부분의 사람들이 다른 사람과 나를 비교하며 위축되는 이유 중 하나가, 내가 가진 강점이나 능력이 없다고 생각하기 때문이야. 그러나 자신만의 고유한 능력을 가지고 있지 않은 사람은 이 세상에 없단다. 내가 다른 사람보다 뛰어나게 가지고 있는 강점은 무엇인지 생각해보고, 이에 감사하는 마음을 담아 글로 적어보자. 그 과정에서 어느 순간 자신에게 친절해진 스스로를 발견하게 될 거야.

마지막으로, 나와 그를 부정적으로 비교하려는 행동과 생각을 없애는 것이다.
내가 바라보는 그의 모습이 과연 현실적인 부분까지 모두 고려했을 때 정말 그런 것인지, 내가 비현실적인 부분에 초점을 맞추고 있는 것은 아닌지 다시 한 번 잘 생각해보렴. 또, 그와 나를 비교할 때 드는 부정적인 생각에서 벗어나기 위해 나의 좋은 면에 집중하며 긍정적인 기분을 끌어올리는 것 역시 좋은 방법 중 하나란다.

다른 사람의 좋은 점은 물론 인정하고, 받아들여야겠지. 그러나 그를 통해 자신을 잃어가는 것만큼 어리석은 행동은 없다고 아빠는 생각한다. 자신이 가진 것에 감사하며, 세상을 보다 자신 있게 살아나가는 민이가 되어주면 좋겠구나.

- 아빠가 -

 6월 14일 금요일

복잡한 심경

수능까지 20주 남짓 남은 요즘, 때 아닌 문제로 머리가 아프다. 그동안 오랫동안 함께 일하며 회사나 나에게 있어 큰 힘이 되어주었던 직원 S가 갑자기 퇴사를 하겠다고 한 것이다.

"대표님, 늘 직원들을 위해 마음 많이 쓰시고 계신 것 잘 알고 있어요. 감사하게 생각하고 있습니다."

그런데도 회사를 떠나는 이유가 대체 무엇이라는 말인가? 그동안 나는 직원들 한 사람 한 사람을 매우 중시하면서도 아끼고 있다고 자부해 왔다. 그런데 나의 이러한 마음을 잘 알면서도 막상 회사를 떠나는 직원을 보니, 어쩌면 내가 부족해서 그런 것은 아닐까 싶은 마음에 안타까우면서도 아쉬운 마음을 감출 수가 없다.

'내가 그동안 너무 직원들에게 내 마음을 잘 전달하지 못했구나……'

한편, 시험까지 남은 시간이 얼마 되지 않음에도 민이는 오히려 담담해 보인다.

"처음 재수를 시작했던 40주 정도 남았을 때보다, 오히려 마음은 지금이 더 편한 거 같아요."

준비가 잘되어서인가. 아니면 어차피 맞을 매를 빨리 맞는 것이 낫다는 생각 때문인가. 알 수가 없다.

"그래. 네 마음이 편하다고 하니 그것만큼 중요한 것이 없지. 다만 아빠가 걱정되는 건 어차피 볼 시험이니 빨리 보았으면 좋겠다는 마음가짐이라면 다소 위험할 수 있는 것 같단 거야. 그래도 20주면 아직 모자란 부분을 채우기에 부족한 시간이 아니니, 아빠가 굳이 말하지 않아도 알아서 잘하리라 믿는다."

여러모로 생각이 복잡한 하루다.

아빠가 들려주고픈 마흔네 번째 이야기

조직보다 사람이 먼저다

얼마 전 뉴스에서 한 IT 업계의 지나친 업무 강도에 대한 이야기가 한참 이슈가 된 적이 있었어. 기사에 따르면 해당 업체의 경우, 제품 출시일을 빠르게 앞당기기 위해 직원들이 끊임없는 밤샘 근무를 하고 휴일조차 보장받지 못하고 일을 하고 있는 것으로 드러났지. 당시 인터뷰를 하던 한 직원의 모습이 떠오르는구나.

"조직은 사람이 끌어가는 곳입니다. 사람은 좀 쉬어야 일도 하고, 업무 능률도 오르지 않겠습니까?"

민이도 알다시피, 아빠는 지금까지 회사를 운영해 오며 어떤 경우에도 '조직'보다 '사람'을 우선시 해 왔다. 그건 바로 '좋은 사람'이 '좋은 조직'을 만든다는 사실을 잘 알고 있기 때문이지. 기사를 보며 문득 이런 생각이 들었다.

'건강한 직원들이 있어야 건강한 조직도 만들어지는 것일 텐데.'

오늘은 아빠가 책에서 본 글귀를 하나 소개하며 이 글을 마무리한다.

> 무엇보다 사람이 먼저다. 조직은 사람을 위해 존재하는 것이지,
> 조직을 위해 사람이 존재하는 것이 아니다.
>
> 사람을 경시하는 조직은 실패할 수밖에 없다.
> '사람이 가장 중심이다'라는 사고방식이 모든 생각의 바탕이 되어야 한다.
> 그러면 의외로 판단을 내리기가 쉬워진다.
>
> 경영에서는 누가 뭐래도 '사람이 먼저'다.
> 이를 적당히 생각해서는 안 된다.
> 무슨 일이 있어도 사람이 주체여야 한다.
> 반드시 이런 철학이 있어야 한다.
> 그러면 사업도 어느 정도 원활하게 진행될 것이다.
>
> - '경영에 불가능은 없다' (청림출판), 마쓰시타 고노스케 -

- 아빠가 -

45   6월 15일 토요일

성실과 노력이 담긴 성적표

"민아, 인생은 성적순이 아니라는 말을 들어본 적이 있니?"

토요일 아침, 평소보다 조금 느긋한 마음으로 학원으로 향하며 어제 고등학교 동창회에서 있었던 일을 민이에게 이야기해 주었다.

"어제 아빠 고등학교 동창회가 있었거든. 한 서른 명 정도 왔나? 오랜만에 옛날 어릴 적 친구들끼리 모여서 맛있는 저녁도 먹고, 기분 좋게 술도 한 잔 했지. 그런데 한창 자리가 무르익을 때 보니 좀 이상한 점이 있더라."

"뭔데요?"

"이 동창 모임이 시작된 지가 올해로 10여 년이 넘었는데, 모임 초기에 열심히 나와서 늘 술값을 서로 내려고 안달인 친구들이 있었거든. 바로, 고등학교를 졸업할 무렵에 대학 진학을 하지 않고 곧장 취업을 했던 친구들이야. 그 친구들 대부분은 사업을 시작했었는데, 당시 자신들이 진행하던 사업이 꽤나 잘 되어서 큰돈을 벌었는지 모임 할 때면 자리에 참석해 누가 강요하지도 않는 술값을 거하게 낸다거나, 모임 내내 자신의 사업에 대한 자랑을 늘어놓기 일쑤였거든. 그때 그 친구들이 술이 거나하게 취할 때면 입버릇처럼 하던 말이 있어."

"혹시, 그게 인생은 성적순이 아니라는 말이에요? 하하."

"딩동댕! 눈치가 빠르네, 역시 우리 아들. 하하. 나중에 듣자 하니 그 친구들 중 대부분이 사업이 좀 잘 될 때 뒤를 돌아보기보다 앞서 사업을 키우려고 하다가 부도가 나거나 어려움을 겪고 있다고 하더라고. 사실 그 친구들이 그렇게 잘되고 할 때에 많은 친구들이 '나도 대학에 가는 대신 일찌감치 돈이나 벌 걸 그랬나!' 하는 생각을 꽤 했었거든. 그런데 어제 이렇게 모임을 둘러보니, 그렇게 돈 자랑을 하던 친구들은 어느 순간부터 보이지를 않고 그저 꾸준히 공부하다가 대학에 진학하고, 직장생활에 충실하게 살고 있는 평범한 친구들이 오히려 꾸준히 모임에 나오는 모습을 볼 수 있더구나. 어제 그 친구들이랑 간만에 사는 얘기도 하고, 술도 한잔하고 마무리하고 나오는데 문득 그런 생각이 들더라. 인생은 성적순이 아닐지 모르지만, 어느 정도 성적에 비례하는 것이 아닐까 하는 생각 말이야."

조금은 고리타분하게 들릴 수 있는 말이지만, 학창 시절에 그 어떤 우등생도 노력 없이 좋은 성적을 거두는 일은 없다. 어떤 면에서 성적은 그 사람의 성실함과 노력을 보여 주는 증거이기도 하다. 학창 시절의 성적을 보면, 그 사람이 얼마나 치열하고 또 성실하게 살아왔는지 전부는 아니어도 어느 정도는 미루어 짐작할 수 있기에.

> 사업을 하든, 취업을 하든, 인생에 있어 성공의 밑바탕은 바로 성실함에서 나온다.
> 작은 학력사항 하나만으로도 그 사람이 학창 시절에 기울인 치열함이 한 눈에 보인다면
> 그런 사람을 가까이하지 않을 이유가 없다.

바로 이것이 내가 아이들에게 어느 정도의 성적을 유지하는 것이 중요하다고 강조하는 이유이기도 하다.

아빠가 들려주고픈 마흔다섯 번째 이야기

이런 사람과 함께 일해라!

조직을 이끄는 자리에 있다 보니 아빠는 직원을 뽑아야 하는 면접 자리에 들어갈 일이 상당히 많은 편이다. 항상 출중한 능력을 가진 사람들이 지원을 해오다 보니, 그 가운데 정말 마음에 드는 사람을 뽑는 일은 여간 어려운 일이 아니다. 그러나 그렇게 어려운 가운데, 아빠가 함께 일할 만한 사람인지 판단할 때 항상 기준으로 삼는 것이 몇 가지 있다. 바로, 신뢰와 학습 능력이다.

아무리 사람을 처음 보는 자리라고 할지라도, 몇 마디를 해 보면 알 수 있단다. 그 사람이 과연 믿을 만한 사람인지, 그렇지 않은 사람인지 말이다. 실제로 할아버지께서는 젊은 시절 아빠에게 늘 이런 말씀을 해 주곤 하셨지.

"사람을 뽑을 때 그 사람을 믿을 수 있으면 쓰고, 못 믿겠으면 쓰지 말아라!"

그 뒤 실제로 아빠는 면접 시 되도록 깊은 대화를 통해 그 사람의 내면을 바라보려 하고, 그렇게 알게 된 그 사람의 모습에 믿음이 가면 그 사람은 반드시 채용을 해 함께 일을 해 왔다. 당시 뽑은 직원들이 아직 아빠 곁에 남아있는 것으로 보아, 그러한 선택이 틀리지 않은 것이겠지.

학습 능력도 역시 중요하다. 학습 능력은 단순히 그 사람이 일을 얼마나 빨리 배우는 가를 의미하는 것은 아니란다. 그 사람의 사고 역시 포함하는 부분이지. 아빠가 운영하는 조직에서 다루는 일의 대부분은 실제로 많은 학습 능력을 요구하는 일들이다. 누가 시키지 않아도 스스로 배우려고 하는 사람은 그만큼 업무에도 금방 적응을 하게 마련이며, 앞서 나가기 마련이지.

다시 말하지만, 사람은 조직보다 우선이며 좋은 직원은 곧 좋은 조직을 만든다. 바로 이것이 좋은 사람을 뽑아야 하는 이유라는 점을 잊지 말거라.

- 아빠가 -

46 6월 18일 화요일

나는 너를 믿는다

장마가 시작된 걸까. 아침부터 비 소식이 가득한 일기 예보를 듣고, 혹시 모를 비에 대비해 만반의 준비를 한 후 집에서 나왔다. 마침 민이와 함께 차를 타고 나가니 비가 내리기 시작했다.

빗소리를 차분히 들으며 학원으로 향하는 차 안, 민이의 표정이 편안하다. 어느 순간부턴가 차에 타면 민이의 얼굴을 살피는 것이 나의 일과 시작처럼 변해버렸다. 이제는 녀석의 표정만 보아도 전날 무슨 일이 있었는지 없었는지, 컨디션이 어떤지 알 수 있을 정도이다.

"장마가 지나고 나면 이제 본격적인 수능 준비 철이에요. 물론 지금까지도 준비해 왔지만요."

맞는 말이다. 어쩌면 장마가 지나고 살인적인 무더위가 시작될 즈음, 올 해 민이에게 가장 힘든 시기가 찾아올지도 모른다. 내가 할 수 있는 일은 묵묵히 민이 곁에서 아이의 마음을 다독여주고, 격려를 아끼지 않는 일뿐이다.

"민아, 아빠와 엄마가 언제나 너를 정말 자랑스러워한다는 것, 잊지 말아야 한다. 하하"

회사에 돌아와 창밖으로 비가 내리는 모습을 보고 있노라니, 문득 어릴 적 부모님이 입버릇처럼 하시던 말씀이 떠오른다.

"너무 긴 장마는 농사를 망치는 요인이 되지만, 적당한 장맛비는 땅을 적셔 다가올 여름, 가을 동안 더욱 풍성한 수확을 가져다주는 거름이나 마찬가지야."

장마가 지난 후 따라오는 여름은 너무 길다. 그러나 적당한 장맛비가 따라올 여름의 갈증을 어느 정도 잘 해결해주면, 그 해 농사는 어느 해에 비할 바 없이 잘된다.

어쩌면 민이에게도 지금이 바로 이 장마와 같이 어려운 시간일지도 모른다. 이 시간 동안 그것이 어떻게 지나가는 지도 모르고 시간을 보내게 될 것이다.

그러나 나는 믿는다.

이 기나긴 장마가 지나고 나면 이전보다 훌쩍 자라난 스스로의 모습을 민이가 발견하게 될 것임을.

아빠가 들려주고픈 마흔여섯 번째 이야기

우울한 생각에서 벗어나기

민아, 때로 예상치 못한 상황이나 네가 감당할 수 없는 일이 닥쳐와 우울하고 힘든 감정이 들 때가 있니? 아빠도 그럴 때가 있단다. 아마 누구라도 그럴 거야. 인생은 우리가 마음먹은 대로 아름답게만 흘러가는 것은 아니니 말이다. 중요한 건 이때 찾아온 힘들고 우울한 마음을 어떻게 극복 하냐는 거야. 영국의 수상이었던 윈스턴 처칠은 걱정에서 벗어나기 위한 노하우로 다음과 같은 방법을 이야기했단다.

> 고민을 깔끔하게 정리하는 방법은 종이에 적어보는 것이다.
> 무수한 걱정거리 가운데 반만이라도 써 보면 도움이 된다.
> 6가지를 적는다면 3분의 1은 사라질 것이다. 나머지 2가지 정도는 저절로 해결될 것이다.
> 그리고 나머지는 어떻게 할 수 있는 것이 아니다. 그것을 내가 왜 걱정해야 하나?
>
> - 윈스턴 처칠 -

대부분의 경우 부정적인 생각은 긍정적인 생각보다 그 파급 효과가 상당히 크기 때문에 의식적으로 이를 자제하지 않는 이상 무의식중에 우리의 생각을 지배하곤 하지. 그러나 내 마음 속을 잠식한 걱정과 우울함을 떨쳐내기 위해서는 이를 반드시 자제할 필요가 있다.

아침에 일어나서 저녁에 잠들 때까지 가능하면 나쁜 생각과 좋은 생각 중 좋은 생각을 먼저 하도록 노력을 해라. 그럼에도 불구하고 나쁜 생각이 자꾸 올라온다면, 이때는 억지로 이것을 막지 말고 걱정을 하되, 아주 잠깐만 머물고 다시 좋은 생각으로 대체할 수 있도록 하자. 또한, 해결할 수 없는 일에 대해서는 미리 걱정하지 말자.

네 하루하루 생활을 우울하게 보낼지, 아니면 즐겁게 보낼지는 결국 너의 노력에 달려있다는 점, 잊지 말고 명심하렴.

- 아빠가 -

47 6월 24일 월요일

'보고 싶다'는 말 한마디

어제는 긴 한 주의 여독을 풀어내려 민이와 삼겹살에 소주 한 잔을 기울였다. 오후 내내 중소기업 사장단 모임이 있어 라운딩을 한 후 꽤 늦게 집에 도착했는데, 최근에 체력이 좀 부족하다고 느꼈는지 민이가 이런 말을 한 것이다.

"고기 먹고 영양 보충 좀 해야 할 것 같아요!"

"그래, 그럼 나가자."

오랜만에 아들과 함께 앉아 소주 몇 잔을 나누어 마시니, 이 시간이 참 좋다는 생각이 들었다.

"민아, 나중에 대학에 가고, 취업해도 한 번씩 아빠랑 이렇게 소주 한 잔씩 하자."

"그럼요, 아빠!"

집사람과 둘째아이가 함께 하지 못해 아쉽기는 했지만, 기분 좋게 하루를 마무리 하고 집에 돌아와 잠을 청했다.

지난 며칠 동안 워크샵이 있어 집을 비우게 되었다. 집을 나서며 내가 없는 동안 혼자 쓸쓸히 학원에 갈 민이를 생각하니 나도 모르게 가슴이 찌릿해왔다.

워크샵 장소에 도착해 잘 도착했다고 집사람에게 톡을 하니, 곧바로 답장이 온다.

'여보. 민이가 오늘 당신 나가자마자 아빠 보고 싶다고 하네요. 다 큰 녀석이. 그동안 매일 같이 아빠랑 차타고 왔다 갔다 하더니 정이 많이 들었나봐.'

'보고 싶다'는 말 한 마디가 이렇게 가슴 떨릴 줄이야. 연애할 때 집 사람으로부터 들었던 그 말 이후 아마도 처음으로 설레는 말이었던 것 같다. 어서 일정을 마치고 돌아가 민이와 차를 타고 오가며 이런 저런 얘기도 하고, 살가운 말도 건네주고 싶었다.

그런데 막상 돌아오니 민이 이 녀석은 아침부터 차를 타자마자 피곤을 잠시나마 달래기 위해 눈을 꼬옥 감고 있다.

'그래, 말하지 않아도 네 맘 다 안다.'

그동안 사느라 바빠 아이들과 집사람에게 표현을 잘 하지 못하고 살았던 것이 마음에 걸린다. 앞으로는 한 마디 한 마디 내가 느끼는 그대로 전달해 보아야겠다고 다짐하는 아침이다.

아빠가 들려주고픈 마흔일곱 번째 이야기

그 사람의 이름을 불러주기

내가 그의 이름을 불러주기 전에는
그는 다만 하나의 몸짓에 지나지 않았다.

내가 그의 이름을 불러주었을 때
그는 나에게로 와서 꽃이 되었다.

내가 그의 이름을 불러준 것처럼
나의 이 빛깔과 향기에 알맞은
누가 나의 이름을 불러다오.

그에게로 가서 나도 그의 꽃이 되고 싶다.

- <꽃>, 김춘수 -

위의 시를 들어본 적이 있니? 아마 너무나도 유명한 시이니 알고 있을 거야. 뜬금없이 왜 '시' 이야기를 꺼내느냐고? 바로, '이름을 불러주는 것'이 얼마나 중요한지 너에게 말을 해 주고 싶어서야, 민아.

아빠가 늘 엄마의 이름을 부르고 엄마가 아빠의 이름을 부르며 지난 20여 년을 지내왔다는 걸 너도 알고 있지? 네가 어려서 아빠를 '남철씨'로 부른 것도 엄마를 따라한 것이고...

민이 너도 알다시피 대부분의 아빠 또래의 사람들은 가족에게 친근한 애정표현을 하는 것에 박한 것이 사실이지. '그걸 굳이 말을 해야 아나'라고 생각하면서 말이야. 그런데 민아, 아빠가 살아보니 정말 말을 하지 않으면 모르는 것들이 있더라. 아니, 어쩌면 알고 있는 것이라고 할지라도 직접 들을 때의 기분은 또 다를 수도 있고 말이야.

언젠가 이런 글을 본 적이 있단다.

"말하지 않아도 알 거라 생각하지 말고, 그 사람이 소중하다면 그에게 사랑한다, 보고 싶다,
그리고 고맙다고 생각이 날 때마다 말해 주세요.
그 짧은 몇 마디 말 속에 당신과 그 사람의 관계가 더욱더 가까워질 테니까요."

실제로 아빠가 살아보니, 이 말만큼 맞는 말이 없더구나. 사실 너나 동생, 그리고 엄마에게 다른 그 누구보다 사랑하고, 보고 싶고, 고마운 마음을 느끼면서 제대로 표현하지 못하는 이 아빠가 약간 부끄럽기도 하고 말이야.

보다 사랑하고, 보고 싶고, 고마운 마음을 느끼면서 제대로 표현하지 못하는 이 아빠가 약간 부끄럽기도 하고 말이야.

민이에게도 분명 소중한 사람이 있을 테지? 오늘 그 사람에게 한 번 말해 보렴.
"사랑합니다." "보고 싶습니다." "고맙습니다."

- 아빠가 -

48 6월 25일 화요일

하지 못한 말

날이 더워지는 탓에 요새 민이의 체력이 많이 떨어져 보인다. 떨어져 보이는 것은 체력 뿐만이 아니다. 목표에 대한 집념 역시 흐려지는 듯하다. 이런 의욕 저하는 대개 주변 사람이 이야기하기 전에 이미 스스로가 누구보다 잘 알고 있다. 시험을 얼마 앞두지 않은 상태에서 이렇게 마음이 약해지는 것에 대해 가장 스트레스를 받고 있을 사람은 바로, 민이일 것이다.

'민이는 목표에 대한 집념이 얼마나 중요한 것인지 알고 있을까?'

나는 몇 해 전 20여 년 동안 벗 삼아 온 담배를 단호하게 끊은 적이 있다. 담배를 끊는 것은 결코 쉬운 일이 아니었다. 그럼에도 불구하고 단칼에 끊어낸 데에는 무엇보다 정확한 목표가 있었기 때문이었다.

'건강하게 살아야 나의 장년과 노년이 행복하다.'

사실 이런 생각을 하게 된 데에는 질릴 만큼 담배를 피워봤고, 몇 차례 경험한 건강과 관련된 안 좋은 기억이 한 몫 하기도 했다. 이러한 여러 가지 생각들은 결국 자발적으로 담배를 멀리하게끔 하게 하는 데에 중요한 힘이 되어주었다.

문득 생각이 이렇게 연결된다.
'하기야, 내가 담배를 끊을 때만 생각해봐도 그 전에 집사람이 아무리 말을 해도 안 끊었는데 이보다 더 큰 인생 계획은 오죽하랴. 결국 나나 집사람이 뭐라도 해서 될 문제가 아니라 민이 스스로가 자신을 다독여야 할 텐데…….'

어쩐지 안타까운 마음에 잠든 민이의 손을 꼭 잡고 잠시 멍하니 기도를 올렸다.
'부디 지금의 이 고비를 잘 넘기고, 올 겨울에는 작년처럼 아파하는 민이의 모습을 보지 않아도 되기를…….'
민이를 내려주고 회사에 돌아와, 아이에게 직접 하지 못한 말들을 차분히 편지글로 적어 내려갔다.

사랑하는 아들 민이에게 보내는 편지

민아!

사랑하는 단 하나뿐인 아들, 민아!
오늘 아침에 피곤해 보이는 너의 얼굴을 보면서 어찌할 바를 몰라 두 손으로 네 손을 꼭 잡은 채 잠시 상념에 빠졌다.

'아, 내가 지금 민이에게 어떤 도움을 줄 수 있을까?'
'아빠로서 나는 민이가 힘들어하는데 어떤 힘이 되어줄 수 있는 걸까?'

너무 막연했다.
너를 위해 아빠가 할 수 있는 일이 무엇일까?
가능하면 매일 아침 빠지지 않고 학원으로 데려다주고 출근하는 일……
가끔 너에게 좋은 글귀를 카톡으로 보내주는 일……
체력을 보강한다고 주말에 가끔 고깃집에서 외식을 함께 하는 일……
잠을 자거나, 밥을 먹거나, 아침에 옆자리에서 졸고 있을 때 예쁘다고 쓰다듬어주는 일……
회사 근처 할인매장을 지나다가 문득 네 생각이 나서 티셔츠 몇 장 사다주는 일……

아…… 내가 아들을 위해서 해줄 수 있는 일이 고작 이것인가?

이런저런 잡생각을 하다가 민이에게 중요한 것은 민이가 재수하는 목표를 이루게 도와주는 것인데…… 노트북을 두드리며 잠시 망설이다가 용기를 내서 아빠의 마음을 전한다.

아빠는 민이가 지난해 11월, 12월에 너무도 아픈 겨울을 보내는 것을 보았다.
잠을 자다가 벌떡 일어나 숨죽여 우는 아들을 보면서 아빠로서 어찌해야 할지 막막하기만 했었다. 성적이 비슷비슷한 친구들이 대학에 합격하는 과정을 그저 지켜만 보아야 하는 나의 아들 민이…… 참 많이 아팠다. 너무 슬펐다……
네가 울 때 침대 머리에 오뚝 앉아서 하염없이 눈물을 흘리던 엄마와 무표정한 얼굴로 어찌할 바를 몰라서 제 방에서 자는 척하던 동생……

결국 너는 졸업식을 마치고 재수를 결정하고 학원을 가기로 했지……
아빠는 용기가 없어서 재수를 생각하지 못했는데, 너를 보면서 아빠보다는 나은 선택을 했다는 것에 위안을 삼았다.

그래서 민이가 올 11월, 12월에는 가슴 아파하는 일이 없기를, 잠을 자다 벌떡 일어나서 한숨 쉬며 숨죽여 우는 일이 없기를 마음 깊이 기도하고 있다.

2014년 2월에는 올해 준비해서 못 갔던 유럽으로의 가족여행을
꼭 함께 가고 싶다. 자랑스러운 대학생 신민의 아버지로서,
결혼 20년을 행복하게 살아준 이정화의 남편으로서……

민아, 아프겠지만 지난 해 겨울의 아픔을 다시 기억하자!
잠을 자다가 억울해서 벌떡 일어났던 기억을 잘 보듬어서
꼭 목표를 이루는 아들이기를 바란다.

- 아빠가

아빠가 들려주고픈 마흔여덟 번째 이야기

열정이 가득한 삶을 사는 방법

하버드대 전임 강사이자 세계 500대 기업의 자문과 기업훈련 서비스를 진행하고 있는 쑨린이 한 강연에서 이야기한 <열정 가득한 삶을 사는 7가지 비결>로 다음과 같은 방법들을 이야기했다.

1. 열정으로 마음을 채울 것
2. 희망을 안고 시작할 것
3. 아무리 고통스러워도 미소를 잃지 말 것
4. 호기심을 잃지 말 것
5. 꼭 부유해야 행복한 건 아니라는 사실을 알 것
6. 감사할 줄 알 것
7. 오늘, 그리고 지금에 충실할 것

열정은 내가 가진 잠재력을 200% 끌어올려주는 부스터이자, 다른 사람까지 움직이게 하는 전염성이 강한 바이러스란다. 이 열정만 잘 관리해도 네가 가진 능력을 십분 발휘하는 데에 큰 힘을 얻을 수 있을 거야.

그러나 어느 순간, 슬럼프라는 것이 네 곁에 찾아올 수도 있을 거다. 누구나 한번은 그런 일을 겪으니까. 중요한 건, 그러한 순간조차 억지로 무언가를 할 필요는 없다는 사실이야. 오히려 그 시기를 쉼을 통해 잘 보내고 나면, 조만간 또 다른 열정이 네 마음속에 찾아올 수도 있으니 말이다.

중요한 건, 그 시기에도 결코 호기심과 미소를 잃지 않아야 한다는 점이야. 명심하렴.

- 아빠가 -

49   6월 27일 목요일

습관 바로잡기

더운 날씨에 대비해 아이들과 몸보신을 할 겸 인근 가든으로 향했다. 늘 그렇듯 나와 민이는 영양탕 한 그릇씩, 집사람과 둘째아이는 삼계탕을 한 그릇씩을 주문했다.

참 신기한 일이다. 같은 뱃속에서 나왔음에도 어떨 때 보면 두 녀석의 식성이 좀 많이 다르다. 영양탕을 아무런 거부감 없이 맛있게 잘 먹는 민이와 달리, 둘째아이는 어릴 적 조금 먹다가 요즘은 거의 입도 대지 않는다.

개인적으로는 영양탕에 대한 호불호를 떠나 건강과 체력유지에 이만한 것이 없다고 생각하기 때문에 둘째아이와 집사람도 먹었으면 좋겠다고 생각한 게 한두 번이 아니다. 그러나 어릴 적 엄마 편을 든다고 그럭저럭 먹던 영양탕을 잘 먹지 않은 이후로 요즘은 집사람과 둘째아이는 아예 고개조차 돌리지 않는다.

실제로 식습관뿐만 아니라 공부하는 태도, 표정, 말투 등 아이들이 어려서 한 번 형성된 습관은 쉬이 바뀌지 않는다.

집사람은 종종 아이들이 공부할 때의 자세를 가지고 혼잣말로 걱정을 한다.

"공부를 책상에 앉아서 바른 자세로 해야지, 저렇게 침대에 엎드리고 누워서 책을 보면 어쩌지."

그럼 나는 웃음 섞인 목소리로 대답한다.

"평소 당신이 책보거나 할 때의 자세를 잘 생각해봐요. 그럼 아이들이 왜 그런 자세를 보이는지 알게 될 테니. 가만 보면 당신 책 볼 때 자세랑 아이들 공부할 때 자세가 은근히 판박이라니까."

"내가 뭘."

습관의 힘은 대단하다. 따라서 그 습관이 처음에 형성될 때 바로 잡는 것은 무척 중요한 일이다. 실제로 나는 회사 직원들에게 종종 이런 말을 하곤 한다.

"처음에 일을 배울 때 조금 어렵더라도 제대로, 깊이 있게 배우는 것이 중요해요. 그렇지 않고 설렁설렁 일을 배우면, 어느새 습관이 되어 일을 깊이 있게 하지 못하게 되니까요."

민이와 둘째아이도 더 늦기 전에 잘못 형성된 습관이 있다면, 잘 알아내어 더욱 나쁜 쪽으로 발전하기 전에 바로 잡았으면 하는 바람이다.

아빠가 들려주고픈 마흔아홉 번째 이야기

습관의 중요성

"핵심 습관을 바꾸면 그 밖의 모든 것을 바꾸는 것은 시간문제일 뿐이다."
- 찰스 두히그 -

"습관들은 없애기에 너무 무거워질 때까지는 너무 가벼워서 느껴지지 않는다."
- 워렌 버핏 -

몇 해 전, 한 방송에서 <습관>과 관련된 한 다큐멘터리를 방영한 적이 있단다. 당시 방송에서는 습관의 중요성을 함께 살펴보고, 또 좋지 않은 습관을 가진 사람들을 전문가의 도움을 받아 고쳐나가는 모습 등이 나왔는데, 아빠는 이 프로그램을 무척 흥미롭게 보았단다.

사람들은 모두 저마다 자신만의 습관을 가지고 있다. 그런데 재미난 점은, 우리가 비교적 인생에서 성공한 사람이라고 일컫는 사람들에게는 공통된 세 가지 습관이 있다는 구나. 그게 뭔 줄 아니?

바로, 운동, 정리정돈, 그리고 재테크란다.

운동이 습관이 되면 이것은 곧 그 사람의 건강으로 이어지고 건강한 사람은 그렇지 않은 사람에 비해 모든 일을 할 때에 배 이상 높은 생산성을 보인다. 정리정돈 역시 마찬가지. 작은 곳에서부터 정리정돈을 하는 습관은 결국 일을 할 때 업무의 중요도와 시급성에 따라 순차적으로 일을 할 수 있도록 계획하는 습관을 만들어 주며, 이것이 결국 그의 경쟁력으로 자리매김하는 거야. 재테크 역시 건강한 삶을 만드는 데에 도움을 준단다. 정확한 재테크를 하는 사람은 자신의 소비 중 상당 부분이 건강을 해치는 습관에 지출되고 있음을 인지하고 있기 때문에, 불필요한 곳 대신에 자신의 삶에 도움이 되는 방향으로 합리적인 소비를 하는 데에 도움을 주지.

어떠니? 좋은 습관은 단지 그것 하나로 그치는 것이 아니라, 다른 것들과 유기적으로 연결이 되어 우리의 삶을 보다 살기 좋게 만들어준다는 생각이 들지 않니?

민이에게도 이렇게 삶을 긍정적으로 바꿀 만한 좋은 습관이 있니? 아니면, 당장 고쳐야 할 습관이 있는 것은 아니니?

− 아빠가 −

50 · 7월 3일 수요일

가족에 대한 고마운 하루

"여보, 민이가 이번에 본 모의고사 성적이 꽤 잘 나왔나봐."

아침부터 싱글벙글한 얼굴로 집사람이 민이의 소식을 전한다.

"그래?"

"아니. 걔네 학원에서 모의고사 볼 때마다 성적 좋은 애들만 추려서 벽에 붙인다고 얘기 들었죠?(민이네 재수 학원에서는 이를 '빌보드'라고 부른단다.) 이번에도 민이 이름이 거기 올랐다네. 첫 모의고사 빼고는 꾸준히 빌보드에 오르는 거 보니 그래도 나름 성적 관리를 잘 하고 있나 봐요. 후후."

간만에 참 듣기 좋은 소식이다. 성적이 오른 것도 물론 좋지만, 민이가 그동안 자기 관리를 꽤 잘 해 왔다는 것을 증명해주는 것이기도 하다.

학원으로 향하는 차 안에서 민이에게 슬쩍 이와 관련된 이야기를 물어보았다.

"민아. 이번에 또 빌보드에 올랐다며? 축하한다. 그 빌보드에는 몇 명이나 올라가는 거지?"

"음……. 잘은 모르겠는데. 한 170명에서 200명? 200명 안쪽인 건 확실해요."

"그래? 그럼 너는 그 가운데 어느 정도 위치나 되는 것 같니?"

"한 중간은 되는 것 같아요."

처음 재수학원에 들어가 모의고사를 치르고 자신의 이름이 빌보드에 오르지 않자 무척 신경을 썼던 민이.

"나름 고등학교도 나쁘지 않은 데 나왔는데, 빌보드에 오르지 못하니까 어쩐지 자존심 상해요."

'어떻게든 자존심을 회복하고 말겠다고 심기일전하더니 계획한 바를 보란 듯이 해내고 있네, 이 녀석.' 내 아들이지만 정말 자랑스러운 마음이 든다.

아이를 데려다주고 오후에 식약청에서 진행되는 강의에 평소 친분이 있던 모의과대학 교수와 동행하게 되었다. 안부차 이런 저런 이야기를 주고받던 차에 아이들 이야기가 나왔다.

"신대표님은 좋겠어요. 그 나이에 그만하면 인물도 괜찮고, 사업도 자리 잡은 데다 아이들까지 착하고 공부도 잘하니……. 사실 우리 나이에, 애들 잘 크는 것만큼 든든한 일이 또 어디 있어요."

기분 좋은 덕담이다. 순간, 이러한 덕담을 편안하게 들을 수 있도록 해 준 민이와 둘째아이, 그리고 집사람에게 한없이 감사한 마음이 올라온다. 어쩌면 우리 아이들이 건강하게 공부에만 집중하며 생활할 수 있는 것은 나보다도 늘 자신의 자리를 지키며 아이들에게 안정을 주는 집사람 영향이 클 것이다.

오늘 저녁에는 일찍 들어가 간만에 집사람과 맥주라도 한잔 나누어야겠다.

아빠가 들려주고픈 쉰 번째 이야기

가족 간의 대화는 밥상머리에서부터

'밥상머리 교육'이라는 말을 들어 봤니, 민아? 그래, 맞아. 가정교육의 가장 기본이 바로 가족끼리 함께하는 식사자리에서부터 생겨난다는 것을 잘 보여주는 말이지.

이 밥상머리 교육을 이야기할 때, 대부분의 사람들은 유대인들을 떠올리곤 하지. 이스라엘의 유대인들은 실제로, 아이들을 교육하기 위한 방법 중 하나로 밥상머리 교육을 적극 활용하고 있는데 이는 아이들의 자존감과 인내심을 기르는 데에 아주 효과적이란다.

매주 금요일, 이스라엘 사람들은 안식일 의식을 가지는데 이때 온 가족은 장보기, 음식 만들기, 그리고 음식 앞에서 기도하기 등의 활동을 함께 하게 되지. 이 모든 의식을 마치는 시간은 대략 밤 10시 정도가 되어야 하는데, 아이들은 맛있는 저녁 식사를 하기까지 인내심을 발휘하여 이 수고로운 과정을 모두 견뎌 내야 하는 거지. 또한, 교육은 여기서 끝나는 게 아니라 실제 식사자리에서도 이루어지는데 아이들은 어른들이 하는 이야기를 들으며 가족의 전통에 대해서 배우게 되고, 공감과 경청을 통해 저절로 자존감을 습득하게 되는 거지.

대부분의 경우 아이들의 참을성이 어른에 비해 길지 않다는 점을 감안하면 이는 정말 놀라운 일이란다. 우리가 흔히 먹는 초콜릿이나 아이스크림 등의 음식이 유대인이 아이들을 식탁에 오래 붙잡아 두기 위해 만든 후식이라는 말이 있을 정도이니 그들이 아이들과 함께 하는 식사 자리를 얼마나 중요하게 여겼는지 알 수 있겠지?

아빠는 너희가 나중에 가정을 이루어 나가더라도 종종 저녁 식사만큼은 가족과 함께 할 수 있는 여유를 가진 삶을 살아가기를 바란다. 모든 안정은 바로 가정의 안정에서부터 시작될 테니 말이야.

- 아빠가 -

51 7월 5일 금요일

규율

언제나 우리집 분위기 메이커인 둘째아이가 오늘따라 기분이 영 좋지가 않다. 혹시나 싶어 집사람에게 슬쩍 물어보니 어제 학교에서 치른 언어영역 시험 결과가 영 맘에 들지 않는 모양이다. 대답을 하는 집사람의 반응 역시 시큰둥하다.

"에휴. 다음에 잘 보면 되지 뭘 시험 하나 못 봤다고 저렇게 시무룩해 있어."

입을 삐죽 내밀고 투덜거리는 집사람의 모습이 영락없이 둘째아이와 닮았다 싶어 나도 모르게 코웃음이 나온다.

"아빠. 저 어제 학교에 운동화를 놓고 오는 바람에 오늘 좀 일찍 학교에 가야 할 것 같은데, 오빠 데려다 주는 길에 저도 좀 내려주세요."

"아니, 운동화를 놓고 왔다고? 그럼 어제 집에는 어떻게 왔니?"

"슬리퍼 있잖아요. 헤헤."

맙소사.

서둘러 준비를 하고 평소보다 빨리 민이, 둘째아이와 함께 길을 나섰다. 둘째아이가 다니는 고등학교 앞에 도착하니 시간은 7시 15분 남짓. 아직 이른 시간임에도 꽤 많은 학생들이 등교에 한창이었고, 교문 앞에서는 규율 단속을 하는 것으로 보이는 선생님 한 분이 아이들 한 명 한 명을 체크하고 있었다.

마침 신호에 걸려 한 학생이 슬리퍼를 신고 등교하다 선생님에게 딱 걸려 혼쭐이 나는 모습이 내 눈에 들어왔다.

'아이고. 남일 같지 않구먼. 둘째아이 이 녀석도 방금 삼선 슬리퍼 신고 들어가던데……'

나는 규율을 지키는 것에 대해 단호한 편이다. 실제로 생활을 하는 와중에도 기본적인 것도 지키지 못하면 그보다 큰 것을 논할 수 없다고 여기는 편이기 때문에 누가 시키지 않아도 기본적으로 정해진 규율이나 규칙은 꼭 지키려고 하는 편이다.

내가 이를 중요시 여기는 만큼 아이들에게도 규율을 지키는 것의 중요성에 대해서는 여러 번 이야기 한 바가 있다.

"작은 것을 잘 지키는 사람이 큰일도 할 수 있다."

그러나 내 맘과 달리 아이들은 이를 지키는 과정에서 발생하는 일이 그저 귀찮고 답답하기만 한지, 때로 어기는 모습을 보이곤 한다.

'도대체 왜?'

그래, 언젠가는 내가 이렇게 이야기하지 않아도 자신들이 규율의 중요성을 몸소 깨닫게 되는 순간이 올 것이다. 서두르지 말자.

둘째아이 등교로 서두른 덕에 오늘은 민이와 학원까지 조금 더 느긋하게 갈 수 있겠다.

아빠가 들려주고픈 쉰한 번째 이야기

나를 위해 규칙을 반드시 지켜라!

인적이 드문 횡단보도에서 신호를 무시하고 가는 사람들, 여럿이 앉는 의자에 신발을 신은 채 앉는 사람들, 음료가 아직 남아있는 일회용 컵을 아무렇지 않게 쓰레기통 위에 올려두고 가던 길을 가는 사람들…….

요즘 주위를 둘러보면 작은 규칙은 대수롭지 않게 어기고 생활하는 사람들을 참 많이 볼 수 있구나. 오늘 아침에 슬리퍼를 신고 등하교하지 말라는 교칙을 어긴 네 동생을 비롯해서 말이야. 하하.

그런데 민아, 의외로 사람은 작은 것에서 그 사람의 됨됨이가 드러난다는 사실을 알고 있니? 아무도 보지 않을 것 같다고 생각하여 무심코 한 작은 행동이, 언젠가 굉장히 중요한 시기에 나의 발목을 잡는 장애가 될 수도 있단다. 이뿐만 아니라, 질서를 지키지 않아 생긴 혼란이 언젠가는 내가 사는 생활범위 안으로 쑥하고 들어오지. 오늘 내가 버리고 간 쓰레기로 인해 더러워진 주변의 모습이, 언젠가 내가 사는 거주지 주변에서 나타나지 말라는 법이 없으니까 말이야. 이러한 점을 보면, 어쩌면 질서는 단순히 사회를 위해서가 아니라 나 자신을 위해서 철저히 지켜야 하는 것이 아닌가 싶다.

혹시 누군가 보지 않으니까 작은 질서는 좀 어겨도 된다는 생각이 든다면 이렇게 다시 한 번 생각해 보렴.

"다른 사람은 보고 있지 않지만, 바로 이 순간 내가 내 양심을 보고 있다."

로버트 줄리아니 뉴욕시장의 '깨진 유리창 이론(broken windows theory)'이 생각난다.
깨진 유리창을 방치하면 범죄가 늘어난다는 심리적 검증으로 입증된 사실…

— 아빠가 —

52   7월 9일 화요일

멘토

"아빠. 무슨 고민이라도 있으세요?"

"응?"

"표정이 안 좋아 보이셔서요."

요 며칠 회사에 안 좋은 일이 있어 머리가 지끈지끈했는데, 얼굴에도 티가 났는지 학원으로 향하는 차 안에서 민이가 조심스레 말을 걸어온다.

꽤나 아끼던 몇 명의 직원들이 이직을 앞두고 있다. 일에 적합한 사람이야 다시 뽑으면 되지만, 그래도 오랜 기간 합을 맞춰 오며 생긴 단결력은 쉽사리 얻을 수 있는 것이 아니다. 직원들이 떠나는 상황에서 생긴 나의 고민은 비단 이것뿐이 아니다. 바로, 이들이 우리 회사를 다니는 동안 제대로 된 '비전(Vision)'이나 '롤 모델(Role Model)'을 얻지 못하고 이직을 하는 것 같기 때문이다.

"민아. 아빠는 학교를 다니면서 늘 멘토나 스승이라고 부를 만한 사람들이 곁에 있었다. 그래서 아빠가 살면서 흔들리거나 할 때 항상 그분들의 지혜로 제자리를 지킬 수 있었지. 민이는 지금 혹시 그런 멘토가 있니?"

"아빠가 있잖아요."

순간 정신이 번뜩 든다.
'아, 그래. 내가 우리 아이들에게 그렇듯 다른 누군가에게 멘토가 되어줄 수도 있었는데.'

사람은 누구나 태어나 한 번은 '어떻게 살아야 할 것인가?'라는 심오한 문제로 고민을 하게 된다. 이 때

가장 도움이 될 수 있는 것은 나보다 인생을 먼저 살아본 선배의 조언이다. 내게는 그러한 사람들이 바로 학교 선배나 은사님이었다.

학창 시절 그러한 사람을 만나지 못했다면, 사회에 나가서 만날 수도 있다. 그런데, 곰곰이 생각을 해 보니 문득 이런 생각이 든다.

'우리 회사에 과연 직원들이 롤 모델이나 멘토라고 부를 수 있을 만큼 의지가 되는 사람이 있었던가?'

쉽사리 대답을 하지 못하겠다. 사실 어쩌면 이 부분에 있어 내가 더욱 빨리 고민하고 행동하였다면 좋았을 텐데 어느 새 나는 직원들에게 있어 너무 먼 '대표'로 자리매김해 버렸다. 그렇다면 방법이 없을까? 있다. 지금 있는 직원들이 잘 성장할 수 있도록 도와 새로 들어올 누군가에게 멘토로서 역할을 다 할 수 있도록 해 주는 일이다.

어쩐지 민이와의 짤막한 대화가 앞으로의 내 행동에도 큰 변화를 줄 것만 같은 아침이다.

아빠가 들려주고픈 쉰두 번째 이야기

내게 도움이 되는 멘토 찾기

살아가면서 내가 어떤 선택의 기로에서 고민이 될 때, 나보다 먼저 그 길을 걸어간 선배에게서 이와 관련된 조언을 얻을 수 있다면 그보다 더 좋은 일은 없을 거야, 민아. 우리는 이렇게 도움을 구할 수 있는 사람을 일컬어 '멘토'라고 하지. 그리고 내가 배우고 싶고 닮고 싶은 사람을 롤모델이라고도 하고…

하지만, 내 주위에서 적절한 멘토를 찾았다고 해도 이를 잘 활용하지 못한다면 그것만큼 아쉬운 일이 또 없겠지. 오늘은 멘토에게서 필요한 조언을 얻기 위한 방법에 대해 간단히 말해주마.

1. 내가 멘토를 통해 얻고 싶은 것이 무엇인지 정확히 알고 답을 찾기
아무리 좋은 스승이라고 해도, 그가 내가 궁금한 것에 정확히 답을 해 줄 수 없다면 좋은 스승이라고 할 수 없다. 보다 정확한 답을 얻기 위해 그 멘토를 통해 내가 정확하게 얻고자 하는 것이 무엇에 대한 것인지 확실하게 정리를 해 두렴.

2. 멘토와 직접 대면하지 못해도 다양한 방법으로 의사소통하기
직접 만나지 못하더라도 다양한 방법을 통해 그의 도움을 얻을 수 있단다. 너와 그의 시간적, 상황적 환경을 고려하여 가장 최적의 의사소통 방법을 찾아보렴.

3. 멘토와의 약속과 일정을 정확히 지키기
모든 인간관계에 있어 기본은 신뢰이다. 서로 만나기로 한 약속조차 지키지 못한다면, 기본적인 신뢰구축이 되지 않아 그로부터 100%에 속하는 답을 얻기 어렵겠지.

4. 멘토에게 질문은 되도록 명확하고, 구체적으로 하기
구체적인 질문은 구체적인 답변을 얻는 데에 도움을 줄 수 있단다. 짧은 시간 동안 멘토와의 만남을 정말 효율적으로 활용하고 싶다면, 그가 대답할 수 있는 범위 내에서 최대한 구체적인 질문을 하도록 하렴.

― 아빠가 ―

53   7월 11일 목요일

긍정적인 마인드

아침에 친한 지인으로부터 흥미진진한 메일 한 통을 받았다. 웃는 사람의 얼굴만 봐도 비관적인 사람이 낙관적으로 변할 수 있다는 내용의 기사였다. 이는 한 실험과 관련이 있었는데, 대략적인 내용은 이랬다.

> 영국 에섹스 대학의 연구팀은 '더 긍정적인 사람 되기'라는 이름의 실험을 진행하였고,
> 이를 통해 비관적인 태도를 가진 사람도 간단한 훈련만 거치면
> 낙관적인 사람으로 바뀔 수 있다는 것을 입증해냈다.
>
> 연구팀은 지난 20년 동안 불면증에 시달리며 스스로 불행하다고 느끼는 한 남성을 대상으로
> 7주간의 실험에 돌입했다. 7주 동안 연구팀은 남성에게 무표정한 얼굴의 사진과
> 화난 얼굴의 사진, 그리고 웃는 얼굴의 사진 한 장을 화면에 띄워놓고
> 남성으로 하여금 그 중 웃는 표정의 사진을 클릭해 집중적으로 보도록 하였다.
>
> 실험 전, 남성의 뇌는 좌측에 비해 우측의 활동이 유달리 활달한 편이었다.
> 그러나 7주가 지난 후 남성의 두뇌는 좌측과 우측의 활동성이 거의 유사하게 바뀌었으며
> 이는 그가 이전에 비해 낙관적으로 바뀌었음을 보여주는 증거가 되었다.
>
> 실제로 남성은 실험 후 "그 전에 비해 행복하다는 감정을 느끼고 있으며,
> 스스로 긍정적으로 변화한 것 같다"며 이전보다 수면도 훨씬 잘 취하게 되었다고 대답하였다.

사실 나는 주변에서 긍정적이고 낙천적이라는 말을 자주 듣는 편이다. 특히 나의 긍정성과 낙천성이 극도로 발휘되는 순간은 바로 사업을 할 때이다. 될 것 같은 것과 안 될 것 같은 것의 중간 즈음에 서 있을 때, 나는 과감하게 '될 것이다'에 한 표를 던지고 적극적으로 치고 나가는 편이기 때문이다.

이 때문에 이런 나를 보고 지인들은 이렇게 말하기도 한다.

"아니 대체 그런 적극성은 어디서 나오는 거야? 그러다가 잘못되면 어쩌려고 그래."

그럴 때마다 나의 대답은 한결같다.

"안 될 거라고 생각한 적은 한 번도 없는 거 같은데? 그리고 지금 잘 안 된다고 해도, 열심히 하면 곧 좋은 결과가 오겠지."

실제로 그러한 낙천성 때문인지 내가 확신하고 밀어붙인 일 중에 크게 어그러지거나 잘못된 일은 없었던 것 같다. 나는 이 모든 것이 바로 '잘 될 거야'라고 믿는 나의 긍정에서부터 비롯되었다고 여긴다. 긍정은 곧 자신에 대한 신뢰를 가져다주기 때문이다.

바로 이것이 내가 우리 아이들이 가능하면 긍정적으로 살아갔으면 하고 생각하는 이유이기도 하다. 된다고 믿으면 안 될 것 같은 일도 될 수 있지만, 안 된다고 믿으면 충분히 할 수 있는 일을 시도조차 해보지 않게 될 것이기 때문에.

내가 좀 더 노력하고 밝게 생활하면, 나의 이 긍정성과 낙천성이 언젠가 아이들에게도 전해지지 않을까? 반드시 그럴 것이라는 믿음으로, 오늘부터 웃는 모습을 가족들에게 더 자주 보여 주어야겠다 다짐한다.

아빠가 들려주고픈 쉰세 번째 이야기

행복을 찾는 방법

민아, '행복'에 대해 생각해 본 적이 있니? 우리는 모두 행복하게 살고 싶다고 생각을 하지만 '왜' 행복하게 살아야 하는지에 대해서는 잘 생각해보지 않는단다. 사실 이유는 매우 간단한데 말이야. 행복한 사람들이 그렇지 않은 사람들에 비해 건강이나, 학업 성적, 그리고 성공 이 모든 측면에서 하나같이 유리하거든! 결국, 우리가 흔히 말하는 '성공적인 삶'을 살았다고 말을 하려면, 반드시 행복해야 한다는 뜻이기도 하지.

그렇다면 어떻게 하면 좀 더 행복에 가까워질 수 있을까? 이 또한 어렵지 않단다.

먼저, 긍정적으로 생각하고 많이 웃는 거야. 이러한 태도만 가지고 있어도 평소 부정적으로 바라보던 세상이 분명 절반 이상은 긍정적으로 보일 테니 말이다.

다음으로, 내가 가진 것에 만족하고 감사하는 거야.
행복의 가장 기본은 다름 아닌, 내가 가진 것을 만족하는 데에 시작한단다. 매일같이 벌어지는 사소한 일상 속에서 감사할 일을 찾아보렴. 너도 모르는 사이에 더욱 행복한 사람이 되어 있을 거란다.

도스트예프스키는 다음과 같이 말했단다.

> 인간이 불행한 것은 자기가 행복하다는 것을 모르기 때문이다.
> 이유는 단지 그것뿐이다. 오직! 그것을 자각한 사람은 곧 행복해진다. 일순간에!
> – 도스토예프스키 –

어떠니? 행복이 조금 더 가까워진 것 같니?

– 아빠가 –

54 · 7월 13일 토요일

청중을 고려한 발표

아침에 차를 타고 나오며 민이와 어제 회사에서 있었던 미팅에 대한 이야기를 했다.

"민아. 아빠는 그동안 월례회의나 분기별, 반기별, 그리고 연간 회의가 필요할 때마다 모든 직원들이 발표하는 것을 우선으로 일을 진행해 왔어. 그런데 발표라는 것이 어떤 사람에게는 무척 부담되는 일이다 보니 간혹 몇몇 직원들이 어물쩍 넘어가려고 하는 경우가 있거든. 그럼 그 날은 그 직원이 아빠한테 무척 불편을 겪는 날인 거야. 어제도 마침 미팅이 있는 날이어서 몇몇 직원들의 발표를 보다가, 정말 중요한 것을 놓치고 있다는 생각에 조언을 해 주었지."

"그게 뭔데요?"

"바로, 자신의 발표가 듣는 사람에게 미칠 영향을 전혀 고려하지 않았다는 거야. GE의 회장인 잭 웰치는 단 5분의 스피치를 위해 약 5시간가량을 연습한다는 사실을 아니? 이뿐만 아니라 스피치 코치까지 두어 여러 번 검토까지 받으며 완벽에 가까운 준비 끝에야 연단에 선다는 구나. 과연 이 사람이 연설에 자신이 없어서 그런 많은 시간을 들이고, 비싼 돈을 들이며 코치까지 써서 준비를 하는 걸까?"

실제 GE는 거대한 회사이다. 그리고 잭 웰치는 그러한 회사를 운영하는 입장이다. 이 회사에서 각각의 업무를 담당하고 있는 직원들에게 있어 비록 단 5분일지라도 잭 웰치가 그 연설을 통해 담아내는 메시지는 향후 자신들의 업무 방향을 결정짓게 하는 중요한 계기가 되는 것이다. 잭 웰치는 이렇듯 자신의 단 5분 연설이 수많은 직원들에게 미칠 영향을 잘 알고 있기에, 그 5분의 연설을 정말 의미 있는 시간으로 만들기 위해 최선을 다했던 것이다.

나는 실제로 자신에게 주어진 발표 시간을 어떻게든 채우기 위해 불필요한 내용들로 가득한 발표를 한 몇몇 직원들에게 잭 웰치의 사례를 들려주며 이런 말을 했었다.

"내가 여러분에게 매번 회의 때마다 모두에게 단 몇 분이라도 발표 시간을 주려 한 것은 이를 통해 여러분이 업무적으로 꼭 필요한 능력인 발표력과 자신의 발표를 통해 함께 일하는 동료들이 얻게 될 영향까지 고려하는 책임감을 꼭 길러주고 싶었기 때문입니다. 오늘 여러분이 만일 의무적으로 발표를 하고, 그저 그 시간을 겨우 채웠다는 생각으로 만족한다면 여러분은 지금 자신이 더 발전할 수 있는 기회를 버린 것과 다름없습니다. 현명한 사람은 기회가 주어질 때 절대 놓치지 않는 사람이라는 점을 명심해주세요."

아빠의 이야기를 가만히 듣고 있던 민이가 씩 웃더니 차에서 내린다. 아마도 그 웃음에는 아빠의 생각에 대한 동조의 뜻이 담겨 있으리라 믿는다.

아빠가 들려주고픈 쉰네 번째 이야기

발표 또한 커뮤니케이션이다

학교 역시 작은 사회이니 아마 민이도 잘 알고 있으리라 생각한다. 발표가 얼마나 중요한지 말이야.

실제 사회생활을 하다 보면 내가 가진 정보를 상대방에게 정확하게 전달하거나, 나와 내 조직에게 관심이 없는 청중을 설득하여 매혹시키기 위해 발표만큼 중요한 것이 없단다. 이 때문에 많은 사람들이 긴 시간과 공을 들여 발표를 준비하지만, 정작 중요한 것을 놓치는 바람에 일을 그르치기도 하지. 그게 뭐냐고? 발표 역시 청중과의 커뮤니케이션이라는 점이야.

발표를 할 때에는 듣는 사람의 정보와 그가 듣고 싶어 하는 요구, 그리고 발표를 해야 하는 장소와 상황을 잘 고려해서 말을 해야 한다. 이 때문에 같은 내용의 발표를 하더라도 만일 청자가 달라졌다면, 그 내용 역시 다르게 구성을 해야 하지.

또한, 정해진 발표 시간을 잘 지키는 것 역시 무척 중요해. 발표 시간 역시 청중과의 약속 중 하나거든. 정해진 발표 시간 이상으로 시간을 끌지 않는 것은 물론, 원래 정해진 발표 시간 보다 조금 일찍 발표를 마무리하는 것이 때로 큰 호응을 얻어낼 수도 있다는 사실, 잊지 말렴.

마지막으로, 눈을 마주치는 것을 기억하렴. 만일 여러 명과 눈을 마주치는 일이 부담스럽고 어렵다면 나의 발표에 집중하는 사람 한두 명을 골라 그 사람과 집중적으로 아이컨택을 하는 것 역시 한 가지 방법이란다. 중요한 건, 발표 역시 커뮤니케이션이기 때문에 듣는 이와 호흡하지 않고 일방적으로만 전달하는 발표는 절대 지양해야 한다는 점이야.

언제 어디서든, 전달하고자 하는 바를 진심을 다해 듣는 이에게 전달하거라!
그리하면 네 진심을 듣는 이도 분명 알아줄 거야.

- 아빠가 -

55 7월 15일 월요일

배려

지난 주 부터 내린 장맛비가 그칠 생각을 하지 않는 통에 아침부터 빗소리가 요란하다. 비가 오는 월요일은 언제나 교통 체증이 함께 뒤따른다. 이에 민이를 깨워 아침부터 서둘러 길을 나섰다.

한참을 가다가 속도가 너무 나지 않아 우연히 창밖을 보았는데, 다른 차선들에 비해 속도를 내서 달려야 할 1차선에 웬 아주머니 한 명이 그야말로 거북이처럼 엉금엉금 기어가듯 운전을 하고 있는 것이 아닌가. 덕분에 아주머니 차 뒤로 꽤나 긴 차들이 늘어서 있고, 기다리다 못한 일부 차들은 크락션을 울리기에 바쁘다.

"아니, 정말 이기적인 사람이네. 저렇게 1차선에 서서 느리게 운전하며 다른 차들의 진로를 방해하면 어쩌자는 거야. 길을 비켜주던가."

나도 모르게 짜증 섞인 혼잣말이 나왔다. 이를 듣고 있던 민이가 물었다.

"1차선으로 가면서 속도를 내지 않는 게 나쁜 거예요? 저 아주머니가 초보 운전일 수도 있고, 그래서 빗길 운전이 무서우니 천천히 달리는 것일 수도 있을 것 같은데……."

아차. 생각을 해 보니 운전을 하지 않는 민이 입장에서는 내가 왜 이렇게까지 저 아주머니에게 짜증을 내는지 알 턱이 없다. 설명을 해 주어야겠다 싶었다.

"민아. 1차선은 원래 여러 개의 차선 중에서 급하게 가야 하는 차들이 속도를 내야 할 때 주로 이용하는 차선이고 추월할 때 사용하는 차선이야. 이 때문에 고속도로에서는 추월 차선으로 이용하기도 하지. 그런데 저 아주머니가 저렇게 느긋하게 1차선의 진로를 방해해 버리면, 정작 저 차선을 이용해 급히 가야 할 차들은 저 차선을 이용할 수가 없게 되잖니."

"아."

정식으로 운전면허 교육을 받고 면허를 딴 사람이라면 이를 모를 리가 없다. 바로 이것이 내가 지금 이 상황에서 저 아주머니의 이기심에 화를 내는 이유이다.

때로 사람은 생각지 않은 일에서 남을 배려하지 않는 모습을 보여 피해를 끼치고는 한다. 어제 있었던 ROTC 동기 골프운동 모임에서도 그런 일이 있었다. 새벽부터 골프장에 도착해서 여유 있게 라운딩을 하던 중, 후반부터 폭우가 내려 더 이상 경기를 진행할 수 없게 되었다. 이에 모두 합의하에 경기를 중단하고 클럽하우스로 복귀하여 샤워 후 함께 식사를 하기로 했는데, 전체 7팀 중 3팀이 이를 무시하고 끝까지 경기를 진행한 통에 먼저 경기를 접고 들어온 4팀이 이들을 기다리느라 제대로 된 식사는 물론 향후 일정에도 영향을 받게 된 것이다.

사람은 사회성이 강한 동물이고, 무리를 지어 문화라는 공동 자산을 향유하며 살아간다. 이렇게 사람과 사람이 만난 사회는 서로 간의 배려와 양보 없이는 결코 지속적인 발전을 이루어낼 수가 없다. 어제의 골프운동 모임, 그리고 오늘 아침에 도로에서 있었던 일 모두 내게 다시 한 번 이를 깨우쳐 준 중요한 사건이었다.

민이와 둘째아이 역시 언제, 어디서든 다른 사람에게 피해를 주지 않고 배려하는 마음으로 살아갈 수 있기를 바란다.

아빠가 들려주고픈 쉰다섯 번째 이야기

Others before self

"Others before self"

혹시 이 말이 무슨 뜻인지 알고 있니? 우리말로 직역하면 '자신보다 남을'이라는 뜻인데, 현재 중국의 압박을 피해 인도에 망명 정부를 세우고 어렵고 고단한 삶을 살아가는 티베트인들의 생각을 잘 알 수 있는 말이란다.

실제 티베트인들은 중국인의 핍박을 피해 목숨을 걸고 인도에 넘어가 언제 나라를 되찾을 지도 모르는 불안감 속에 생활을 영위하면서도 자신들의 적이나 다름없는 중국인들을 위해 매일 기도를 한다고 한다. 아주 오래 전에 출간된 <티베트의 아이들>이라는 책을 보면, 이런 내용이 나오지.

> 아이에게 물었다.
> "달라이 라마는 관음보살의 화신이라는데 왜 중국의 손아귀에서 티베트를 구하지 않는가?"라고.
> "달라이 라마께서 신비한 능력을 보여 중국인에게 해를 끼치고 독립을 얻는다면
> 어떻게 그가 살아 있는 부처님일 수 있겠어요."
> - <티베트의 아이들> 정희재 -

이를 통해 우리는 종교, 국가, 인종 등을 떠나 사람이 사람을 사랑한다는 것이 얼마나 위대하고 중요한 일인지 다시 한 번 느낄 수 있을 지도 모르겠구나. 최근 우리 주위에서 일어나는 각종 사건 사고를 살펴보면 조금이라도 그 사람의 입장이 되어 이해했다면 벌어지지 않았을 안타까운 일들이 너무나 많거든. 그러나 많은 사람들은 당장 내가 먹고 살기 바쁘고, 내 마음에 여유가 없다는 이유로 이를 외면하고 나의 기준으로만 바라보려고 하지. 그러니 자연스럽게 충돌이 발생하는 것이고.

아빠는 너희들이 살아가면서, 조금은 손해 볼 줄도 아는 사람으로 자라나면 좋겠다. 아주 작은 손해도 입기 싫어 자신만 생각하는 사람이 나의 자식들이라고 생각하면, 너무 가슴이 아플 것 같구나. 세상은 절대 혼자 살아갈 수 없단다. 때로 내가 조금 손해를 보더라도 누군가를 먼저 생각하는 마음이 보다 살기 좋은 세상을 만드는 데 큰 힘이 된다는 것, 잊지 말고 기억하면 좋겠다.

- 아빠가 -

56 7월 22일 월요일

아들의 반성

덴마크로 입양 간 재화가 아들과 함께 얼마 전 한국을 방문했다. 이에 그가 입양을 가기 전 그를 키워준 한국 어머니와 아버지, 형제들, 그리고 우리 아이들까지 총 14명이 한 자리에 모여 식사를 하였다. 밤늦게까지 이어진 식사자리가 꽤나 피곤하기는 했지만 평소 쉽게 가질 수 없는 자리에서 속 깊은 이야기를 나누다보니 정말 의미 있는 자리가 되었다. 예를 들면, 평소 지나치기 쉬운 가족의 소중함 등과 같은 것들 말이다.

아마도 그것이 나만 느낀 것은 아니었나보다. 식사를 마치고 집으로 오는 길, 민이가 갑자기 이런 말을 하는 것이 아닌가.

"아빠. 내일부터는 저 학원에 데려다주시지 않으셔도 돼요. 앞으론 저 혼자 갈게요."

혹시 내가 뭐 실수한 것이라도 있나 싶어 근심스레 되물었다.

"왜 그러니? 무슨 일이라도 있니?"

"아니 그냥……. 아침마다 저도 모르게 짜증을 부리는 것이 너무 죄송해서요."

참으로 웃을 일이다. 아니 이 녀석, 그렇게 미안하면 짜증을 부리지 않고 기분 좋게 학원에 가면 될 일인데 데려다 주지 않아도 된다니, 앞으로도 여전히 지금처럼 컨디션에 따라 짜증을 부리겠다는 말이 아닌가. 어이가 없으면서도 제 딴엔 오죽 미안하면 그럴까 싶어 너무 강하지는 않게, 그래도 가능하면 아빠가 데려다 주고 싶다는 의견을 조심스레 내비쳤다.

몇 차례 이어진 문답 끝에 못 이기는 척 아빠의 청(?)을 받아들인 민이.

"네, 내일은 마침 월례고사고 비도 많이 온다고 하니 아빠 차로 갈게요……."

어제의 일 이후 처음 맞이한 아침. 아빠에게 내뱉은 말이 내심 마음에 걸려서일까. 비교적 흐린 날씨와 좋지 않은 컨디션에도 아침에 집에서 나서 학원에 도착하기까지 민이가 내내 즐거운 표정을 흩트리지 않고 아빠와 함께 시간을 보내려 노력하는 모습이 눈에 보인다.

'그래, 민아. 모든 게 다 마음가짐에 달린 거야. 어때, 평소에 짜증스럽게 여겨졌던 상황도 조금만 생각을 바꾸니 보다 즐겁게 받아들일 수 있겠지?'

마침, 회사에 도착하자마자 열어본 메일함에 이러한 내 마음을 꼭 담은 듯 한 글귀가 하나 도착해 있다. 언젠가 읽어보겠지, 하는 마음으로 민이에게 이를 전했다.

이보일소(二步一笑)

웃으면 복이 온다고 하고
많이 웃을수록 좋다고 하지만
실제 현실에서는 잘 웃어지지 않습니다.

억지로 영업용으로 웃기도 하지만
스스로 웃으려 해도 잘 되지 않습니다.

웃음의 생활화를 위한 최고 좋은 방법이
이보일소(二步一笑)입니다.

한 발을 디디면서 '오'소리를 내고
다음 발을 디디면서 '이'소리를 냅니다.

평지를 걸을 때도, 산을 오를 때도
'오 – 이' 하며 웃으며 걸어 보십시오.

특히 뜨거운 여름날에 산에 오를 때는
급하게 오르면 숨이 차고 지치기 쉽습니다.

오-이 오-이 하면서 웃으며 걸으면
속도를 자기 몸에 맞게 조절이 되고
입에 침이 생기게 됩니다.

언제 어디를 걷더라도
지치고 힘이 들어 입이 바짝바짝 마르게
걷는 것보다는

입에 침이 생기게 걷는 것이
건강에 더욱 좋을 것 입니다.

소리를 내면서 오 – 이를 해도
소리를 내지 않고 속으로 오 – 이를 해도
입에는 침이 생깁니다.

거리를 걷는 모든 사람들이 웃으며 걸으면
개인 개인의 건강도 좋아지겠지만

온 세상에 웃음꽃이 가득할 것입니다.

민아.
수능까지 남은 기간 동안
'오-이'를 마음으로 항상 되뇌며 생활해 보는 것은 어떨까?

아빠가 들려주고픈 쉰여섯 번째 이야기

소중한 사람을 대하는 법

우리는 매일 같이 마주하는 가족이나, 연인, 친구와 같이 소중한 사람을 대할 때 한없이 행복해하지. 그리고 그 가운데 자신도 모르게 이런 착각을 한다.

'이 사람은 분명 나를 이해할 거야.'

그러나 안타깝게도 사람은 다른 사람이 될 수 없기에, 누군가를 100% 이해하는 사람이란 있을 수 없단다. 이 때문에 소중한 사람이 자신이 생각한 바와 다른 행동을 하거나 할 때 오히려 그렇지 않은 사람이 그런 행동을 할 때보다 더욱 큰 서운함을 느끼게 되고, 이것이 갈등으로 이어지게 되는 것이지.

소중한 사람을 대할 때 늘 기억해야 하는 것이 있단다. 바로, '그 사람은 절대 내가 아니며, 사람은 각자 생각하는 방식이 다를 수 있다'라는 점이란다. 그리고 이 사실을 받아들였다면 대화를 통해 두 사람 간의 차이를 조금씩 좁혀 나가는 것이 중요하지. 대화를 할 때에는 자신의 내면 상태를 되도록 솔직하고 꾸밈없이 표현하되, 내가 기대하는 만큼 그 사람이 반응하지 않더라도 절대 서운해 하지 않는 것 역시 중요하단다. 앞서 말했지만, 모든 사람은 다르기 때문에 생각하는 방식도 다른 것이란다.

**소중한 사람과 더욱 건강한 관계를 유지하기 위해서 무엇보다 중요한 것은
상대방을 인정하고 솔직해지는 것이라는 점을 잊지 말고 기억하렴.**

*참고: <나한테 왜 그래요?> 고코로야 진노스케

그리고 다름을 인정하고, 거기서부터 이해하려는 마음으로 가지고 출발하는 거야.

― 아빠가 ―

57　7월 26일 금요일

아들의 징병검사

오늘 아침에는 민이와 민이친구를 서울지방병무청 제1징병검사장에 데려다주었다. 후에 있을 군 입대를 위한 징병 검사를 받기 위해서이다. 차를 타고 가는 내내 둘이 한껏 흥분해 누구는 2급을 받았다더라, 누구는 1급을 받았다더라, 체중 미달도 군대에 가지 않는 사유가 된다고 하더라 하고 종알대는 소리를 듣고 있노라니 웃음이 나면서도 한편 씁쓸함이 몰려온다.

'시간 참 빠르네. 이 녀석이 벌써 군대에 갈 나이라니.'

1994년 어느날 아침, 민이는 원래 채워야 할 40주를 채 채우지 못하고 3주 일찍 세상에 나왔다. 이 때문인지 어릴 적 또래 친구들보다 몸집이 많이 작아 늘 가족들의 걱정을 한 몸에 받기도 했다. 그러나 초등학교에 입학할 무렵, 오히려 또래에 비해 빠른 성장 속도로 건강하게 자라주었으며, 나와 집사람에게 든든한 큰 아들 노릇을 해 주었다.

중학교 무렵 대치동으로 전학을 와 적응하느라 어리바리 하던 일, 수능을 망치고 집에 돌아와 울었던 일, 그리고 재수를 결정하고 난 지 얼마 지나지 않은 어느 날, 나와 함께 춘천으로 여행을 가 처음으로 남자 대 남자로 대화를 나눈 일…….

순식간에 민이를 키우는 동안 있었던 일들이 파노라마처럼 내 머릿속에 펼쳐졌다.

"이번에 원하는 대학에 합격하면, 저는 ROTC에 입단하는 대신 그냥 군대에 다녀올 거예요."

대한민국의 남자로서 '군대'에 반드시 가야 한다는 내 입장은 비교적 확고한 편이다. 사실 아이들이 자라는 동안 여러 모로 도움을 필요로 할 때, 평소 알고 있던 인맥을 동원해 이를 해결해주곤 하였지만 혹여 민이가 군대에 가기 싫다고 할지라도 이 문제만큼은 결코 도와줄 의향이 없다. 개인적인 경험으로 남자가 군대에 다녀오는 것은, 단순한 국방의 의무를 떠나 삶을 살아가는 데에 힘이 되고 지혜가 된다고 생각하기 때문이다.

25년 전, 나는 최백호의 입양전야를 수십 번 부르고 난 후에야 광주 상무대행 기차에 몸을 싣고 군에 입대하였다. 민이가 오늘 징병검사를 받는다고 하니, 나도 모르게 당시 그렇게 노랫말을 외울 기세로 불렀던 그 노래가 다시 한 번 생각난다.

입영전야 최백호

아쉬운 밤 흐뭇한 밤 뽀얀 담배 연기
둥근 너의 얼굴 보이고
넘치는 술잔엔 너의 웃음이
정든 우리 헤어져도 다시 만날 그날까지
자 우리의 젊음을 위하여 잔을 들어라

지난날들 돌아보면 숱한 우리 얘기
넓은 너의 가슴 열리고
마주 쥔 두 손에 사나이 정이
내 나라 위해 떠나는 몸 뜨거운 피는 가슴에
자 우리의 젊음을 위하여 잔을 들어라

언젠가 민이가 건강한 모습으로 군에 입대하게 될 때, 나는 다시 한 번 소주 한 잔을 들이켜고 민이에게 이 노래를 불러주고 싶다.

오늘 1급 받고, 열심히 공부하자, 아들아!

아빠가 들려주고픈 쉰일곱 번째 이야기

군대, 어차피 가야 할 것이면 마음가짐을 다르게

군대에서 갖가지 사건 사고가 잦다 보니, 최근 군대에 가지 않기 위해 다양한 방법으로 잔꾀를 부리는 사람들이 늘고 있는 것으로 알고 있다. 그러나 민아, 너는 대한민국의 국민이고, 국민으로서 분명 국방의 의무를 다할 필요가 있다. 이에 아빠는 네가 자라는 동안 대한민국의 남자로서 군대만큼은 반드시 다녀와야 한다고 여러 차례 이야기한 바 있다.

**어차피 꼭 가야 하는 군대라면, 울며 겨자 먹기로 가기 보다는
네 선택으로 보람찬 시간을 보낼 수 있도록 하는 것이 가장 현명한 것이 아닐까 싶구나.**

예를 들어, 입대를 하는 방법에도 여러 가지 방식이 있으니 그 중 네가 적절한 것을 골라서 '끌려가는' 느낌이 아니라, '자발적으로 나라를 지키러' 입대를 한다거나, 또는 혹시 네가 특별히 마음에 두고 있는 부대가 있다면 그쪽으로 자원하여 보다 흡족한 군 생활을 하는 것 역시 한 가지 방법이라고 생각한다.

**군대를 다녀왔다는 것이 징병제도를 가지고 군을 운용하는 우리나라의 현실에서 얼마나 명예롭고,
스스로에게 자랑스러운 일이며, 미래의 부인과 자녀들에게 당당한 일인지 알아주면 좋겠다.**

복무 기간이 길면 긴 시간이겠지만, 헛된 시간이라고는 생각하지 않는다. 어쩌면 그 시간은 네가 사회에서는 다시 겪어 보지 못할 무한대의 사색 시간이 될 수도 있을 것이다. 복무 기간 동안 네가 얻을 수 있는 것은 모두 얻어내기를 바란다. 어느 정도의 적응기가 끝나면 그동안 읽지 못한 책도 마음껏 읽고, 더불어 동기들과 사회에서는 쌓을 수 없는 각별한 우정을 쌓아보는 것도 괜찮겠지.

복무 기간을 마치고 당당하게 전역하여, 이 아빠와 시원하게 술잔을 기울이는 날이 곧 오면 좋겠구나. 힘내라, 내 아들 신민.

- 아빠가 -

58 8월 1일 목요일

수능 D-99

"민아, 어제가 수능 D-100일이었니?"

8월을 시작하는 화창한 첫날. 얼마 남지 않은 민이의 수능일에 대한 이야기로 아침을 열었다.

"아니요. D-99일이에요. 하하."

아뿔싸. 아빠가 늘 관심을 가지고 있음을 보이기 위한 질문이었는데, 지금 비추는 민이의 표정에는 역시 우리 아빠는 나의 수능에 지나친 관심은 없구나 싶은 웃음이 담겨 있다. 하기야 어떤 면에서는 지나친 관심보다 조금 부족한 것이 아이의 부담감을 줄이는 데에는 도움이 될지도 모를 일이다.

'그래도 그렇지 이 녀석, 아빠가 제 시험 컨디션에 얼마나 신경을 쓰고 있는 줄도 모르고, 쳇.'

그래. 뭐 민이만 즐겁다면 비춰지는 모습쯤이야 어떻든 무슨 관계가 있으랴.

"지난 화요일에 아빠가 모임에 좀 다녀왔거든. 근데 저녁을 먹으면서 나온 이야기가 무척 흥미롭더라."

"무슨 이야기를 나누셨는데요?"

"뭐 어떤 친구는 자신의 출신 학교가 좋지 않으니 살아가기가 참 퍽퍽하다고 말하기도 하고, 또 어떤 친구는 비즈니스를 위해 사람을 만나면 좋은 학교를 나온 사람은 큰 노력을 기울이지 않아도 대체로 주변 사람들로부터 존경과 존중을 받지만, 그렇지 않은 사람은 자신이 정말 열심히 노력해야 그나마 좋은 학교를 나온 사람들이 받는 존경과 존중의 절반 정도를 받는다고 무척 한탄하더구나. 그 이야기를 듣고 그때 그 자리에 참석한 친구들 중 대부분이 인생에도 등급이 있다고 아주 확실시하며 이야기를 하는데, 참 많은 생각을 하게 되더구나. 사람의 인생이 고기의 품질을 나타내는 등급 따위의 말과 동급으로 사용하는 것이 좀 서글프기도 하고 말이야."

"……."

'좋은 학교'에 대한 이야기가 나오자 중압감이 느껴졌는지, 민이의 얼굴에 짐짓 무거운 분위기가 흘렀다. 아침부터 괜한 이야기를 꺼냈나 싶으면서도 어쨌든 살아가면서 한 번은 생각해 보아야 할 중요한 이야기가 아닌가 싶어 말을 이었다.

"근데 참 우습기도 한 것이, 그 말이 꼭 틀린 말은 아니라는 거야. 실제로, 아빠가 대학에서 함께 생활한 ROTC 동기들 같은 경우에는 지금도 90% 정도는 서로 어떻게 사는지 연락도 하고, 모임도 하고 있거든. 그런데 먼 지방 어디쯤에 있는 학교를 나온 친구들 말을 들어보면, 실제로 대학을 졸업하고 이 나이쯤 돼서 연락을 좀 해 보려 하면 연락이 닿는 동기가 전체 중에 한 3분의 1이나 될까 한다더구나. 그 말인즉, 사느라고 너무 바빠 지인들과 인생의 이런 저런 이야기를 나누고 살 여유조차 가질 수 없는 상황이란 거겠지."

"아빠 말씀을 들으니까, 어쩐지 정말 더 열심히 노력해서 원하는 대학에 들어갈 수 있도록 노력을 해야 할 것 같아요."

다소 묵직한 분위기 속에 어느덧 학원 앞에 다다라 민이를 들여보내고 주고 회사로 들어가는 길, 어쩐지 마음 한켠을 짓누르는 무거움을 덜어낼 수가 없다. 허나, 사실은 사실이다. 살아가다 보면, 학력이라는 벽에 부딪혀 쉽게 갈 수 있는 길을 돌아가야 하는 경우가 너무나도 많으니까. 나는 나의 아이들이, 아직 세상에 첫 발을 제대로 디디지 않은 때에 조금 더 힘을 들이더라도 할 수 있는 최선의 노력을 다해 살아가며 학력으로 인한 어려움은 맛보지 않았으면 하는 바람이다.

'일류 대학을 나올 필요는 없다. 그러나 네가 살아가는 내내 학교에 대해 이야기할 때 떳떳할 수 있는 학교를 선택해라, 민아.'

아빠가 들려주고픈 쉰여덟 번째 이야기

유유상종(類類相從)

같은 동아리끼리 서로 왕래하여 사귄다는 뜻으로, 비슷한 부류의 인간 모임을 비유한 말이다. 유유상종의 근원은 알 수 없으나, "삼라만상은 그 성질이 유사한 것끼리 모이고, 만물은 무리를 지어 나뉘어 산다. 거기서 길흉이 생긴다" 하였다.

이후로 이 말이 연관되어 생성된 듯하며, 이 말과 춘추전국시대의 순우곤과 관련한 고사가 전한다. 제( ) 나라의 선왕(宣王)은 순우곤에게 각 지방에 흩어져 있는 인재를 찾아 등용하도록 하였다. 며칠 뒤에 순우곤이 일곱 명의 인재를 데리고 왕 앞에 나타나자 선왕이 이렇게 말하였다.

"귀한 인재를 한 번에 일곱 명씩이나 데려 오다니, 너무 많지 않은가?"
그러자 순우곤은 자신만만한 표정으로, "같은 종의 새가 무리지어 살듯, 인재도 끼리끼리 모입니다. 그러므로 신이 인재를 모으는 것은 강에서 물을 구하는 것과 같습니다." 라고 하였다.

요즘에는 이러한 인재의 모임보다 배타적 카테고리라는 의미가 더 강하며, 비꼬는 말로 주로 쓰인다. '끼리끼리' 또는 '초록은 동색'과 통하는 경우가 많단다. (참조: 네이버 지식백과, 두산백과)

어떤 사람들은 이렇게 말을 한다.
'서로 마음이 맞으면 그만이지, 친구를 사귀는 데에 이런 저런 조건까지 따져야 하는가.'

그 말이 틀린 말은 아니지만, 지금 네가 만나는 친구에 따라 네가 훗날 누리는 사회적 위치가 달라질 수 있음을 늘 명심해라, 민아.

높은 사회적 지위가 반드시 엄청난 부나 삶의 행복을 가져다준다고 보장할 수는 없지만, 적당한 사회적 지위는 그 사람으로 하여금 그렇지 않은 사람보다 훨씬 고급 정보에 노출될 가능성을 높여주며, 사회 활동의 폭 역시 넓혀주어 너의 세계를 단순히 개인과 개인의 관계 또는 작은 사회에 한정 시키는 것이 아니라 때로 국가 또는 국제적 관계를 걱정하거나 경영하는 위치로까지 넓혀줄 수 있다. 또한, 이 과정에서 무엇보다 중요한 것이 네가 만나는 한 사람 한 사람의 친구이다. 좋은 친구는 너로 하여금 좋은 영향을 주어, 네가 보다 큰일을 할 수 있도록 도움을 줄 것이니 말이다. 적당한 사회적 위치는 네게 기대하지 않은 또 다른 멋진 미래를 선사할 수도 있음을...

- 아빠가 -

59   8월 4일 일요일

스케줄

민이가 아침부터 심기가 좋지 않다. 들어보니 오늘 민이가 중학교와 고등학교 친구들을 만나 점심을 먹고 하루 동안 신나게 다른 생각 없이 놀 생각을 하고 있었는데, 함께 만나기로 한 친구 중 하나가 갑작스레 잡힌 선배와의 약속으로 이미 잡은 점심 약속을 저녁으로 바꾸자고 제안을 한 모양이다.

"아니, 그럼 저녁에 만나서 신나게 놀면 되지 뭐가 문제야?"

"걔 때문에 오늘 원래 하려던 일정이 죄다 틀어져 버렸어요. 어휴."

계획한 바가 틀어진 것에 대해 맘이 언짢았는지, 차를 타고 가는 내내 민이는 의자에 엉덩이를 깊숙이 묻고 눈을 감은 채 입을 다물었다.

'어휴. 녀석. 약속이 취소된 것도 아니고 그저 좀 변동이 생긴 건데 그걸로 저렇게까지 스트레스를 받나. 저럴 거면 친구한테 안 된다고 말하고, 되는 친구들끼리 보기로 하던가.'

사실 친구들과의 모임에 있어 항상 주도적으로 상황을 이끌고 나가는 나로서는 지금의 민이의 상황이 다소 이해가 가지 않는 부분이 있었다. 만일 내가 지금의 민이의 상황이었다면, 아마 나는 원래 정한 일정을 기준으로 하여 가능한 친구들을 불러 만나고, 그 일정에 맞추지 못하는 친구는 다음에 보자고 하여 상황을 정리했을 것이다. 어쩌면 나의 이러한 추진력 때문에 마음이 불편했을 친구가 있을지도 모르겠다. 그러나 약속은 약속이고, 그 약속을 지키지 못하게 된 친구로 인하여 굳이 내가 마음에 불편함을 가질 이유는 없다는 것이 나의 입장이다.

민이는 나와는 성격이 다르다. 자신이 마음의 불편함을 껴안을지언정 주변 친구들에게 자신의 불편한 마음을 굳이 드러낸다거나 주변 상황을 무시하고 강하게 일을 밀고 나가는 일 따위는 민이에게 절대 없다. 어쩌면 그러한 성격 때문에 본인 스스로가 더 힘들지도 모를 일이다. 허나, 그 때문인지 스무 해 남짓한 삶을 살아오는 동안 민이 곁에는 친구들이 늘 떠난 적이 없었다. 어찌 보면 이러한 배려가 민이가 자신의 세계를 넓혀오는 데에 큰 힘이 되어준 원동력인지도 모르겠다는 생각이 들었다.

이윽고 차가 학원 앞에 도착했다.

"민아, 오늘 친구들 만나서 논다며. 용돈은 남았니? 아빠가 용돈 좀 더 줄까?"

"됐어요."

차에서 내린 지 1분도 되지 않아, 저 멀리서 민이가 잠깐 걸음을 멈추고 이쪽을 바라본다. 아마도 아빠의 말에 아침부터 퉁명스럽게 대답한 것이 마음에 걸려서 그런 것이리라.

'녀석. 어쨌든 불편한 마음은 풀고 오늘 오랜만에 친구들하고 신나는 시간을 보내면 좋겠는데……'

아빠가 들려주고픈 쉰아홉 번째 이야기

완벽한 사람이란 있을 수 없다

자신이 하는 모든 일에 있어 완벽을 추구하는 사람을 우리는 보통 '완벽주의자'라고 부른단다.

민아, 지금 스스로를 한 번 돌이켜 보렴. 너는 완벽을 추구하는 사람이니? 그렇다면, 아빠는 이 이야기를 해주고 싶다.

이 세상의 어떤 사람도 완벽할 수는 없기 때문에 불완전함을 우리 자신의 일부로 받아들여야 한다는 사실을 말이다.

사람이 어떠한 선택을 할 때 늘 옳은 행동을 하고, 적절한 선택만 할 수 있다면 얼마나 좋을까. 그러나 현실은 그렇지 않단다. 우리에게 벌어지는 모든 일에 대해 미리 알 수는 없기 때문에, 결국 우리가 선택하는 일 가운데 일부는 기대에 부합하지 않는 방향으로 흐르기 마련이다.

완벽을 추구하는 것이 나쁜 일은 아니나, 이에 대한 강박관념에 사로잡히는 것은 스스로의 성장을 방해할 뿐이다. 어느 정도의 불완전함을 인정하자. 그리고 이를 극복하는 방법을 찾아라.

때로는 불완전함을 인정하는 것만으로도 행복에 한 걸음 더 가까워질 수 있으니.

- 아빠가 -

60 8월 6일 화요일

어느 여름날의 일화

어제는 모처럼 일찍 귀가했다. 막상 집에 돌아오니 가족들 아무도 없이 집이 조용하다. 집안이 덥기에 에어컨을 틀어놓고 아이들을 기다리며 잠시 소파에 몸을 기댔는데, 몸이 노곤해지며 나도 모르게 잠에 빠져들었다.

그렇게 얼마나 흘렀을까. 부스럭 부스럭 하는 소리가 들려와 번뜩 눈을 떠 보니, 민이와 둘째아이가 들어온 것이 보였다.

"왔니?"

"네, 아빠. 들어가서 주무세요."

잠시 후, 아이들의 뒤를 이어 집사람이 들어왔다. 술을 한잔했는지 얼굴이 발그레하다. 나는 거기까지만 기억이 나고 피곤해서 이내 잠에 빠졌다. 아침에 일어나서야 어젯밤 이야기를 이어나갔다. 집사람이 재미있다는 듯이 나를 빤히 쳐다보며 되묻는다.

"당신 어제 어디서 밥 먹었어요?"

"응?"

별안간 집사람이 재미있다는 듯이 까르르 웃더니 말을 잇는다.

"아니 어쩜 당신은 마누라가 바로 옆에서 밥을 먹고 있어도 몰라?"

"응? 무슨 소리야?"

듣자 하니 어젯밤 내가 지인과 만나 반주 겸 저녁을 먹던 그 식당에 마침 집사람도 약속이 있어 들어왔 단다. 내가 보이기에 일부러 근처 테이블에 앉아 계속 우리 쪽을 주시했는데 내가 나가는 그 순간까지 그쪽으로는 눈길 한 번 주지 않더니 이내 밥만 먹고 나가버리더라는 것이었다.

"내가 진짜 언제쯤 알아보나 싶어 한참 쳐다봐도 도통 쳐다볼 생각을 안 하드만!"

"아니 설마 당신이 거기 있을 거라고 내가 생각이나 했나. 허허 참."

민망함이 얼굴을 뚫어버리기라도 할 듯 솟아올라오는 가운데, 문득 오늘 아침 친구의 페이스북에서 본 글귀 하나가 머릿속을 스쳐 지나간다.

죽을 만큼 좋아했던 사람과
모른 체 지나가게 되는 날이 오고

한때는 비밀을 공유하던 가까운 친구와
전화 한 통 하지 않는 날이 오고

또. 한때는 죽이고 싶을 만큼 미웠던 사람과 웃으며 볼 수 있듯이

시간이 지나면 이것 또한 아무것도 아니다.

변해버린 사람을 탓하지 않고 떠나버린 사람을 붙잡지 말고
그냥 그렇게 봄날이 가고 여름이 오듯.

아, 내가 그토록 사랑했고 지금도 억만금과 바꾸라 해도 절대 바꿀 수 없는 하나밖에 없는 내 마누라. 그럼에도 불구하고 가족이라는 미명아래 사랑하는 여인이 바로 앞에서 밥을 먹고 있어도 이조차 알아채지 못하는 것은 물론, 매일 같이 자식의 대입 준비 앞에 살아가는 현실이 불현듯 씁쓸하면서도 서글프다. 훗날 이 녀석들이 자라면, 이런 부모의 고충을 알아주기나 할는지.

아빠가 들려주고픈 예순 번째 이야기

건강한 사랑의 조건

남자와 여자 모두 처음 사랑에 빠질 때에는 그 사람의 좋은 면만 보게 되어, 두 사람이 만났을 때 발생할 수 있는 크고 작은 문제점에 대해서는 간과하기 마련이다. 그러나 실제 사람의 관계라는 것은, 처음의 좋았을 때의 감정보다 두 사람이 만나는 과정 중에 발생하는 크고 작은 충돌거리를 어떻게 다루느냐에 따라 그 만남의 지속성이 결정되지.

"난, 나와 꼭 맞는 바른 사람을 만나서 절대 싸우지도 않고 알콩달콩 예쁘게 살 거야."

정말 그게 가능하다고 생각하니? 아빠의 개인적인 생각으로, 세상 어디에도 나를 100% 이해해 줄 수 있는 사람은 없다. 따라서 건강한 관계를 유지하기 위해서는 무엇보다 내 곁에 있는 사람을 잘 이해하고, 서로 맞추어 가며 둘의 사랑을 건강하게 가꾸어 가는 일이 무엇보다 중요하단다.

그렇다면, 어떻게 해야 좀 더 두 사람의 사랑을 건강하게 만들어 나갈 수 있을까?

1. 두 사람에게 발생하는 문제는 두 사람이 책임을 진다.
책임지지 못할 약속은 하지마라. 만일 어느 한쪽에게 문제가 발생한다면, 두 사람 안에서 끝까지 책임질 수 있도록 해라.

2. 함께 성장을 향해 나아가라.
함께 함으로써 서로가 발전할 수 있도록 끊임없이 배우고, 행동하고, 대화하라.

3. 있는 그대로 상대방을 존중해라.
만일 그 사람을 선택했다면, 억지로 그를 바꾸려 하지 말고 있는 그대로 받아들여라.

4. 거짓말하지 말고 정직해라.
서로에 대한 믿음 없이는 어떠한 관계도 오래 지속될 수 없다. 어떠한 경우에도 상대방에게 거짓말을 하지 말고, 있는 그대로의 너를 보여 주어라.

- 아빠가 -

61 8월 11일 일요일

여름 휴가

주말 동안 근 2년을 미루고 미루었던 가족 여행을 짧게 다녀왔다. 사실 가족 여행이라고 하기에는 민망한 1박 2일의 짧은 일정에, 그 마저도 서울 시내에서 보낸 다소 민망한 여행이지만 지난해와 올해 민이가 수능을 준비하는 동안 우리 가족에게 있어 여행이란 사치나 다름이 없었기 때문에 정말 큰 맘 먹고 나선 것이었다.

여행 준비는 장소를 고르는 일부터 만만치 않았다. 민이와 둘째아이의 상황이 달라도 너무 달랐기 때문이다.

'이제 겨우 고1인데 맨날 집과 학교만 오가는 둘째아이를 생각하면 좀 멀리 나가더라도 탁 트인 바다나 숲을 보여주고 싶은데, 그러자니 수능도 얼마 안 남은 시점에 민이가 너무 부담스러워 할 것 같고……'

긴 고민 끝에 결국 서울 시내의 한 호텔에서 잘 준비된 썸머 패키지를 이용하며 그동안 쌓인 피로를 푸는 방향으로 잡기로 했다.

"괜찮아요. 멀리 나가는 건 오빠 수능 끝나고 다음에 가면 되죠."

어쩐지 올해 둘째아이에게 신경을 많이 못 써준 가운데 휴가마저 오빠의 상황만 고려해 잡은 한 것 같아 미안한 마음이 들었는데, 아빠의 마음을 알아채기라도 한 듯 먼저 둘째아이가 이런 말을 건네 온다. 참 기특하기도 하지.

"그래, 멀리 놀러가는 건 겨울 지나고 하자! 대신 이번 여름에 둘째아이가 하고 싶은 것 모두 다 해 줄게."

"우아!"

남산에 위치한 한 호텔에 숙박을 잡은 후, 뒤늦게 합류하기로 한 집사람과 민이를 기다리는 동안 둘째아이와 쇼핑을 했다. 조금 멀긴 하지만 어릴 적에 아이들과 자주 오곤 했던 문정동 로데오 거리에서 쇼핑을 했는데, 발에 바퀴라도 달린 듯 빠르게 움직이며 이것저것 구경하고, 사달라고 아빠에게 조르는 것을 보니 왠지 옛날 추억이 스멀스멀 올라오기도 하는 듯 했다. 쇼핑을 마치고 호텔로 돌아가는 길, 어릴 적 집사람이 살던 후암동을 지나가며 둘째아이에게 엄마가 어릴 적 얼마나 힘들게 학교에 다녔는지를 설명해 주었다. 그러나 말을 해 주면서도 아빠의 얘기를 마치 옛날이야기 듣는 듯 신기해하는 둘째아이를 보며 다음과 같은 생각 역시 함께 올라왔다.

'요즘 애들이 이런 얘기를 한다고 해서 정말 그 시대에 우리가 얼마나 어렵게 공부했는지 짐작이나 할까?'

이윽고 저녁에 집사람과 민이가 합류하였고, 마침내 우리 가족의 진짜(?) 여름휴가가 시작되었다. 그 첫 번째 코스는 남대문 시장이었다. 중국과 일본 사람들로 북적북적한 것이 다소 산만해 보이기도 했지만 이런 기회가 아니면 아이들이 쉽게 와 볼 수 있는 곳이 아닌지라, 눈을 반짝이며 재미있게 구경을 하는 듯 했다. 나온 김에 시장 안에서 돼지족발과 막걸리로 1차를 하고, 이어 남대문에 오면 빼놓지 않고 먹어야 하는 갈치조림 집에서 2차를 했다. 역시 예나 지금이나 그 맛은 변함이 없는 듯 했다.

식사를 마친 후엔 모두 함께 당구장으로 가 당구를 치기로 하였다. 그런데 세상에 이게 웬일인가. 민이 녀석, 그동안 하라는 공부는 안하고 당구만 치러 다닌 것인지 그 사이 당구 실력이 몰라볼 정도로 늘어, 나와 붙어도 충분히 이길 수 있는 수준이 된 것이 아닌가. 나 역시 당구라면 어디 가서 빠지지 않는 실력인데 말이다. 결국 그날 저녁, 민이에게 우리 가족 중 당구실력 1등의 자리를 넘겨줄 수밖에 없었다.

호텔로 돌아온 후엔 3차로 호텔 바에서 시원한 생맥주를 한 잔 마신 후, 방으로 올라와 와인으로 4차를 했다. 술 한 잔과 함께 이런 저런 이야기를 곁들이니, 더할 나위 없이 좋은 여름휴가의 마무리처럼 느껴졌다.

다음 날 아침, 새벽같이 일어나 집사람과 오랜 만에 아이들을 떼어놓고 둘이 남산 성곽길 산책을 하였다. 아침치고 날이 후덥지근하기는 했지만, 성곽길과 남산 도서관길을 지나 남산타워로 이어지는 순환길을 오붓하게 걸으며 오직 부부끼리만 할 수 있는 사는 이야기를 2시간이나 나누었다.

호텔에 다시 돌아온 후, 자고 있는 아이들을 깨워 조식을 먹으러 내려갔다. 여유롭게 자신이 먹을 음식을 담아와 마주 앉아 식사를 하는 순간, 문득 이렇게 여유롭고 평화롭게 아침을 먹어본 것이 언젠가 싶은 생각에 행복감이 진하게 몰려왔다.

'그래, 행복이 뭐 별건가. 가족끼리 이렇게 함께 하는 순간순간이 다 행복이지.'

여름휴가로 1박 2일은 분명 짧은 시간이었다. 그러나 각자의 상황으로 인하여 마음의 여유조차 없이 지낸 우리 가족에게 있어 재충전의 시간이 되어주기도 한 것은 분명해 보였다.

아이들이 조금 더 자라고, 시험 등에 얽매이지 않아도 되는 순간이 오면 지금과 같은 이런 순간을 일부러라도 자주 가질 수 있도록 노력해야겠다.

모두들, 행복했지?

아빠가 들려주고픈 예순한 번째 이야기

공감으로 만드는 인간관계

"우는 자와 같이 울라."
이 말처럼 공감을 잘 나타내주는 표현은 없다. 공감은 타인에 이르는 가장 선한 길이다.

공감은 연민이나 동감과는 구분된다. 연민은 자신이 상대보다 우월하다는 의식을 전제로 한다. 반면 동감은 객관적 태도를 잃고 상대방에게 휩쓸리기 쉬운 감정이다. 이에 비해 공감은 중립적이고 비판단적인 태도로 상대의 내면을 그대로 느끼는 상태다. 즉, 한 인간의 비통, 애착, 공포, 분노 등, 인간이 나약하고 불완전한 존재라는 사실을 마음 깊은 곳으로부터 느끼는 상태를 말한다.

'공감의 시대'를 쓴 제러미 리프킨에 의하면 공감이 없는 생활이나 사회적 조직은 상상조차 할 수 없다. 자아도취에 빠진 사람, 반사회적 이상성격자, 자폐적 불구자들로 가득 찬 세상을 상상할 수 있겠는가. **사회는 사교적이어야 하며 사교적이 되려면 공감이 확대되어야 한다.** 또한 인간이 정에 민감하고 우애를 갈망하며 공감을 넓히려 한다면 미래사회의 지속가능한 균형을 회복할 수 있을 것이다.

*참고: 중앙일보 한병선 교육평론가/문학박사 글 중에서

다른 사람이 느끼는 감정이나 의견, 주장 등에 대해 나도 그렇다고 느끼는 것을 '공감'이라고 한단다. 공감은 나를 다른 사람과 연결시키는 중요한 수단이란다. 공감을 통해 인간은 기계적 인간관계를 벗어나, 나 자신을 상대방의 입장에 놓고 그의 감정과 하나가 되어 진정한 도움을 주고받을 수 있도록 도와주지. 누군가와 공감대를 형성하기 위해서 가장 중요한 것은 바로 제대로 듣는 것이란다. 피동적으로 듣기만 하는 것이 아니라, 네가 마음을 열고 있다는 것을 보여주기 위해 다양한 반응을 통해 이를 나타내는 것도 좋은 방법이란다. 또한, 너의 행동으로 인하여 그 사람이 어떤 감정을 느낄지도 함께 고려해야 한단다. 그 사람의 말을 듣고 무언가를 판단해야 할 때에는 무조건 나의 기준으로만 판단하는 것이 아니라, 상대방의 입장에 나를 놓고 깊게 생각해보는 자세가 중요하다. 대신, 상대방이 진심으로 잘못된 행동을 했다면, 다른 사람보다 앞서 네가 먼저 그의 잘못을 꼬집어 주어야겠지.

정말 그의 상황에 공감했다면, 이제 어떠한 도움을 줄 수 있는지 곰곰이 생각해 보자. 다만, 그에게 도움을 주기로 결정을 하였다면 절대 그에 대한 대가를 바라서는 안 된다는 사실을 기억해라.

- 아빠가 -

62   8월 17일 토요일

자식은 모르는 부모 마음

아침부터 민이는 얼마 남지 않은 시험으로 인한 스트레스로 예민해 보이고, 집사람은 컨디션이 좋지 않다. 아침에 통학을 시켜주는 것을 제외하면 아이들의 모든 것을 챙기는 것이 집사람이다 보니 지쳐있는 듯하다. 이런 날은 아주 작은 충돌도 큰 싸움이 될 수 있다. 아니나 다를까 민이가 집 밖으로 나서기 전까지 두 사람의 날 선 줄다리기가 계속 된다. 지켜보는 사람도 곤욕이다.

'어휴. 그만들 좀 하지.'

아이를 보내고 겨우 마음을 추스르고 집에서 좀 쉬다보니, 어느 새 오후 늦은 시간이 되었다. 몸이 좋지 않은 탓인지 계속 기운을 못 차리는 집사람에게 무언가 맛있는 것을 좀 먹이면 보양이 될까 싶어 외식을 제안했다.

"그럼 기왕에 나가서 먹을 거 이따가 민이 들어오거든 같이 나가요. 걔 요새 기운 없어 하던데 고기 좀 먹어야지."

아침부터 집안을 찬바람 쌩쌩 돌게 한 아들이 뭐가 그리 예쁘다고, 몸이 아픈 와중에도 아들 녀석 체력 떨어진다고 고기 타령을 하는 집사람을 보니 마음이 편치 않다.

"당신 몸도 안 좋은데 고기 먹어도 되겠어? 좀 더 부드러운 거 먹으러 가지."

"안 돼. 나야 하루 이틀 쉬면 나을 건데 뭐. 고기 먹으러 가요. 민이 고기 좋아하잖아."

결국 그렇게 오늘도 우리 가족의 외식 메뉴는 돼지고기로 결정이 났다. 민이가 돌아온 후 오늘 좀 늦는다는 둘째아이를 제외하고 셋이 집 근처 고기집으로 향했다. 그런데 민이 이 녀석 분위기가 심상치가 않다. 보통 아침에 좀 기분이 안 좋아도 저녁에 집에 돌아와서는 기분이 풀려 있곤 했는데, 고기를 굽고

자르는 내내 퉁명스럽게 구는 것이었다. 아픈 데 저 생각하여 이곳까지 데리고 나온 엄마 마음은 알지도 못하면서 제멋대로 구는 녀석이 이처럼 얄미울 수가 없었다. 나도 모르게 인상이 찌푸려졌다.

"민아, 너 왜 그러니? 기분 나쁜 일이 있으면 말을 해. 자꾸 엄마 아빠 앞에서 퉁퉁거리지 말고."

"……."

"자식이, 막상 말하라면 말도 못 할 거면서."

2년이나 힘든 고3 생활을 해야 하는 본인 마음이야 오죽하겠냐마는 그렇다고 하여 옆에서 지켜보는 부모 마음이 절대 편할 리가 없다. 어떤 면에서 아이보다 더 힘든 것이 바로 부모인데, 그걸 이리 몰라주나 싶어 마음이 아프다. 민이와 수험 생활을 2년을 함께 겪는 동안, 나와 집사람에게 있어 아이의 1년은 마치 2-3년은 되는 것과 같이 길고 고단한 날의 연속이기 때문이다.

다시 말 없이 고기를 구우며 소주 몇 잔을 거푸 목으로 넘긴다.

"민아. 너 고생하는 거 알아. 날까지 더워져서 요즘 더 힘들겠지. 그런데, 이럴 때일수록 더 자신을 다독여서 힘을 내야지."

평소답지 않게 진지한 아빠의 말에 마음이 흔들린 것일까. 민이의 표정에 미안함이 어린다.

'얼른 이 여름이 지나가고, 가을이 왔으면…….'

아빠가 들려주고픈 예순두 번째 이야기

평범한 하루하루의 일상에 감사하자!

민아, 아빠 고종사촌 누나라고 알지? 그 누나가 얼마 전에 간암 진단을 받고 힘들어 한단 말을 듣고 아빠가 누나에게 전화를 걸었어. 혹시 아빠가 뭐 도움을 줄 수 있는 일이 뭐가 없나 싶어 물어보려고 말이야. 그런데, 전화를 받자마자 누나가 하는 말이 뭔 줄 아니?

"그냥 이대로 살다가 죽고 싶어……."

그 말을 듣고 아빠는 얼마나 가슴이 아팠는지 모른다. 그러면서, 한 편 매일 매일의 소중함에 대해 다시 한 번 생각해볼 수 있었지.

민이 네가 오늘 평범하게 보내는 하루는 어제와 비슷할 테고, 내일도 크게 다르지 않을 거야. 때로 네가 이를 지루하게 여길 수도 있을 거고. 하지만 말이야. 고리타분한 말일 수도 있지만, 너에게 있어 아무 의미 없이 지나가는 하루가 누군가에게는 무엇과도 바꿀 수 없이 소중한 하루일 거란 생각 해 본 적 있니? 사촌누나처럼 당장 내일을 기약하기 어려운 사람들에게 있어 이 하루가 얼마나 소중할지 말이야.

문득 민이 외할머니께서 돌아가시기 전의 일이 떠오르는 구나. 돌아가시는 그날까지 자식들 앞에서 이를 악물고 고통을 참아내시던 할머니의 인내는 아마도, 하루라도 평범하게 보내고 싶으셨던 바람의 발로가 아니었나 싶구나.

요즘 들어 반복되는 일상에 힘들어 하는 너를 보며, 아빠는 다시 한 번 숨을 깊이 들이마시며 기도한다. 부디 우리 아들 민이가, 살아가는 하루하루에 감사하며 최선을 다해 보내게 달라고 말이야.

사랑한다, 아들아.

- 아빠가 -

63 8월 19일 월요일

오늘, 그리고 만족

새벽부터 세찬 소나기가 온 세상을 잡아먹을 듯 퍼 붓더니, 아침이 되니 언제 그랬냐는 듯 조용하다. 최근 민이는 가능하면 나와 함께 학원을 가는 대신 혼자서 대중교통을 이용해 등원하는 길을 택하고 있다.

"피곤할 텐데 왜, 아빠가 데려다 줄게."

"아니에요. 아빠 차타고 가면 학원에 도착해서 잠이 금방 안 깨서 공부에 집중하기가 더 힘들어요. 그냥 저 혼자 갈게요."

최근 매일 같이 늦게 들어와 아침에 평소보다 일찍 학원에 가겠다며 나서는 아들 녀석의 뒷모습을 바라보기가 아빠로서 영 마음이 좋지 않다. 그러나 그렇게 결정했다고 하는 부분에 대하여 억지로 아이를 데려다줄 수는 없는 노릇이다.

평소보다 조금 일찍 사무실에 도착해 메일함을 열어 보니, 좋은 글 하나가 와 있다. 어쩐지 민이에게도 전해주고 싶은 말인 듯하여 잘 저장해 두었다.

> 만족을 찾아 헤매지 말라.
> 그보다는 항상 모든 일에서 만족을 발견하려는
> 마음의 자세가 중요하다.
> - 존 러스킨 -

행복이나 만족을 굳이 찾아다닐 필요는 없다. 내가 완전한 상태이고, 스스로 만족감을 느낀다면 행복 역시 나를 찾아오기 마련이다. 문제는 만족을 느끼지 못하는 데에서 발생한다.

불만족은 더욱 무언가를 가지기 위해 갈구하게 하고, 이를 통해 사람은 결국 아무리 가져도 만족하지 못하고, 행복해지지 못하는 기이함에 빠지게 되는 것이다.

내가 가진 것에 만족하는 삶이란 얼마나 행복한 삶인가. 문득 민이에게 이 마음을 전해주고 싶어 급히 장문의 메시지를 적어 내려갔다.

"민아.

아빠는 지금 정말 행복하다. 남들보다 가진 것이 많진 않지만 그렇다고 부족하지도 않기에
함께 나눌 수 있고, 할 수 있는 것이 많은 지금이 아빠는 정말 행복하다.

아빠 곁에 사랑하는 엄마와 너와 동생이 있고, 이 사람들이 서로 사랑하고 있으며,
너희를 이렇게 모자람 없이 키울 수 있어 아빠는 정말 행복하다.

직장에서는 늘 아빠를 믿고 자신의 자리에서 묵묵히 최선을 다해주는 직원들이 있어
더욱 열심히 일할 수 있으며, 이로 인해 주변의 많은 사람들과 행복한 관계를 맺어 나갈 수 있는
지금이 아빠는 정말 행복하다.

이제부터 아빠는 아빠가 벌어들이는 돈의 절반은 아빠 것이 아니라고 생각하며 살아가련다.
그래서 비록 큰 부자는 되지 못한다 하더라도 오히려 풍족해진 마음으로
너희들에게 남겨줄 수 있는 마음의 유산이 더 클 거라고 생각하니 아빠는 정말 행복하다.

민이 너도, 네가 할 수 있는 노력으로 더 많은 것들을 보고,
이렇게 얻은 것을 누군가와 나누는 삶을 살아라.

사랑한다. 아들아."

아빠가 들려주고픈 예순세 번째 이야기

현재에 만족하는 삶

'인타임(In time)'이라는 영화를 본 적이 있니? 이 영화에서는 인간의 모든 활동에 들어가는 비용이 시간으로 계산이 된단다. 모든 인간의 손목에는 시간이 표시되어 있고, 이 시간이 모두 닳게 되면 그 사람은 죽게 되는 거지. 시간이 곧 돈이다 보니, 사람들은 이 시간을 얻기 위해 뺏고 뺏기는 싸움을 하기도 하고, 은행에서는 이자를 받고 시간을 빌려주기도 하지. 영화 속에서도 물론 빈부의 차가 존재한단다. 이에 주인공은 부자들에게 차고 넘치는 시간을 회수해 빈민들에게 나누어주곤 하지.

영화를 보며 아빠는 현재나 미래나 인간의 욕망은 정말 끝이 없다고 생각했단다. 실제 영화 속에서도 결국 문제의 시작은 가진 자들이 더 많은 시간을 가지려 함에 따라 발생하는 것이니까 말이야.

옛 어른들의 말씀 가운데

'99섬의 곡식을 가진 부자가 가난한 농부의 곡식 1섬을 탐한다.'는 말이 있단다.

이 말만큼 인간의 끝없는 욕심을 잘 드러내는 말이 있을까? 그러나 꼭 기억해 두어야 할 것이 있단다. 많이 가진 자가 진짜 부자가 아니라, 자신이 지닌 것에 만족할 줄 아는 사람이 진짜 부자라는 사실 말이다. 만일 네가 가진 것이 너무 적다 여겨지면, 지금 당장 주위를 한 번 둘러보렴. 네가 가진 것이 생각보다 많다는 사실을 깨닫게 될 테니 말이다. 내가 가진 것의 크기가 반드시 행복의 크기를 의미하는 것은 아니란다. 오히려 자신이 지닌 것에 만족할 줄 아는 자세야말로 행복의 크기를 결정하는 중요한 요인이지.

만족은 찾는 것이 아니라 발견하는 것이라는 사실,

잊지 말고 기억하렴.

- 아빠가 -

64 8월 20일 화요일

아들에게 보낸 메시지

어제 저녁, 오랜 만에 선선해진 날씨 탓에 간밤에 쉬이 잠을 청하지 못했다. 그럼에도 불구하고 정신만큼은 최근 며칠 가운데 가장 맑다. 끝도 없이 높은 하늘이 온통 물감을 풀어놓은 듯 새파랗게 보이는 것을 보니, 이제 여름도 거의 끝나가는 모양이다.

출근을 하여 아침부터 부랴부랴 직원들의 급여를 이체하고 나니 시간이 제법 흘렀다. 문득 어제 민이에게 보낸 카톡 메시지가 떠올랐다. 답이 없는 것이 이상해 대화창을 열어보니, 이미 확인을 한지 오래였다.

'어이 아들, 카톡 확인을 했으면 반응을 좀 보여주지?'

역시나 묵묵부답이다. 반응이 없는 아들 녀석에게 서운한 마음이 드는 한 편, 상황이 상황이라 이해도 갔다.

앉아 있던 의자를 뱅그르르 돌려 창밖을 바라보았다. 멀리 보이는 고등학교 인공잔디 위에서 학생들이 땀을 뻘뻘 흘리며 공을 차고 있다.

'아직 덥긴 꽤 덥나 보네.'

절기상으로는 이미 가을에 접어들었음에도 기온이 아직 34도를 웃돌다보니, 학생들의 뛰는 모습 하나에서도 지금 밖이 얼마나 더운 지 실감이 난다. 학생들의 모습과 더불어 주변을 바라보니, 파릇파릇한 녹음과 새파란 하늘이 그야말로 장관이다. 문득 궁금해진다.

'민이 이 녀석, 설마 공부한다고 하늘 한 번 올려다볼 여유도 없이 지내는 건 아니겠지? 아무리 공부도 좋지만, 때로 이 아름다운 풍경도 좀 보고 살면 좋겠는데.'

오늘 아침, 누군가 카톡으로 시 한 편을 보내주었다. 오늘의 분위기와 딱 어울리는 시였다.

밉게 보면
잡초 아닌 풀이 없고
곱게 보면
꽃 아닌 사람이 없으되
내가 잡초 되기 싫으니
그대를 꽃으로 볼 일이로다

털려고 들면
먼지 없는 이 없고
덮으려고 들면
못 덮을 허물없으되
누구의 눈에 들기는 힘들어도
그 눈 밖에 나기는 한 순간이더라

귀가 얇은 자는
그 입 또한 가랑잎처럼 가볍고
귀가 두꺼운 자는
그 입 또한 바위처럼 무거운 법
생각이 깊은 자여!
그대는 남의 말을 내 말처럼 하리라

겸손은 사람을 머물게 하고
칭찬은 사람을 가깝게 하고
넓음은 사람을 따르게 하고
깊음은 사람을 감동케 하니
마음이 아름다운 자여!
그대 그 향기에 세상이 아름다워라

- 마음이 아름다우니 세상이 아름다워라. 이채 -

입으로 소리 내어 시를 읊조려 보니, 더할 나위 없이 좋은 시다. 읽는 것만으로 이렇게 마음이 평화로워 질 수 있다니.

민이 역시 이 글을 읽고 조금이나마 지금의 상황에서 마음의 여유를 찾을 수 있으면 좋으련만. 평온함과 함께 아쉬움이 번갈아드는 아침이다.

아빠가 들려주고픈 예순네 번째 이야기

생각이 복잡할 때에는, 걸어라

민아, 너도 '명상'이라는 말을 한 번쯤은 들어본 적이 있을 거야. 명상은 복잡하고 힘든 상황일수록 내 마음 속 평화와 고요를 되찾게 하는 데에 큰 힘이 된단다. 명상이라고 하여 반드시 조용한 장소를 만들고, 그 자리에 가부좌를 틀고 앉아 부담스러운 시간을 가지며 해야 할 필요는 없다. 때로는 네가 평상시 하는 아주 작은 행동에 대한 생각을 바꾸는 것만으로도 명상을 즐길 수 있으니 말이다.

바로, 걷기란다.

혹시 네 마음이 복잡하고 힘들어 어딘가로 도피하고 싶거나 소리를 지르고 싶을 때에는, 잠시 지금 앉아 있는 자리를 벗어나 걸어 보거라. 이 단순한 듯한 행동은 의외로 너를 원래 자리로 돌려놓는 데에 큰 힘을 줄 것이다.

굳이 목적지를 정해놓고 그 곳을 향해 걸을 필요도 없다. 다만, 네 발길이 닿는 대로 정처 없이 걸어보렴. 정처 없이 걷는 것만으로도 너는, 그저 걷는 것의 즐거움을 온전히 느낄 수 있게 될 테니까. 여러 가지 생각이 복잡하게 떠오른다면, 의식적으로 그 생각을 잠시 멈추어라. 복잡한 생각 대신 지금 바로 그곳, 그 장소, 그리고 그 시간, 현재에만 집중을 하는 것이 너의 마음을 가라앉히는 데에 도움을 줄 것이다.

우루과이의 언론인이자 소설가인 에두아르도 갈레아노는 이렇게 말했다.

"넘어지는 위험이 있어도 걸어라."

걷기를 통해, 명상하고 너를 치유하라.

- 아빠가 -

65   8월 28일 수요일

민이의 컨디션

일주일 만에 가을빛이 완연해진 아침이다. 수능이 10주가량 남았음에도, 최근 들어 민이의 컨디션이 좋아 보인다. 나만 그렇게 느끼는 것은 아니었는지, 어제 저녁 집사람이 이런 말을 꺼냈다.

"여보, 민이가 요새 생기가 도는 것 같아. 그 컨디션 그대로 잘 유지해서 수능까지 가야 할 텐데……."

"걱정 말아요. 그렇게 될 거야."

사실 시험이 임박해올수록 중요한 것은 공부보다 마음가짐이다. 무엇에도 흔들리지 않고 본인이 잘해 낼 수 있다는 믿음을 가지고 하던 일을 밀고 나가는 것. 민이의 컨디션이 좋아 보인다는 말은, 내게 반가운 일이 아닐 수 없었다. 그만큼 아이가 심적 스트레스를 잘 이겨내고 있다는 뜻이기도 할 테니 말이다.

아침 식사를 하던 중, 민이가 모처럼 속마음을 끄집어냈다.

"오늘로 수능이 이제 10주 남았어요. 기분이 참 이상해요. 작년에는 수능이 10주 남았을 때 이제 조금만 더 하면 모두 끝난다는 생각에 홀가분하면서도 시원한 기분이었는데, 지금은 어쩐지 불안하면서도 잘 끝낼 수 있을까 싶어 막연하게 걱정이 앞서는 것 같기도 하고요."

뜻밖의 말이었다. 그동안 밝은 모습만 보여 이런 고민을 하고 있으리라고는 생각지 못했는데, 어쩌면 엄마, 아빠에게 걱정을 끼치지 않으려 하는 노력이었나 싶은 생각에 가슴 한편이 묵직해졌다. 하기야 작년 이맘때 누구보다 자신 있게 시험을 치렀는데 결과가 기대한 만큼 나오지 않았으니, 올해 또 그런 걱정을 하지 않을 수가 없을 것이다.

무슨 말을 해 주어야 하나 싶어 우물쭈물하는 나와 달리, 집사람이 조금의 망설임도 없이 입을 열어 민이의 말에 답해주었다.

"야. 당연한 거 아니니? 작년엔 수능을 보면 무조건 끝난다는 생각을 했겠지만 해 보니 마음대로 되지 않는 일도 있다는 걸 깨달았잖아. 경험만큼 무서운 게 어디 있겠니. 중요한 건 그것을 잘 극복해서 긍정적인 방향으로 바꾸는 거지."

그렇다. 사람은 자기가 경험하기 전까지는 대부분 무서움과 두려움을 갖지 못한다. 어려서는 부모의 주의로 뜨거운 것에 가까이 갈 경험이 없으니 불이 뜨겁다는 것을 알지 못하다가 조금 자라 우연한 계기로 불이 뜨겁다는 것을 알고 나면, 조심해야겠다는 생각이 드는 것과 마찬가지다. 이 때문에 경험이라는 것은 때로 사람으로 하여금 '겁'이라는 것을 만들어내기도 한다. 그러나 중요한 점은, 이 과정을 잘 극복해내고 나면 그것은 그 사람의 지혜로 남는 다는 것이다. 불이 뜨거운 것을 알았으니, 불을 대할 때는 온갖 장치를 동원해 다치지 않고 조심히 다루게 되는 것과 마찬가지로.

작년 11월 한 달의 경험은 아마 민이에게 태어나 처음으로 불에 손을 데었을 때와 같은 놀라운 경험이었을 것이다. 그러나 그 경험을 딛고 현재 민이는 다시 시험의 연장선 위에 서 있다. 이 경험의 끝에 민이가 얻게 될 것이 무엇인지는 아직 아무도 알 수 없다.

그러나 한 가지는 확실히 말할 수 있다. 다른 사람은 해보지 못했을 이 경험으로 적어도 네가 한 뼘을 더 자라나 있을 것이라는 걸.

파이팅!

아빠가 들려주고픈 예순다섯 번째 이야기

너는 생각보다 강한 사람이다

아들아, 누구나 살아가는 과정에서 실패라는 경험을 가지게 된다. 너 역시 그럴 테지. 실패를 맞닥뜨리게 되면 대부분의 사람들은 이런 생각을 한다.

'이건 내 의지와 힘으로 할 수 있는 일이 아니야.'

훗날 같은 상황이 찾아왔을 때에는 이런 생각도 하게 된다.

'지난번에도 실패했는데, 이번엔 잘할 수 있을까?'
'분명 또 실패할 거야.'

네가 잊고 있는 사실이 있다.
너는 네가 생각하는 것보다 훨씬 강한 사람이라는 사실이다.

주변 상황을 네가 컨트롤 할 수는 없다. 그러나 잊지 말아라. 주변에서 벌어지는 일과 관계없이 그 상황에서 네 마음을 다스릴 수 있는 사람은 오직 너뿐이라는 사실을 말이다.

또한 인간의 회복력은 네가 생각하는 것보다 훨씬 강하기 때문에, 극도의 실패와 좌절을 맛보고 난 후의 너는 같은 상황이 다가왔을 때 아픔을 딛고 훨씬 먼 곳으로 날아오를 수 있는 힘을 얻게 된다.

삶은 물론 쉬운 것이 아니다. 때로 너를 아프게 하고, 넘어지게 하며, 고독에 빠지게 할 것이다. 그러나 잊지 말아라. 네 삶에 있어서 결정권을 가진 사람은 바로 너다.

너는, 생각보다 강한 사람이다.

- 아빠가 -

부족한
시간과의 싸움

_____

66   9월 3일 화요일

수능 전 마지막 실전 모의고사

오늘은 9월 모의고사가 있는 날이다. 민이와 둘째아이와 함께 차를 타고 나서는 중, 민이의 얼굴에 긴장감이 감도는 듯하다.

"민아, 괜찮아?"

"네."

지난 해, 민이는 9월 모의고사를 망쳤다. 생각보다 만족스럽지 않았던 모의고사 결과는 민이의 자신감을 꺾어버렸고, 이로 인한 컨디션 저하는 수능까지 이어져 결국 그해 수능을 망치게 되었다. 그때의 경험 탓일까. 1년이나 지난 지금, 9월 모의고사에 임하는 민이의 표정이 그야말로 비장하기 그지없다.

민이와 마찬가지로 둘째아이 역시 오늘 모의고사를 본다. 이 때문에 아침식사 자리에서는 예민한 편인 민이가 덤덤한 둘째아이를 격려하는 웃지 못 할 상황이 벌어지기도 했다.

"너무 걱정하지 마. 넌 아직 1학년이잖아. 그리고 1학년 모의고사는 원래 어렵기로 유명하니까, 혹시 결과가 안 좋아도 너무 신경 쓰지 말고."

"응. 알았어. 오빠도 오늘 시험 잘 봐."

"나야 뭐. 설마 작년보다 못 보기야 하겠냐. 하하."

웃으며 말을 던지기는 했지만, 지금 얼마나 긴장이 될지 누구보다 잘 안다. 차를 타고 가던 중, 민이의 손을 지긋이 잡으며 마음을 전했다.

"민아, 긴장하지 말고 오늘 시험 잘 봐라. 부담 가지지 말고. 오늘 시험은 실전이 아니잖아. 정말 실전은 앞으로 60일 뒤에 보는 시험이니까. 그래도 어느 정도 마음가짐은 가지고 시험에 임하는 게 좋겠지? 연습은 실전처럼! 실전은 연습처럼! 파이팅!"

"하하. 알았어요."

민이에게 있어 이번 모의고사는 실제로 수능 전 마지막 실전과 다름없기 때문에 향후 자신의 진로를 정하는 데에 무척 중요한 시험이 될 것이다. 실제로 오늘 시험 결과가 어떻게 나오느냐에 따라 민이가 수시전략과 정시전략을 어떻게 가져갈 것인지가 결정된다. 민이는 이미 삼수만큼은 절대 하고 싶지 않다는 의사를 밝힌 바가 있다. 집사람 역시 이러한 민이의 생각에 동감했다.

그러나 나는 생각이 조금 달랐다. 기왕에 하는 거 조금 더 독하게 본인을 벼랑 끝으로 몰고 가 끝까지 해 보았으면 하는 마음이 있었기 때문이다. 물론 재수를 해 보지 않은 내가 이런 말을 하는 것이 결코 좋게 보일 리 없었기에 일단 두 사람의 의견에 수긍하기로 했다. 그러나 이왕 1년을 투자한 것, 결과가 보다 분명한 쪽으로 투자를 하는 것 나쁘지 않다는 나의 생각에는 변함이 없었다.

이러한 내 모습이 다소 지나치게 보이는지. 최근 집사람이 잔소리 아닌 잔소리를 쏟아내며 내게 핀잔을 줄 때가 있다.

"당신은 왜 있지도 않은 사실을 여기저기 말하고 다녀요? 아이들 공부 잘한다고 다 서울대 가는 거 아닌데 애들 자랑이 과하셔서 애들이 부담 가지면 어쩌려고… 정말 이해할 수가 없네."

애비가 자식 자랑 좀 한 것이 이렇게까지 욕을 먹을 일인가. 더욱이 없는 말도 아니고, 있는 사실에 나의 기대치를 살짝 더해 이야기한 것뿐인데 된통 혼이 난 것 같아 어쩐지 억울한 느낌이다. 허나 내 기대로 인해 아이들이 부담을 갖는다면 그것 역시 좋지 않은 일이므로 이내 집사람에게 조심하겠다고 대답했다.

아무쪼록 오늘 저녁, 민이가 마음 속 두려움을 떨쳐내고 홀가분한 마음으로 집에 돌아와 함께 저녁을 먹을 수 있기를.

아빠가 들려주고픈 예순여섯 번째 이야기

실망도 때로 나를 더 성장시킨다

누군가의 말에 따르면 인간이 느끼는 여러 가지 감정 중, 사랑과 후회에 이어 세 번째로 겪기 쉬운 감정이 바로 '실망'이라고 하더구나. 우리는 긴 인생 가운데 여러 가지 일에 도전하게 되고, 그 과정에서 실패는 물론 실망감을 얻기도 한다. 그러나 이렇게 자주 느낄 수 있는 실망감에 대해 부정적으로만 대처한다면, 아마도 우리가 느끼는 실망감은 평생 우리를 뒤로 가게끔 하는 장애물 밖에 되지 못할 것이다.

때로, 살아가다보면 앞서 얻은 실망감이 도움이 되는 순간이 있다. 실망 역시 결국 경험으로부터 생겨난 감정이기 때문에 이를 통해 비슷한 상황이 도래했을 때, 같은 선택을 하지 않을 수 있도록 도움을 주기도 한다.

대부분의 실망감은 어떠한 일에 대한 기대가 이루어지지 못하는 데에서 발생하곤 한다. 어떤 사람들은 실패로 인해 실망감을 느끼곤 할 때 다음과 같은 생각을 한다.

'나에게 분명 문제가 있기 때문에 이러한 일이 발생한 걸 거야.'

그러나 때로 나의 노력과 상관없이 일이 잘되지 않는 경우도 있단다. 우리가 겪는 일 가운데 절반 이상은 우리가 그 결과를 예측할 수 없는 것들이기 때문이지. 예측할 수 없는 일에 대한 실패와 실망으로 좌절하지 말아라. 대신, 일어난 일을 정확히 직시하고, 받아들여라. 그리하면 앞을 헤쳐 나갈 방법이 보일 것이다.

사람은 누구나 실패할 수 있다는 지엄한 사실을 받아들여라.

우리가 옳다고 여기는 현실은 언제든지 변화할 수 있고, 이에 우리의 계획 또한 얼마든지 변경될 수 있음을 받아들여라. 때로 실망은, 세상에 우리가 생각하지 못한 변수들이 훨씬 많을 수 있음을 알려주는 계기가 될 테니.

- 아빠가 -

67 9월 7일 토요일

성숙해진 아들

교우모임에서 안면도로 워크샵을 가는 날 아침, 오랜 만에 민이가 피곤하다고 하여 함께 차를 타고 학원으로 향했다. 최근 혼자서 통원하는 것이 거의 일상이 되어버린 터라 간만에 아들과 함께 향하는 길이 내심 기분이 좋다.

차를 타고 가다 힐긋 민이의 얼굴을 바라보았다. 요 며칠 사이에 얼굴이 좀 야윈 것은 물론 전체적으로 살이 빠진 기분이다.

"민아. 너 요즘 잘 챙겨 먹고 다니니?"

"네. 근데 살찔까 봐 너무 많이는 안 먹어요. 수능 끝나고 대학 들어가면 또 열심히 이것저것 해야 하는데, 너무 살쪄 있으면 곤란하잖아요. 히히."

어이구. 시험 때문에 피곤해 죽겠다고 하는 와중에도 곧 이어질 대학 생활을 얼마나 기대하기에 벌써부터 몸 관리를 한다니 기가 막힐 노릇이다.

"그래도 좀 챙겨먹어야지. 너무 살이 빠진 것 같은데."

"에이. 걱정 마세요. 잘 조절해 가며 먹고 있어요."

최종적으로 정시를 목표로 하는 민이는, 최근 불안한 마음을 달래기 위해 몇 군데 수시 원서를 지원한 상태이다. 이러한 결정에는 여러 차례 집사람과의 논의가 있었다. 아무래도 평소 세부적인 교육 정책이나 학교 지원 등에 대해서는 나보다 집사람이 베테랑이기 때문이다.

"혹시 수능을 잘 못 치를 경우를 대비해서 K대 화학생물공학과랑, H대 의대 등에 수시 원서를 넣어 두자."

엄마와 수시 원서를 준비하는 내내 '안 될 가능성'을 염두에 두고 이야기를 해야 하는 마음이 오죽 불편하랴. 그럼에도 불구하고 담담하게 해야 할 일을 하는 민이를 보고 있노라니, 점차 성숙해져가고 있는 것이 느껴진다.

한편, 말로는 이런 저런 이야기를 잘도 하면서 정작 이런 상황에서 위로도, 이렇다 할 정도로 정보도 주지 못하는 내 자신이 밉기도 했다. 어디선가 듣기로 아이가 성공하려면 아이의 능력과 엄마의 정보력, 조부모의 재력, 그리고 아빠의 무관심이 필수라고 했던 것 같은데, 이 가운데 조부모의 재력을 빼고 우리 집은 다 갖춘 셈인가. 뭐 재력도 아직 아빠인 내가 건강하니 열심히 벌어서 뒷바라지 하면 될 일이다.

중요한 것은, 민이가 흔들리지 않고 묵묵히 지금의 방향성을 잘 유지해 주는 일. 민아, 잘 해낼 수 있겠지?

아빠가 들려주고픈 예순일곱 번째 이야기

내가 정말로 나 자신을 사랑하기 시작했을 때

민아, '찰리 채플린(Charlie Chaplin)'이라는 배우에 대해 들어본 적이 있니? 영국의 유명한 코미디언이자, 영화감독이었고 음악가였던 그는 지금처럼 음성이 나오는 영화가 아닌, 무성 영화 시기에 크게 활약했던 인물이지.

그의 화려했던 연기 인생과 달리, 그의 생애는 그리 행복하지만은 않았다. 어린 시절부터 죽음에 이르기까지 그의 삶에는 늘 우리가 생각했던 것보다 훨씬 희비가 교차하던 때가 많았으니까.

그럼에도 불구하고, 그는 그 자신을 사랑하려 했다. 오늘은 아빠가 그가 쓴 시 한 편을 소개해 주고자 한다. 그의 시를 통해, 민이도 스스로를 더욱 사랑하고, 그를 통해 자신감을 얻을 수 있으면 좋겠구나.

내가 정말로 나 자신을 사랑하기 시작했을 때,
고통이나 괴로움은 단지 나에게 진실에 반해 살지 말라는 경고를 하려는 것이었음을 알 수 있었다.
오늘 나는 그것을 **'삶의 진정성'** 이라 부른다.

내가 정말로 나 자신을 사랑하기 시작했을 때,
아직 때가 무르익지 않았을 때 누군가에게 나의 바람을 강요하는 것이 얼마나 그 사람에게 상처가 되는지를 알게 되었다. 심지어 그 사람이 나였음에도 불구하고.
오늘 나는 그것을 **'존중'** 이라고 부른다.

내가 정말로 나 자신을 사랑하기 시작했을 때,
나는 다른 삶을 동경하는 것을 중단했다.
그리고 주위의 모든 것이 성장을 위한 격려라는 것을 알 수 있었다.
오늘 나는 그것을 **'성숙함'** 이라 부른다.

내가 정말로 나 자신을 사랑하기 시작했을 때,
나는 항상 적절한 시간에 적절한 장소에 있었다는 것과 그 모든 것이 완벽했다는 것을 알게 되었다.
그때부터 나는 마음의 평안을 얻을 수 있었다.
오늘 나는 그것을 **'자존'** 이라고 부른다.

내가 정말로 나 자신을 사랑하기 시작했을 때,

나는 건강을 위해 해로운 음식과 인간관계와 사물, 그리고 상황을 가만히 내려놓았다.
그리고 나를 위축시키고 나의 영혼을 소외시키는 모든 것들로부터 자유로워졌다.
오늘 나는 그것을 '자기애' 라고 부른다.

내가 정말로 나 자신을 사랑하기 시작했을 때,
나는 바로 지금 이 순간을 느끼며 살기 시작했고 미래를 위해 거창한 계획을 세우는 일을 멈추었다.
나는 오직 내 자신이 선택해서 기쁨과 행복을 주는 것들, 내가 사랑하는 일들과 가슴을 뛰게 만드는 일들을 하며 지금 이 순간을 산다.
오늘 나는 그것을 '단순성' 이라 부른다.

내가 정말로 나 자신을 사랑하기 시작했을 때,
나는 내가 항상 현명하고 옳다는 주장을 멈췄다.
오늘 나는 그것이 '겸손' 이라는 걸 안다.

내가 정말로 나 자신을 사랑하기 시작했을 때,
과거에 붙들린 삶과 미래에 저당 잡힌 삶에서 벗어날 수 있었다.
나는 지금 바로 이 순간에 발을 딛고 오늘을 산다.
오늘 나는 이것을 '충만함' 이라 부른다.

내가 정말로 나 자신을 사랑하기 시작했을 때,
내 마음이 나를 상처받게 할 수도 있고 나를 아프게 할 수도 있다는 것을 알았다.
내 마음과 연결되었을 때 나와 내 마음은 동반자가 될 수 있었다.
오늘 나는 이 연결을 '마음의 지혜' 라고 부른다.

내가 정말로 나 자신을 사랑하기 시작했을 때,
나는 더 이상 사람들 사이에서 일어나는 논쟁과 대립과 여러 문제에 대해서 두려워하지 않게 되었다.
왜냐하면 별들도 언제나 충돌하며 새로운 세계를 만들고 그것은 그 순간 가장 적절하게 일어나는 일이라는 것을 알기 때문이다.
지금 나는 알고 있다. 그것이 온전한 '삶' 이라는 것을.

- 〈내가 나 자신을 정말로 사랑하게 되었을 때〉 찰리 채플린 -

- 아빠가 -

68 9월 12일 목요일

제약회사 전문경영인의 일화

어제는 오후에 존경하는 식품회사 회장님과 비즈니스 미팅을 했다. 회장님은 1960년에 제약회사에 입사하여 사원에서 임원으로, 대표이사에서 회장으로 약 50년이라는 세월을 이곳에 몸담으며 아로나민 골드라는 히트 상품을 개발하여 회사를 살리는 데에 일조한 1등 공신이다. 만날 때마다 느끼는 것이지만 정말 배울 점이 많은 분이다. 미팅을 끝나고 나오는데, 오랜 만에 본인 기사가 실렸다며 회장님이 직접 신문 한 부를 전해주었다. 슬쩍 읽어보니 민이가 보아도 앞으로 인생의 방향을 설정하는 데에 꽤나 큰 도움이 될 것 같아 감사하다는 말과 함께 소중히 신문을 가지고 집으로 향했다.

신문 기사의 내용은 대강 이러했다.

어릴 적 어머님이 천식으로 고생하는 것을 보고 자란 회장님은 어머니에게 좋은 약을 만들어 지병을 치료해 드리겠다는 결심과 함께 약학대학에 진학하였다. 대학을 졸업한 후에도 그는 약국을 개업하는 대신 제약회사에 들어가는 데에 한 치의 망설임이 없었다. 다른 사람이 만든 약을 파는 것이 아닌, 제대로 된 양약(良藥)을 만드는 일을 해 보고 싶었기 때문이다.

1960년 제약회사에 입사한 그는 신제품 개발은 물론 최신 설비 가동이나 품질관리 상의 문제점 해결 등 다양한 성과를 올리며 입사 1년 만에 생산부장이라는 중책을 맡게 된다. 당시 일본에서는 활성비타민이라는 제품이 붐을 이루며 우후죽순 출시가 되고 있었는데, 이를 본떠 우리나라에서도 이미 비슷한 제품이 나오고 있었다. 그러나 일본에서 활성비타민이 인기를 얻고 있던 것과 달리 국내의 활성비타민은 그렇지 않은 것을 보고 이상하게 여긴 그는, 당장 두 나라의 제품을 모두 구해 비교해 보았고 실제 품질은 우리 것이 일본 것에 비해 뒤떨어지지 않는 것은 물론 오히려 월등하다는 것을 깨닫고 이를 조금만 잘 개발하면 성공의 발판으로 삼을 수 있다는 확신을 얻었다.

확신은 곧 제품개발로 이어졌으나 곧 특허라는 장벽에 부딪혔다. 당시 해당제품은 이미 국내의 한 기업이 특허를 선점하고 있었기 때문이다. 특허의 내용을 가만히 들여다보니 그 내용이 허술하기 짝이 없었다. 회장님은 특허와 관계없이 제품개발을 강행했고, 제품개발 2년만인 1963년 마침내 '아로나민 골드' 개발에 성공하게 된다. 오랜 노력 끝에 특허문제 역시 두 회사가 특허를 공유하는 것으로 잘 정리가 되었다. 그러나 정작 중요한 문제는 따로 있었다. 바로, 제품을 알리는 일이었다. 당시 쟁쟁한 경쟁사들에 비하면 회장님이 몸담고 있는 제약회사는 영업사원 5명에 영업을 의존하고 있을 정도로 영업력이 약했다. 회사를 살리려면 파격적 전략이 필요하다고 생각한 회장님은 당시 일반 영업사원이 아닌, 약사출신 영업사원을 모집하여 종합병원 의사들을 상대하게 하였다. 의사가 인정하지 않는 약은 제대로 된 것으로 볼 수 없다는 것이 그의 신념이었기 때문이었다. 또한, 대형약국이나 의원들을 대상으로 그룹 디테일(Group detail)을 열어, 본인이 직접 쓰디쓴 아로나민 골드를 씹어 먹으며 다른 제품과의 효능 차이를 부각하고자 노력했다.

약사나 의사에게 제품을 알리는 것보다 중요한 것이 바로 대중에게 아로나민 골드를 알리는 일이었다. 이에 회장님은 당시 회사 월 매출액 400만원의 4분의 1(100만원)을 광고비로 쓰겠다는 파격적 제안을 하였다. 이에 사내 여러 사람들이 이는 불가능한 일이라며 이를 반대했지만, 대대적인 광고 없이는 아로나민 골드의 성공이 있을 수 없다는 그의 고집은 결국 이를 현실로 만들어냈다. 다소 무리수처럼 보일 수 있는 통 큰 광고 집행은 불경기로 인해 대기업들이 줄줄이 광고를 내리는 시점에서도 변함없이 고수됐다. 그리고 얼마 후, 투자는 곧 엄청난 매출로 이어졌다. 매출은 물론 무수한 경쟁제품을 따돌리고 아로나민 골드가 활성 비타민 시장의 대표 주자로 자리매김하게 된 것이다. 회장님의 거시적 시각이 빛을 발하는 순간이었다.

"지금에 와서 돌이켜 보면 그때의 광고 승부수는 진짜 겁이 없으니까 던질 수 있었던 거였지. 회사의 사활을 걸고 던진 거였으니 말이야."

그 과감함이 지금까지 무려 반세기가 넘도록 아로나민 골드가 국민 영양제로 사랑을 받으며 비타민 시장 1위 자리를 굳건히 지키는 결정적 계기가 되었음은 누구든 인정하지 않을 수 없을 것이다.

나는 민이가 이 위대한 약업인, 회장님의 뚝심과 한 우울만 파는 집념을 꼭 가슴에 담아두고 살아가며 꺼내어볼 수 있기를 바란다. 때로, 흔들리는 순간에 꿋꿋하게 밀고 나가는 집념 하나가 그 일의 성패를 좌지우지 하는 중요한 결정이 될 수 있기 때문이다.

도전과 열정, 때로는 이 두 가지가 그 어떤 어려움도 극복하고 앞으로 나아가게끔 하는 원동력이 된다.

아빠가 들려주고픈 예순여덟 번째 이야기

태도는 생각보다 힘이 세다

"행복한 사람은, 행복한 상황을 마주한 사람이 아니라, 행복한 마음의 태도를 유지하는 사람이다."
- 휴 다운스 -

오늘은 태도가 가진 힘에 대해 이야기를 해 볼까 한다. 생각보다 태도가 우리 삶에 미치는 영향은 크다.

긍정적인 태도는 때로 나 자신의 능력이 부족하거나 상황이 내가 하고자 하는 일을 성공적으로 도와주지 않는 순간에도 내가 할 수 있는 역량의 배의 힘을 낼 수 있도록 도와준다. 또한, 누군가가 나의 능력을 과소평가하거나 무시하여 나 자신이 작아지는 순간에도 나를 믿고 계속하여 그 길을 나아가게 해 주는 원동력이기도 하지.

이에 우리는 우리가 가진 삶에 대한 태도가 부정적으로 변하지 않도록 늘 예의주시하고 경계해야 한다. 또한, 생각보다 태도는 전염성이 강해서 다른 사람으로부터 부정적인 영향을 받지 않도록 역시 주의해야 할 것이다.

그렇다면 매사에 긍정적이고 용감한 태도를 지니기 위해서는 어떻게 해야 할까?

먼저, 하고자 하는 목표나 가치에 대해 명확히 하고 이를 반드시 이루고자 하는 마음으로 나 자신을 던지는 것이 중요하다. 좋은 태도는 때로 진지한 자세에서부터 비롯되기 때문이다.

또한, 꿈을 이루기 위해서 어느 정도 하고 싶은 일이나 원하는 것을 참을 줄도 알아야겠지. 마지막으로, 네가 앞으로 살아가는 동안 경험하게 될 수많은 시련 앞에서 좌절하기보다, 그것을 너 스스로가 배우고 성장할 수 있는 도전의 기회로 여기는 자세 또한 중요하다. 여러 가지 시련 앞에 도전하고, 그것을 극복해 내는 것만으로도 어느 새 너는 네가 생각한 것보다 한 뼘 더 자라 있을 테니까.

좋은 태도는 너를 성장시키는데 가장 중요한 덕목이다.

- 아빠가 -

69   9월 16일 월요일

재미난 인연

벌써 한 주가 지나가고 월요일이 찾아왔다. 지난 9월 모의고사 이후 민이는 수시 모집 원서 접수를 마감하고 다시 일상으로 돌아와 학원과 집을 오가는 생활을 반복하고 있다.

집사람 말을 들어보니 요즘 민이가 스마트폰을 들고 다니지 않겠다고 했단다. 정시까지 얼마 남지 않은 것을 인지하고, 마음을 정말 굳게 먹은 것 같다. 그러면서 집사람에게 급할 때 연락할 번호 두 개를 주었다는 것이다. 하나는 J여고를 졸업한 한 여학생 번호이고, 다른 하나는 민이와 함께 H고등학교 나온 친구의 번호라고 한다.

특히 J여고를 졸업한 여학생의 경우 재미있는 배경이 있었다. 그 여학생의 남동생이 고1인데, 민이가 졸업한 H고에 재학 중이었다. 반대로 우리 둘째아이는 J여고 1학년에 재학 중인 것이다. 누나와 남동생, 오빠와 여동생이 서로 엇갈려서 같은 학교를 다니고, 교내 성적도 다들 비슷하게 나온다 하니 우연치고는 재미있는 인연 같았다. 수능이 끝나면 동생들과 함께 만나서 맛있는 것도 먹고 공부하는 법에 대한 여러 조언도 해주기로 했다고 한다. 아빠로서 흐뭇하고 기특하다는 생각이 먼저 들었다.

"혹시 그 아이가 우리 민이 좋아하는 거 아냐?"

"낸들 어떻게 알겠어요."

실없는 나의 농담에 집사람이 피식 웃으며 답한다.

'그래. 매일 반복되는 일상 가운데 어디 마음 둘 곳도 없을 텐데 속마음을 털어놓을 수 있는 친구가 곁에 있는 것만큼 좋은 일도 없겠지. 부디 그 우정 오래오래 가져가서 대학에 가서도 좋은 친구로 남아라.'

이번 주 추석을 지내고 나면 찬바람이 슬슬 불어올 것이다. 그리고 그 찬바람이 매섭게 바뀔 때쯤, 드디어 수능이 찾아온다.

수능이 다가오면 아이들만큼이나 어른들도 긴장을 한다. 이 때문에 주변을 보면 대입 수능을 준비하는 자녀를 둔 많은 부모들이 수능일까지는 혹시나 부정 탈까 싶어 행동거지를 조심하는 경우를 많이 봐 왔다.

앞으로 몇 달은 나 역시 말조심, 행동조심, 그리고 술 조심하며 민이가 자신의 목표에 집중할 수 있도록 최선을 다해야겠다는 생각이 들었다.

그것만이 지금 내가 할 수 있는 최선일 테니.

아빠가 들려주고픈 예순아홉 번째 이야기

인간관계, 그리고 인맥

"타인은 당신에게 영감이 될 수도, 당신을 잡아 끌어내릴 수도 있다. 주의해서 선택해라."
- 한스 헨슨(Hans Hensen) -

민아, 아빠가 인간관계와 인맥에 대해 얼마나 중요하게 여기는 지는 너와 동생에게 여러 차례 이야기한 적이 있기에 그 중요성을 이미 알고 있으리라 여긴다. 그런데 때로는 멀리하는 것이 더욱 좋은 사람이 있다는 사실을 알고 있니? 오늘 아빠는, 인생에서 오히려 멀리하는 것이 좋은 몇몇 유형의 사람들에 대해 이야기를 해 보고자 한다.

1. 대책 없이 비난만 하는 사람
건강한 비난은 문제점을 개선하는 중요한 열쇠가 된다. 그러나 그 문제점을 해결하고자 하는 대책은 없이 무조건 비난부터 하고 보자는 사람이 있다면, 그자는 멀리 하도록 해라. 다른 사람을 헐뜯는 데에 소중한 시간을 낭비하게 될 수 있다.

2. 남의 탓만 하고, 피해자 역할을 좋아하는 사람
주위를 잘 둘러보면, 어떤 문제가 발생했을 때 '나는 피해자야.'하는 듯 한 자세로 모두를 대하는 사람이 있다. 이런 사람들의 공통점은 바로, 어떤 문제에 대해서도 결코 책임을 지려 하지 않는다는 것이다. 공연히 그와 어울려 책임을 대신 뒤집어쓰지 마라.

3. 타인의 마음을 헤아리지 못하는 사람
타인에 대한 연민이나 동정심이 없는 사람은 가까운 사람에게 큰 문제가 발생해도 마음으로부터 그의 문제를 이해하려 하지 않는다. 현실적으로 그 누구에게도 진심을 담은 조언이나 도움을 줄 수 없는 사람이다.

4. 부정적인 사람
부정적인 생각은 마치 바이러스와도 같아, 한 사람이 금세 백 사람에게 그 마음을 전달할 수 있다. 그들과 함께 늘 불안감에 휩싸여 걱정하고, 우울해하며, 불평불만에 가득한 생활을 하고 싶은 것이 아니라면 그들을 되도록 멀리해라.

- 아빠가 -

70   9월 17일 화요일

친구들의 진급 소식

'나 이번에도 진급 누락됐다, 친구.'

어제 오후, 군에 있는 동기들의 대령 진급 소식이 연이어 들려오는 가운데 가장 친한 친구가 이번에도 대령 진급에서 미끄러졌다는 소식이 담긴 문자를 보내왔다. 내게는 정말 이 친구만큼 근성 있고 성실한 군인이 없다 여겨지는 데 진급이라는 것이 그것만 가지고는 되는 일이 아니라는 것을 다시 한 번 느낀다.

친구의 문자에 나 역시 기운이 빠지는 것 같다. 모쪼록 내년에는 진급이라는 어렵고도 험난한 바늘구멍을 친구가 잘 통과해야 할 텐데. 지난 금요일에 함께 했던 사단 전입동기 중 하나는 오늘 대령 진급에 성공했다며 기분 좋은 문자를 보내왔다. 하루 동안에 희비가 교차하는 문자를 연달아 받다니, 정말 알 수 없는 일이다.

두 사람의 진급 소식을 뒤로 하고 저녁 모임이 있어 횟집에 갔다가 아이들 생각이 나서 전어회 한 접시를 포장해 집으로 돌아왔다.

"우아, 전어다!"

늦은 시간인데도 불구하고 맛있게 먹는 아이들을 보니 사오기를 잘 했단 생각에 뿌듯했다.

'누구 자식 아니랄까봐 이리 잘 먹어.'

집사람은 혹시 중요한 시기에 날것을 먹고 민이가 탈이나 나지 않을까 내심 걱정이 되는 눈치였다.

"걱정 마요. 신선한 걸로 골라서 사왔으니까."

이제부터는 정말 체력 싸움이다. 부디 민이가 수능일까지 아무 탈 없이 지금의 컨디션을 잘 유지해야 할 텐데.

아빠가 들려주고픈 일흔 번째 이야기

평가와 평판

군인할아버지가 아빠와 아빠친구하고 자리한 술자리에서 이런 말씀을 하셨다.
"여기 두 사람은 평가와 평판을 구분할 줄 알아?"
나와 친구는 술을 마시다 말고 왠 뚱딴지같은 질문인가하고 눈을 마주치며 어리둥절하고 답을 내놓지 못했다.

육군사관학교를 나와 중령까지 1차에 진급하고 곧 대령진급을 앞두고 있는 외삼촌, 우리아이들에게는 군인할아버지로 통하는 분이 던진 이 말... 본인이 군인으로 25년의 시간을 보내며, 좁은 군대조직문화 속에서 얻는 지혜라며 평가와 평판에 대한 이야기를 들려주었다.

"평가는 그야말로 군대에서 부하군인에게 평점을 주고, 고가를 매겨서 진급자를 선별하는 일련의 과정이지. 평가는 때로는 공정하지 않을 때도 있고 불만이 만들어질 때도 있어. 또한 지나면 잊히는 성적표일 뿐이지..."

그리고 소주 한잔을 깊게 마시고,

"그러나 평판은 다르다. **평판은 시간을 두고 쌓여가는 인생의 나이테 같은 거여서 군인처럼 조직생활을 하는 사람에게는 무엇보다 중요한 것이지.** 그 평판은 군대조직처럼 좁은 사회에서는 그 사람을 살리기도 하고 죽이기도 하는 무서운 칼날과 같은 거야. 그런데 그 평판이라는 것이 긴 시간동안 잘 쌓아가기는 어려운데 무너지는 것은 한순간이라서 긴 시간 좋은 평판을 유지하는 사람은 존경할 만한 거지."

"아하 그렇군요."
"여기 조카친구가 내가 아끼는 후배군인이어서 이 말을 꼭 해주고 싶었던 거야. 평판을 잘 쌓아 가면 자네도 잘 성장하고 진급할 수 있을 거야."

민아, 오늘 아빠 친구 둘이 대령진급을 놓고 시비가 엇갈리는 하루였다. 너의 심성을 보면 좋은 평판을 잘 쌓아가며 인생을 즐길 줄 아는 사람으로 성장할 거라 믿는다. 이번 수능은 그저 순간의 평가에 지나지 않는다는 사실을 기억해주렴.

- 아빠가 -

71   9월 23일 월요일

소원

추석 연휴가 지나고 처음으로 맞이하는 월요일이다. 길다면 길고 짧다면 짧은 연휴이지만 연휴가 끝나고 찾아오는 첫 출근은 언제나 이런저런 밀린 일들을 처리하느라 정신없이 지나간다.

급한 일들을 처리하고 사무실에 앉아 잠시 숨을 돌리니, 추석달을 보며 연휴 내내 빌었던 간절한 몇 가지 소원들이 불현듯 떠올랐다.

하늘을 바라보며 몇 가지 소원을 빌었다. 사업의 지속, 가족의 건강, 민이의 대입 성공, 그리고 부모님의 무병장수……. 몇 년 안에 이렇게 간절하게 소원을 빌었던 적이 있었나 싶을 정도로 마음속 깊은 곳으로부터 열망하는 것들이었다.

처음 추석 둥근 달을 보며 소원을 빌고 자 할 때 가장 먼저 떠오른 것은, 바로 나에게 자신들의 생계를 맡기고 주어진 일에 최선을 다하고 있는 움트의 스무 명 남짓한 직원들이었다. 내게는 그들에게 안정적인 직장이라는 환경을 계속해서 유지해 주어야 할 의무가 있다. 그 스무 명에게는 나와는 생면부지이기는 하지만 경제적으로 연결된 가족들이 있기 때문이다. 다른 어떤 소원보다 내게 있어 사업을 잘 운영해 나가는 것은 의무적으로 빌어야 할 소원과도 같이 느껴졌다.

다음으로 떠오른 것은 우리 네 가족이었다. 집사람과 아이들……. 언제까지나 이대로 오랫동안 함께하고픈 가족들이다. 연휴 중, 가족들과 맥주 한 잔을 기울이다 아이들과 집사람의 얼굴을 번갈아 보았는데, 문득 이런 생각이 들었다.

'이런 순간이 영원할 수 있다면 얼마나 좋을까.'

그러나 아무리 오래토록 함께 한다고 해도 이 중 누군가가 건강을 잃는다고 하면 아무런 의미가 없어진다. 따라서 두 번째로 간절하게 빌었던 소원은 가족의 건강이었다.

마지막으로, 우리 네 가족의 건강과 별도로 지금 현재 홍제동에 계시는 부모님들의 건강을 기원했다. 이미 두 분 다 연세가 지긋하셔서 체력이 이전 같지는 못하시지만, 그래도 또래 분들에 비해서는 건강하신 편이라고 믿어왔던 나였다. 그러나 올 초, 장모님을 병환으로 떠나보내고 나서는 어쩐지 두 분의 모습이 전보다 쇠약하게 느껴지기 시작했다.

'어머님과 아버님께서 우리 아이들이 결혼해서 아이를 낳고 행복하게 사는 것까지 다 보시고 떠나실 수 있다면 얼마나 좋을까.'

사실 지난 3월 장모님이 돌아가신 후. 나는 스스로가 다른 이들에 비해 가족의 죽음에 너무 무덤덤한 것이 아닌가 싶은 생각이 들 때가 있었다. 돌아가시는 그 순간만큼은 정말 세상을 다 잃은 듯 슬펐는데, 정작 다시 일상으로 돌아가기까지 걸린 시간은 그리 길지 않았기 때문이었다.

누군가 그랬다. 누군가의 부재는 그가 떠난 직후보다 살아가는 내내 문득 느껴지는 거라고. 나 역시 그랬다. 이미 몇 달이 흐른 지금도 잠시 눈을 감으면 장모님의 모습이 어른거리고, '신서방' 하며 부르시는 소리와 술잔을 받으시며 까르르 웃어주시던 그 웃음소리가 귓가에 머문다.

그래서인지 홍제동 부모님을 뵐 때마다. 돌아가신 후 내가 그리워하는 시간보다 이렇게 곁에서 챙겨드릴 수 있는 시간이 더 길면 얼마나 좋을까하는 생각을 한 적이 있다.

"당신도 나이가 들었나보네. 달을 보고 소원을 비는 것을 보니까 말이에요."

집사람이 신기한 듯 말을 던진다. 맞다. 내가 언제부터 달을 보고 소원을 비는 사람이었던가. 그러나 이 순간만큼은 내가 연휴 내내 빌었던 그 간절한 소원들이 꼭 이뤄졌으면 하는 바람이다.

다만, 소원을 비는 것은 비는 것이고 내가 이를 이루기 위해 여러모로 노력하는 것 역시 무척 중요하겠지.

열심히 쉬었으니, 이제 다시 또 달려 보자.
민이도 마지막 힘을 다해서 아빠랑 함께 달려가자…

아빠가 들려주고픈 일흔한 번째 이야기

떠나야 할 때를 알고 떠나는 사람이 되어라!

'떠나야 할 때를 알고 떠나는 이의 뒷모습은 얼마나 아름다운가.'

이 말을 많이 들어 보았을 거야. 아빠가 살다 보니, 조직에서나 가정에서나 모든 생활에서 이 말만큼 잘 들어맞는 말이 없더구나.

대부분의 사람들은 저마다 자신이 있던 자리에서 인정을 받거나 큰 기여를 하고 나면, 그 자리에 자신이 꼭 있어야 한다는 강박관념에 사로잡혀 그것을 잘 내려놓지 못하는 경향이 있다. 그러나 실제로 그 사람이 그 자리에 꼭 있어야 하는 경우는 드물다.

오히려 다른 사람의 성장을 위해, 혹은 그 조직의 성장을 위해 자리를 내어주고 떠나야 하는 경우가 더 많을지도 모르지. 예를 들어, 부모와 자식 관계를 떠올려 보자꾸나. 만일 부모가 자식이 어릴 때 자신의 손을 타지 않으면 곤란함을 겪던 기억에만 사로잡혀 자식이 성인이 된 이후에도 이와 같은 태도를 버리지 못한다면 어떻게 되겠니? 결국은 그것이 자식의 성장을 가로막는 벽이 될 게다.

부모 자식 간의 관계뿐만이 아니라 모든 관계에 있어 사람은 자신이 물러나야 하는 때가 언제인지 알아야 한다. 살아가며 수없이 거치는 인생의 굴곡만큼이나 우리에게 주어지는 역할에 대한 기대 역시 달라지기 때문이다.

만일 네가 어떤 울타리 안에서 해야 할 일을 하고 난 뒤라면, 이제 스스로에게 물어보렴. 과연 아직도 그 자리에 네가 꼭 필요한 사람이기 때문에 남아있는 것인지, 아니면 너의 욕심으로 인하여 그 자리를 붙들고 있는 것인지 말이다.

아빠는 세 번의 이직을 하고 창업을 해서 10여년의 시간을 지나왔다. 아빠가 조직을 떠나야겠다고 생각할 때 항상 먼저 고려한 것이 '내 후임으로 나보다 훌륭하게 일을 해줄 수 있는 적임자가 있는가?'였고, 그 적임자가 있다고 생각할 때 주저함 없이 이직을 했다. 내가 똥차가 되어 후임자의 성장을 저해하지 않기를 바라며...

적당한 때를 알고 떠나는 것은 너에게도, 다른 이들에게도 모두 도움이 되는 일이라는 것을 결코 잊지 말아라.

- 아빠가 -

72　9월 30일 월요일

나를 돌아보다

새벽부터 지인들과 골프 약속이 있어 일찍이 집을 나섰다. 그런데 밤잠을 설친 탓일까. 컨디션이 좋지 않았다. 평소보다 버거운 몸으로 겨우 운동을 마치고 사무실로 돌아오는 길. 픽 하고 웃음이 새어 나왔다.

'주중 내내 술을 마시고, 금요일과 토요일에는 운동한답시고 무리하고, 그러고 나서는 또 술을 마셨으니 체력이 회복될 길이 있나. 이 사람아. 어휴.'

갑자기 스스로가 너무 초라하게 느껴진다. 민이의 재수 시작과 함께 술을 좀 줄여 보자고 결심한 지가 엊그제 같은데, 아직도 술에 끌려 다니고 있으니 말이다.

사무실에 돌아와 당장 급한 일들을 처리하고 자리에 앉았는데, 간암 투병으로 고생하고 있는 사촌누나가 전화를 걸어왔다. 아마도 이런저런 하소연을 하고 싶어 전화를 한 듯한데, 누나의 목소리에는 삶에 대한 의지가 전혀 묻어나지 않았다. 답답한 마음에 '그래도 어떻게든 기운을 차려야지'라고 말하며 치료에 도움이 될 만한 이런저런 것들을 말해주었다. 한참동안 이야기를 하던 중, 문득 삶과 죽음의 경계에서 겪어보지 않은 사람은 절대 알 수 없는 그 고통을 온몸으로 감내하고 있는 누나에게 감히 내가 무얼 안다고 감 놔라 배 놔라 하고 있나 싶은 생각에 마음이 무거워졌다.

전화를 끊고 나서, 어쩐지 허탈하고 지친 마음과 함께 이제는 정말 술을 줄여야겠다는 생각이 들었다. 그래야만 술이 아니어도 이미 지칠 거리가 많은 인생을 조금이나마 의미 있게 살 수 있을 것만 같았다.

나는 죽을 때까지 주변의 여러 사람에게 작게나마 도움이 되는 무언가가 되고 싶다. 그런데, 요즘의 내 모습은 너무나도 부족함이 많아 보인다.

지금이야말로 다시 한 번 자신에 대해 점검을 해 보아야 할 시간이다. 민이와도 이번 수능을 잘 치루고 자신을 돌아볼 시간을 가질 수 있도록 함께 시간을 보내야겠다.

아빠가 들려주고픈 일흔두 번째 이야기

적당한 휴식은 더 나은 한 발을 위한 부스터가 된다

대부분의 사람들은 지치고 피곤한 상황일수록 '조금만 더' 혹은 '할 수 있다'라는 마음가짐으로 일을 추진해 나가야 한다고 생각을 하지. 그런데 알고 있니? 때로, 지친 몸을 이끌고 일을 추진하기보다 잠깐의 휴식 후 하던 일을 계속하는 것이 훨씬 좋은 결과를 가져온다는 사실을 말이야.

우리 몸은 매우 정직하기 때문에, 정말 쉬어야 하는 시점이 되면 그 신호를 보내곤 한다. 만일 아래 보여 지는 신호들 가운데, 네게 속하는 것이 있다면 지금이야말로 잠시 휴식이 필요한 상황이 아닌지 고려해보아야 할 때란다.

1. 평소보다 피로감을 심하게 느낀다.
2. 피로회복제를 반드시 먹어야 체력이 조금이라도 돌아온다.
3. 무언가에 집중하기가 힘들다.
4. 항상 공부나 일 생각만 난다.
5. 왜인지 모르겠는데 항상 기분이 좋지 않다.
6. 크고 작은 실수를 저지르는 빈도가 높아진다.

휴식은 우리의 몸과 마음을 정화해 주는 것은 물론, 다시금 목표를 향해 나아갈 수 있는 힘을 제공해 준다. 그러나 이것을 간과하고 몸을 혹사시킬 때에는 어느 순간 몸의 기능이 아주 깊은 곳으로부터 그 일을 수행하는 것을 거부하게 되지.

늦기 전에 생각해보렴. 과연 지금 네가 쉬지도 못하고 미친 듯이 매진하는 그 일이, 너의 소중한 몸과 마음에 아주 잠깐의 휴식조차 주지 못할 만큼 중요한 일인지 말이다.

— 아빠가 —

73   10월 4일 금요일

부담 덜어주기?

"민아, 준비 다 되었으면 나가자."

한 달하고도 보름 만에 민이를 학원에 데려다 주기 위해 함께 집을 나섰다. 수능까지 남은 시간이 약 한 달 남짓. 자리에 앉아 잠시 눈을 붙이고 있는 민이를 보니 어제 홍제동 어머님이 하셨던 말씀이 문득 떠올랐다.

"에고, 내 새끼. 고생 많지? 살 빠진 것 좀 봐."

'그러고 보니 정말 많이 야위기도 했네……'

자식의 야위어가는 모습을 보며 마음이 편할 부모가 어디 있겠는가. 따끔거리는 마음을 겨우 가라앉히고 지난 추석 때 이야기로 말문을 열었다.

"민아, 지난 추석에 우리 가족끼리 옥상에 올라가서 소원을 빌었던 것 기억하니?"

"그럼요."

"소원을 빌다 보니 문득 그런 생각이 들더라. 이렇게 달을 오랫동안 올려다보며 소원을 빌어보는 것이 참 오랜만이라는 생각 말이야. 사실, 전까지만 해도 아빠는 너의 대입 성공이 아빠의 가장 큰 소원이라고 생각했었거든. 그런데, 막상 빌려고 하니 온갖 생각이 몰려오더라."

"네?"

"생각할수록 지금 이 시점에서 우리 가족과 회사에 몸담고 있는 조직원들 모두의 안정을 위해 중요한 것은 사업 지속이더라고. 그만큼 우리 가족의 건강 역시 중요하고. 전에 아빠가 건강한 사람은 그렇지 않은 사람보다 무언가를 새롭게 시작하고, 이루어내며, 또 설령 거기에 실패하더라도 다시 도전할 수 있는 기회가 있다는 걸 얘기한 적이 있었나? 그렇게 생각하니까 문득 대학 입시의 성공보다 네가 건강한 것이 더욱 더 중요하다고 여겨지더라."

"하하. 그럼 제 입시 성공은 아빠의 세 번째 소원이에요?"

"그래. 사실 올 초만 해도 아빠가 간절하게 바랐던 것 중 하나가 민이 네가 원하는 대학에 반드시 입학하는 것이었거든. 그런데 요즘은 약간 생각이 바뀌었어. 최악의 경우 네가 원하는 대학에 들어가지 못한다 해도, 그 상황에서 어느 정도 만족스러운 학교에 들어갈 수 있다면 또 다른 기회를 만들 수도 있지 않을까라는 생각 말이야."

"음……."

"기업이든, 사람이든, 관계든 존재하는 것이 중요하다. 이제 시험까지 얼마 남지 않아서 많이 부담이 되겠지만, 주어진 상황에 최선을 다한다는 생각만 하렴. 그럼 분명 좋은 결과가 있을 거야."

"네. 아빠."

짧은 시간, 입시까지 얼마 남지 않은 시점에서 막대한 부담을 가지고 있을 아이에게 괜히 부담을 준 것은 아닌가 걱정이 되었지만, 민이가 아빠의 마음을 알아주리라 믿는다. 부디 남은 시간, 중심을 잃지 않고 주어진 바를 잘 해냈으면.

아빠가 들려주고픈 일흔세 번째 이야기

나는 세상의 중심이다

많은 사람들은 어릴 적에는 수많은 꿈을 꾸고, 이루기 위해 달려 나가다 나이를 먹어감에 따라 점차 자신의 꿈을 잊게 된단다, 아마도 복잡한 세상 속에서 자신의 꿈을 찾는 일보다, 세상이 원하는 일에 나를 맞추는 편이 더욱 빠르고 편리하기 때문이겠지.

그런데 알고 있니? 그런 태도가 점점 익숙해질수록, '너'라는 존재는 점점 흐릿해져 간다는 사실을 말이다.

너는 세상에서 단 하나뿐인 존재이다. 그런데 왜 세상에 너를 맞춰가는 일에는 안간힘을 쓰면서, 정작 가장 소중한 너 자신이 원하는 일이 무엇인지에는 진지하게 귀를 기울여보지 않는 거니?

수능이 끝나면, 너 자신을 이해하는 데에 좀 더 많은 노력을 기울여 보렴. 네가 있어야 세상이 있기에 너는 존재만으로도 세상을 지탱하는 무엇보다 소중한 존재이다.

잊지 말아라.
네가 세상의 중심이므로, 스스로를 무엇보다 소중하게 대해야 한다는 사실을.

- 아빠가 -

74 10월 6일 일요일

인간관계

주말 동안 내년 6월 말이면 육군 대령으로 전역을 하시는 외삼촌, 그리고 지인 몇 분과 함께 1박 2일 동안 계룡대로 라운딩을 다녀왔다. 함께한 지인들은 하나같이 외삼촌은 물론 나와도 가까운 사이였으며, 그 가운데 중령인 친구는 내가 오랫동안 지지하고, 존경해 온 사람 중 한 명이었다.

좋은 사람과 함께하는 자리는 언제나 즐거운 법이다. 간만에 유쾌한 라운딩을 마치고 기분 좋은 뒤풀이까지 마친 후, 집으로 돌아가는 차에 몸을 실었다.

돌아오는 차 안에서 외삼촌이 내게 이런 말을 던졌다.

"조카, 상관이 나를 무한 신뢰하고 있다는 것을 어떻게 알 수 있을까?"

"음……. 글쎄요. 제 생각엔 사적인 대화나 업무를 함께 하는 경우에 느끼는 유대감, 또 내가 일을 하다 벌인 작은 실수나 잘못을 꾸짖는 모습 등을 통해 알 수 있지 않을까요? 또, 상사가 내가 진행하는 업무에 대해 정확히 알고 있다는 것 자체도 그 상사가 나와 내 일에 대해 관심이 많다는 것을 알 수 있는 계기가 되고요."

"그래, 네 말이 맞다."

외삼촌은 자신이 상무대에서 복무할 당시의 경험을 더듬어 가며 말을 이었다.

"사실 나는 업무적으로나 사적으로 서로 신뢰하는 경우 외에 일방적으로 누군가 내게 무한 신뢰를 보일 때에는 나도 모르게 한 발자국 물러서는 경향이 있었던 것 같다. 예를 들어, 이전에 내가 모시던 상사 중 한 분이 유독 나를 신뢰하셔서 개인적인 이야기도 많이 하고, 또 내게 사적인 관심도 많이 표현을 하셨거든. 그런데 난 그게 부담스러워서 그분이 관심을 보일 때마다 나도 모르게 뒷걸음질 치곤 했지. 그런데, 지금 와서 생각하니 그러한 적극적이지 못한 모습이 어떤 면에서 내 인간 관계를 다소 약화시키는 원인이 아니었나 싶기도 하다. 하하. 그래서 다른 동기들이 장군으로 전역할 때 나는 대령으로 전역을 하는지도 모르고 말이야."

"음."

"그런 의미에서 보면, 중령인 네 친구는 참 대단해. 내가 그 친구를 벌써 몇 년째 보고 있잖니? 그런데, 오늘 유심히 보니까 전이랑 많이 달라졌더라고. 얼마 전에 진급 심사에서 또 누락이 되었다고 하기에 울적해 하면 어쩌나 하고 있었는데, 가만 보니까 오히려 그게 그 친구한테는 더 크게 자랄 수 있는 계기가 된 것 같아. 전엔 어딘가 가볍고 경솔한 느낌이 좀 있었는데, 그런 아픈 일들을 겪고 나니 사람과의 관계에도 훨씬 적극적으로 대하고, 또 진중하더라고. 아마도 관계의 중요성을 알게 된 까닭이겠지."
"네, 저도 비슷한 느낌을 받았어요."

긴 대화 끝에 외삼촌은 앞서 마신 술기운이 쏟아지는 탓인지 이를 이기지 못하고 잠에 빠져들었다. 아니, 어쩌면 술기운이 아니라 지난 30여 년간 쉬지 않고 아침 6시에 일어나 나라를 지키느라 쏟아 부은 기력이 이제야 동이나 지치신 것일지도 모른다는 생각이 들어 내심 마음이 짠했다.

외삼촌이 잠든 새, 창밖 풍경을 바라보며 나도 문득 생각에 잠겼다.

'내게는 과연 업무를 떠나 깊이 있게 인생 전반을 함께할 수 있는 친구가 몇이나 될까? 인생을 살면서 진정한 친구 한명만 두어도 성공이라고 했는데…'

아빠가 들려주고픈 일흔네 번째 이야기

비판하는 대신, 이해하는 사람이 되어라!

여기 한 사람이 있다. 그는 네가 하는 모든 일에 의문을 가지고, 사사건건 반대를 하며, 너의 행동이 가지는 순수성 자체를 의심하는 사람이다.

그리고 또 한 사람이 있다. 앞사람과 달리 그는 네가 무언가를 말하는 내내 판단하고, 비판하는 대신 너의 말에 귀를 기울이고 호기심 가득한 눈으로 너를 바라본다. 열심히 들었기에 네가 하는 말이 어떠한 의미를 가지는지 이해하는 데에도 적극적이다.

만일 민이 너라면, 위 두 사람 가운데 어떤 사람을 가까이 두고 싶겠니?

분명 비판은 일을 바르게 나아가게 하는 데에 필요한 것이다. 그러나 많은 사람들은 비판을 대할 때 '싫은 감정'을 먼저 떠올리고, 이로 인해 비판하는 사람을 멀리하고자 한다. 이러한 감정은 때로 너와 상대방의 건강한 관계를 저해하는 중요한 요소로 작용할 수도 있다.

만일 누군가를 비판하려거든, 그를 이해하려는 노력을 먼저 해 보아라. 이때 전제 조건이 하나 있다. 바로,

그 누구도 너와 같을 수는 없다는 사실, 즉 다름(Difference)을 인정하는 것이다.

다름을 인정하고 난 후엔 그 사람의 말에 최대한 정성껏 귀를 기울이고, 판단하는 대신 이해하기 위해 먼저 노력해 보렴.

**'이해' 라는 적은 노력 하나만으로
때로 너는 그 무엇과도 바꿀 수 없는 귀한 인간관계 하나를 얻게 될 것이다.**

- 아빠가 -

75 10월 10일 목요일

MBA 설명회에 다녀와서

"요즘 전철 안이 너무 더워서 그러는데, 당분간 수능일까지만 아빠 차 좀 타고 등원해도 될까요?"

"그래. 그러렴."

오늘로 수능일까지 남은 시간이 정확히 4주다. 오랜 시간 쉼 없이 준비해 온 과정이 얼마나 힘들고 고되었을지 알기에 아버지로서 무언가 힘이 날 만한 이야기라도 좀 해주고 싶은데, 이마저도 쉽지가 않다.

"민이 지금 중요한 시기니까, 조언을 해 주는 건 좋은데 너무 섣부른 얘기는 하지 말아요. 우리가 하는 말 한마디 한마디가 내려야 하는 결정에 중요한 영향을 미칠 거 아니에요."

집사람의 노파심은 잘 알고 있다. 평소 아이들이 고민이나 문제가 있을 때 아빠와 깊이 의논하는 일이 많은 만큼, 내게서 받는 영향이 클 터이니 가능하면 지금과 같은 중요한 시점에 민이에게 주는 말 한마디에도 조금 더 신경을 써 달라는 뜻일 것이다.

그러나 나 역시 생각이 많은 사람이다. 아버지로서 내가 시험이 얼마 남지 않은 아들에게 그만한 신경도 쓰지 않고 말을 할 리 없다.

차를 타고 가는 동안, 가능하면 시험과 관련된 이야기는 꺼내지 않는 편이 좋을 듯해 나의 MBA 진행과 관련하여 화제를 돌렸다.

"어제 아빠가 MBA 관련해서 S대, K대, 그리고 Y대 입학 설명회를 다녀왔다."

"어라? 원래 Y대로 결정하신 것 아니었어요? 다른 곳 설명회는 왜 가셨어요?"

"응, 그랬지. 근데 보니까 대학원마다 성격이 좀 다르더라고. 예를 들어서, Y대는 개인을 많이 존중해서인지 모임 등을 반드시 나오게끔 하는 분위기도 아니고, 또 어느 정도 개인플레이도 있는 편이라고 해서……. 단체 생활이나 인맥을 중요시하는 이 아빠한테는 오히려 Y대 보다 K대나 S대가 더 잘 맞을 것 같다는 생각이 들더구나."

"하하. 듣고 보니 정말 그렇긴 하네요."

"그나저나, 내년에 우리 둘 다 신입생이네? 함께 한 번 열심히 해 보자!"

민이의 얼굴에 싱긋 미소가 어린다.

아빠가 들려주고픈 일흔다섯 번째 이야기

좋은 대화를 나누는 법

민아, 말을 잘한다는 것은 어떻게 보면 축복받은 자질 중 하나일 거야. 말을 잘하는 사람일수록 꼭 필요한 상황에서 원하는 대로 상황을 이끌고 갈 수 있는 가능성이 클 테니 말이다. 그런데 말이야, 말을 잘하는 것과 대화를 잘하는 것은 엄연히 다르다는 사실을 알고 있니?

TED라는 강연에 대해서는 들어본 적이 있을 거야. 아빠가 얼마 전 그 강연을 보던 중, 셀레스트 헤들리라는 미국의 유명 라디오 호스트가 '대화를 잘하는 방법'이라는 주제로 강연을 한 것을 보았는데 민이 너도 이 내용을 알고 있다면 큰 도움이 될 것 같아 아래와 같이 정리해 보았단다.

1. 한 번에 한 가지만 할 것.
대화하는 그 순간에는 대화에만 집중하도록 할 것.

2. 설득하려고 하지 말 것.
모든 사람은 자신의 분야에 있어 전문가라는 사실을 이해하고, 그를 설득하려고 하지 말 것.

3. 질문은 최대한 단순하게 하도록 할 것.
질문이 단순하면 답이 오히려 자유로워지고, 질문이 복잡하면 답이 단순해진다는 사실을 명심할 것.

4. 대화의 흐름을 따를 것.
대화 도중 내가 하고 싶은 이야기가 떠올랐다고 하여 대화를 절대 끊지 말 것.

5. 모르는 것은 솔직히 인정할 것.
어설프게 아는 척을 하기 보다는 모르는 것은 솔직히 말할 것.

6. 나의 경험을 다른 사람과 동일시하지 말 것.
모든 사람의 경험은 각자의 것이라는 사실을 인정할 것.

7. 했던 말을 또 하지 말 것.
때로 잘난 척 하는 것처럼 들리거나 지루할 수 있다는 사실을 알 것.

8. 세부적인 정보에 집착하지 말 것.
상대방에게 중요한 것은 지금 대화를 하고 있는 당신이지, 정확한 연도나 날짜 등이 중요한 것이 아니라는 사실을 알 것.

9. 잘 들을 것.
단순히 말을 하기 위해 듣는 것이 아니라, 정말 그 사람의 말에 집중해서 잘 들을 것.

10. 되도록 짧게 말할 것.
말을 할 때에는 상대방의 흥미를 최대한 집중시킬 수 있도록 짧게 할 것.

- 아빠가 -

76 · 10월 16일 수요일

생각의 속도

'이 글 좋네.'

지인들끼리 만든 밴드에 오랜만에 좋은 글 하나가 올라왔다. 빌 게이츠의 '생각의 속도'라는 책에 들어 있는 내용인데, 인생에 대한 명쾌한 해석이 담겨 있는 듯하다.

성공을 위해서는 목표를 정해야 하고, 목표를 정하면 반드시 이에 상응하는 대가를 치러야 한다는 것이 평소 나의 지론이다. 아이들에게도 이와 관련된 이야기를 몇 차례 전한 적이 있는데, 이 빌 게이츠의 글에도 나와 비슷한 사고방식이 묻어나는 듯 하여 괜스레 흡족한 마음이 들었다.

'민이에게도 전해주어야겠다.'

서둘러 한 자 한 자 키보드로 꾹꾹 눌러가며 민이에게 전할 메시지를 적어 내려가기 시작했다.

> 태어나서 가난한 건 당신의 잘못이 아니지만
> 죽을 때도 가난한 건 당신의 잘못이다.
>
> 화목하지 않은 가정에서 태어난 건 죄가 아니지만
> 당신의 가정도 화목하지 않은 건 당신의 잘못이다.
>
> 실수는 누구나 한번쯤 아니 여러 번 수백 수천 번 할 수 있다.
> 같은 실수를 반복하면 그건 못난 사람이다.
>
> 인생은 등산과도 같다.
> 정상에 올라서야만 산 아래 아름다운 풍경이 보이듯

노력이 없이는 정상에 이를 수 없다.

때론 노력해도 안 되는 게 있다지만
노력조차 안 해보고 정상에 오를 수 없다고 말하는 사람은 폐인이다.

가는 말을 곱게 했다고 오는 말도 곱기를 바라지 말라.
다른 사람이 나를 이해해주길 바라지도 말라.
항상 먼저 다가가고 먼저 배려하고 먼저 이해하라.

주는 만큼 받아야 된다고 생각지 말라.
아낌없이 주는 나무가 되라.

시작도 해보기 전에 결과를 생각하지 말라.

다른 사람이 나를 어떻게 보는지 생각 말라.
다른 사람을 평가하지도 말라.

눈에는 눈 이에는 이.
갚을 땐 갚고 받을 땐 받아라.

모든 걸 내가 아니면 할 수 없다는 생각은 버려라.
나 없인 못 산다는 생각 또한 버려라.
내가 사라져도 이 세상은 잘 돌아간다.

- 〈생각의 속도〉, 빌게이츠 -

아빠가 들려주고픈 일흔여섯 번째 이야기

모든 선택에는 대가가 따른다

민아, '기회비용'이라는 말을 들어본 적이 있니? 아마도 학창 시절 사회시간에 너는 이 개념을 접해 본 적이 있을 것 같구나.

무언가를 선택하기 위해 포기해야 하는 또 하나의 가치를 두고 우리는 흔히 기회비용이라고 말을 한단다. 실제로 살아가다 보면 사람은 누구나 선택의 순간에 직면하게 되지. 예를 들어, 네가 지금 원하는 대학에 들어가기 위해 고등학교 졸업 후에 투자하는 1년의 재수 기간이나 네가 가고 싶은 여러 개의 대학 가운데 한 군데를 선택함으로 인해 포기해야 하는 다른 학교와 학과에 대한 가치가 네 경우에는 기회비용이 될 수 있겠지.

어떠한 선택을 해도 선택하지 않은 것에 대해서 아쉬움이나 후회가 남는 순간이 올 거야. 이때 중요한 건, 그렇게 올 수 있는 아쉬움이나 후회의 크기를 줄이기 위해서라도 선택을 할 때는 가능한 다양한 비교와 분석을 통해 최선의 선택을 해야 한다는 것이지.

모든 것을 다 가질 수는 없다. 그러나 너의 선택지 가운데 가장 후회가 남지 않을 만한 것을 선택해, 너에게 부여될 기회비용을 최대한 줄일 수 있는 방법이니까...

- 아빠가 -

77 10월 17일 목요일

컨디션 지키기

오늘은 어제보다 기온이 2-3도 가량 떨어져 제법 쌀쌀한 날씨이다. 날이 추워지면 수능일이 가까워지는 것이 실감 나기 마련이다. 특히 작년 수능일의 그 공기를 기억하고 있을 민이에게 이 추위가 얼마나 쓸쓸하고도 차게 느껴질지, 누구보다 잘 안다. 어쩌면 지금 이 순간 민이보다 더 긴장하고 있는 것은 바로 나인지도 모르겠다.

그럼에도 불구하고 민이의 기분은 모처럼 밝아 보인다.

'대견하네, 이 녀석.'

긴장을 풀어주려 차 안에서 아이의 손 위에 내 손을 포개어 보았다.

"이야. 이렇게 보니 이 아빠가 늙긴 늙었나보다. 손 쪼글쪼글 한 거봐라. 민이 네 손이랑 너무 비교되네."

그러자 민이가 제 손을 들어 엄지손가락을 직각으로 꺾는 것을 보여주며, 최근 이와 같이 손가락으로 브레이크 댄스를 추는 'Finger break'라는 장르가 유행하고 있다는 말로 받아친다. 가벼운 농담들을 주고받는 새 벌써 학원 입구에 다다랐다.

차에서 내려 서둘러 학원으로 들어가는 아이의 뒷모습이 제법 가볍다.

'그래도 표정이 밝고 안정적이라 다행이네.'

지난 재수 기간 동안 조금만 안 좋은 일이 있어도 그것이 얼굴에 드러날 만큼 자신의 감정을 숨기지 못했던 민이다. 이 때문에 민이가 좀 더 감정의 기복이 적었으면 하고 바랬던 적도 있던 것이 사실이다. 그러나 오히려 시험이 다가올수록 스스로를 잘 다독이고 담대하게 행동하는 녀석의 모습을 보니, 이 힘든 재수 기간이 어쩌면 아이에게는 한 뼘 더 자라나는 계기가 되었구나 싶은 생각이 들기도 한다.

어제 독서 모임에서 영화 〈관상〉으로 유명한 허영만의 〈한 권으로 보는 꼴〉이라는 책을 주제로 토론을 나누었다. 토론 결과, 모든 구성원이 사람의 얼굴 형태는 바꿀 수 없으나 안색과 안광(눈의 빛)은 바꿀 수 있으며 이를 통해 사람의 꼴 역시 바뀔 수 있기에 무엇보다 중요한 것이 안색과 안광(눈의 빛)이라는 데에 동의했다.

꼴이 좋으려면 무엇보다 심상이 좋아야 한다. 그러한 가운데 오늘같이 편안한 얼굴빛을 마주하는 것은 아버지로서 여간 기쁜 일이 아니다.

민이가 앞으로 남은 3주의 시간을 오늘과 같이 일관되게 좋은 컨디션만 가지고 유지할 수 있기를 바란다.

아빠가 들려주고픈 일흔일곱 번째 이야기

행복하기 때문에 웃는다? 웃어서 행복해진다!

혹시 길을 걷다가 신호를 기다리기 위해 횡단보도에 멈춰 설 일이 있다면, 그 순간 네 맞은편에 선 사람들의 표정을 유심히 살펴보렴. 생각보다 무표정으로 일상을 보내는 사람들이 많다는 사실을 깨닫게 될 거다.

'행복하기 때문에 웃는 것이 아니라 웃기 때문에 행복한 것이다.'라는 말을 들어본 적이 있을 거다, 민아. 이 말만큼 웃음이 우리에게 주는 긍정적 효과를 잘 나타낸 말은 없으리라 본다.

실제 독일의 심리학자인 프리츠 슈트라크는 사람들을 두 그룹으로 나누어, 양쪽 그룹 모두에게 연필을 입으로 물고 있게 한 후 그 중 한 그룹에게는 연필을 떨어뜨리지 않도록 입술을 오므리고 있고, 다른 한 그룹에게는 입술이 서로 닿지 않게 연필을 물고 있으라고 했단다. 이때, 입술이 닿지 않게 해야 하는 그룹의 사람들은 의도하지 않아도 자연스럽게 웃음을 띠고 있을 수밖에 없게 되었지.

그리고 그 상태에서 두 그룹 모두에게 만화를 보게 하고, 이후 만화가 얼마나 재미있었냐고 사람들에게 물었는데, 결과는 매우 흥미로웠단다. 자신도 모르게 미소를 짓고 있던 그룹의 사람들이 그렇지 않은 그룹에 비해 만화의 내용을 훨씬 재미있게 느꼈다고 나타난 것이지. 이는 곧, 의미 없이 지은 웃음이라 할지라도 분명 그 사람의 기분에 영향을 줄 수 있다는 것을 아주 잘 보여주는 실험 결과이지.

지금, 거울을 보며 너의 표정을 살펴보렴. 만일 네 표정이 지금 딱딱하고 웃음기 없는 상태라면 일부러라도 웃음을 지어보렴. 별것 아닌 것 같은 웃음 하나만으로도 분명 너의 삶이 훨씬 빛나게 될 것이니 말이다.

- 아빠가 -

78 10월 24일 목요일

삶과 죽음

몇몇 직원들과 저녁 식사를 하며 가볍게 반주를 기울이던 중, 뜻밖의 전화 한 통을 받았다. 얼마 전까지 간암으로 투병하던 고종사촌누나가 결국 세상을 떠났다는 소식이었다.

'아……. 결국 이렇게 됐구나.'

서둘러 상주인 조카에게 전화를 하여 장례 준비 및 절차, 그리고 준비 사항 등에 대해 의논한 후 술자리를 마무리하고 자리에서 일어섰다. 급히 찾아간 빈소는 아직 정리되지 못한 어수선한 분위기였다. 아침까지 빈소에서 장례절차가 시작되기까지의 준비과정을 확인한 후 성남 사무실로 출근을 했다. 사무실에 들어오자마자 지친 몸과 슬픔을 잠시 가라앉히고, 평소처럼 메일함을 여는 것으로 하루를 시작했다. 그런데 공교롭게도, 하필 메일함에 죽음과 관련된 주제의 글이 하나 도착해 있었다. 어쩐지 씁쓸한 마음을 감추지 못한 채 메일을 열어 내용을 확인했다.

수년간 호스피스 간호사로 일한 브로니 웨어는 자신의 저서 〈내가 원하는 삶을 살았더라면〉에서 죽음을 앞둔 환자들이 가장 후회하는 것으로 다음과 같은 5가지를 소개하고 있다.

첫째, 내가 살고 싶은 대로 살지 못한 것.
내 자신을 위한 삶이 아닌, 남들이 기대하고 남에게 보여주기 위한 삶을 살아왔다는 후회.

둘째, 너무 일만 한 것.
일에 파묻혀 자녀의 성장을 보지 못하고 사랑하는 사람과의 따뜻한 시간을 충분히 보내지 못했다는 후회.

셋째, 내 감정을 솔직히 표현하지 못한 것.
원만한 인간관계를 위해, 혹은 용기가 없어서 진실 되지 못하고, 내 속마음을 꼭꼭 숨기고 누르며 살았다는 후회.

넷째, 옛 친구들과 연락이 끊긴 것.
오랜 친구들의 소중함을 미처 알지 못하고 소홀히 해 결국 그리워만 하다 죽음을 맞게 된다는 후회.

다섯째, 행복을 위해 더 노력하지 않은 것.
더 행복해 질 수 있었음에도 불구하고, 변화가 두려워서 등의 이유로 행복해지기 위한 노력을 충분히 하지 않았다는 후회.

과연 나는 죽음 앞에서 이와 관련된 어떠한 것도 후회하지 않을 자신이 있는가? 혹은 이 외의 다른 이유로 나의 삶을 후회할 만 한 거리는 없는가? 주어진 상황과 더불어 아침부터 참으로 내게 많은 물음을 던져주는 글귀이다.

아빠가 들려주고픈 일흔여덟 번째 이야기

결정에 후회하지 않는 법

누구나 자신이 한 일에 대해 후회를 한다. 너 역시도 그런 경험이 있을 테지, 민아.

때로 후회는 나를 성장시키는 데에 큰 힘이 되기도 하지만, 너무 오래 후회에 사로 잡혀 있는 것은 나를 갉아먹는 요인이 되기도 한다. 이에, 오늘은 조금이나마 후회하지 않고 생활하는 법에 대해 이야기를 해 보고자 한단다.

첫째, 나 자신에 대한 과도한 기대를 하지 않아야 한다.
우리 모두는 사람이기 때문에, 인생에 있어 분명 할 수 있는 것과 없는 것이 정해져 있단다. 그러나 많은 사람들은 실제 자신의 능력 이상으로 자신을 과도하게 평가 하거나 어떠한 일에 대해 실패를 하면 심하게 자책을 하곤 하지. 우리 인생에는 능력 밖의 일들이 얼마든지 있을 수 있다고 인정해야 한다. 비슷한 맥락으로, 세상에는 내가 모르는 것들이 분명 존재한다는 사실을 인정하는 것 역시 중요하단다.

둘째, 후회가 가지는 부정적 이면보다 긍정적 이면에 집중하는 것이 중요하다.
특정한 상황이나 결정에 대해 무조건 후회하기보다, 그 일이 일어날 수 있었던 배경이나 이면의 모습 등을 다시 한 번 떠올리며 이를 내가 더욱 성장할 수 있는 계기로 삼아보렴. 생각보다 후회가 나 자신을 자라나게 하는 데에 큰 발판이 된다는 사실을 깨달을 수 있을 거야.

셋째, 슬플 때에는 감정을 있는 그대로 받아들이도록 하렴.
많은 이들은 후회를 할 때 슬픔 또는 실망감, 또는 좌절감 등을 느끼곤 하는데 어떤 이들은 이를 빨리 떨쳐내라고만 하는 경우가 있다. 그러나 우리에게는 이러한 순간순간 느껴지는 감정을 그대로 받아들이는 자세 또한 중요하단다. 만일 크게 실패하는 경험을 했다면, 너 자신이 그 일에 대해 충분히 슬퍼하고 실망할 수 있게 적절한 시간을 부여해 주도록 해 보렴.

후회할 일을 만들지 않는 것은 중요하다. 만일 그런 일이 발생했다면 이를 슬기롭게 잘 넘기는 것 또한 너의 역량이라는 것을 잊지 말거라.

- 아빠가 -

또 다른
기다림의 시간

79 11월 3일 일요일

'내가 담글게'

11월이다. 수능까지 이제 일주일도 채 남지 않았다.

지금쯤 한창 학원에서 시험 준비에 매진하고 있을 민이보다 내가 더 떨리는 것 같은 기분이다.

'이럴 때일수록 더 평상시와 다름없이 행동해야지.'

용평으로 ROTC모임으로 존경하는 몇분의 회장님과 몇몇 동기들을 동반하여 가을 골프 여행을 다녀왔다. 한편으로 아이 수능이 일주일밖에 남지 않은 시점에 이게 뭐 하는 건가 싶은 생각이 들다가도, 이럴 때일수록 내가 편하게 나의 일을 보는 것이 아이에게도 부담을 덜어주는 일이겠거니 싶어 결정한 것이었다.

깊어가는 가을빛 속에 골프를 두 라운딩하고 서울로 돌아오는 길, 오대산 월정사에 들러 산채비빔밥도 먹고 바로 붙어 있는 상원사의 단풍구경도 했다. 상원사에 도착하자마자 저마다 단풍구경에 넋이 나가 누가 지나가는 지도 모를 지경인 가운데, 나는 살며시 대법당으로 발을 들여놓았다. 법당 안에서는 스님 한 분이 한참 동안 불경을 독경하는 중이었다.

'부처님, 부디 이번 시험에서 민이가 올해 노력한 만큼의 결실을 거둘 수 있게 도와주십시오.'

간절한 마음으로 절을 한 후, 불전까지 올리고 나서야 법당에서 나왔다. 월정사를 벗어나기 전, 충청도 출신의 회장님이 이곳의 고랭지 무가 그렇게 맛있다며 달랑 무 한 다발을 내게 내민다. 한눈에 봐도 상당히 실해보이는 것이 김치 재료로 딱이다.

'그나저나 수능이 코앞인데 이거 가지고 김치 좀 담가 먹자고 하면 집사람이 싫어 할려나…….'

아니나 다를까 카톡을 보내기가 무섭게 안 되겠다는 집사람의 답장이 날아온다.

'알았어. 그럼 내가 담글게.'

무 한 다발만 덜렁 차에 싣고 집에 도착하니 시간은 이미 열두 시가 다 되어 가고 있었다. 최근 컨디션 조절에 한창인 민이는 물론, 둘째아이까지 모두 깊이 잠이 들었다. 곤히 잠든 아이들의 모습을 보고 나니 나도 모르게 잠이 쏟아져 금방 잠이 들었다.

내일의 평온한 일상을 기원하며… 당랑무로 맛있는 김치를 담가서 수능일에 민이가 맛있게 먹을 수 있게 해줘야지.

아빠가 들려주고픈 일흔아홉 번째 이야기

끊임없이 질문하라

몇 해 전 한 방송에서 '메타인지능력'이라는 말이 뜨겁게 거론된 일이 있었다. 메타인지능력은 한 단계 고차원을 의미하는 '메타'와 어떤 사실을 안다는 의미의 '인지'가 합성된 것으로 자신이 무엇을 알고 모르는지를 판단하는 능력이라고 할 수 있지.

방송에서는 비교적 성적이 좋은 상위 0.1%의 학생들을 대상으로 공부 비법을 조사한 결과 그들이 이 메타인지능력을 활용하는 능력이 다른 학생들에 비해 도드라진다는 것과, 그들이 특히 '자신이 모르는 것에 대한 인지'가 뛰어나다는 사실을 알아냈지. 그들 대부분은 자신이 모르는 것에 대해 끊임없이 질문하는 데에 두려움이 없었지.

우리는 흔히 어릴 적부터 받아온 교육 분위기 속에서 '질문을 하는 것'이 다소 나쁘다는 인상을 받으며 자라난다. 자칫하다 많은 질문을 하는 사람은 유별난 사람처럼 다른 이에게 비춰질 수 있으니까.

그러나 누구든 자신이 알고 있는 것을 넘어 모르는 것에 도전하기 위해서는 반드시 '질문'하는 과정을 거쳐야 한다. 이를 통해 생각이 자극되는 것은 물론, 내가 필요로 하는 정보를 얻고, 스스로를 설득할 수 있기 때문이지.

아빠는 회사직원들과 외부 강연을 가면 종종 이렇게 이야기 하곤 한단다.

> "여러분은 매일 Why와 How를 열 번 이상 외치며 살아야 합니다.
> 삶에서 마주하는 다양한 문제를 해결하고 정리하는 가장 좋은 방법입니다."

모르는 것에 대한 끊임없는 질문을 통해 진짜 답을 찾아가는 과정, 어떠니? 민이 너는 지금 그 과정에 있니?

— 아빠가 —

80 11월 4일 월요일

긴장감

'아, 가슴이 왜 이리 떨리지.'

11월 들어 처음 맞이하는 월요일, 아침에는 직원들과의 주간 회의가 예정되어 있고, 신입 직원도 3명이나 들어올 예정이라 너무나도 분주한데 도무지 가슴이 덜덜거리는 것을 멈출 생각을 하지 않는다.

'어제 용평에 다녀온 피곤이 아직 풀리지가 않았나.'

아니다. 그 이유가 무엇인지 나는 정확히 알고 있다. 다른 어떤 피곤함이나 긴장감을 잊을 만큼 강하게 밀려오는 이 덜덜거림은 이번 주에 치러질 민이의 수학능력시험 때문이다.

아이에게는 이번이 아니어도 다른 기회가 충분히 있을 것이라고 하였고, 또한 주어진 상황 속에서 최선의 길을 찾으면 된다고 수차례 말했지만 그럼에도 불구하고 기왕이면 아이가 들인 노력만큼의 결실을 꼭 거두었으면 하는 것이 부모의 마음이다. 평소 대답하기로는 둘째가라면 서러울 나인데, 이런 일에 가슴이 끊임없이 움직이는 것을 보니 결국 나도 자식의 작은 일에도 가슴 조이는 부모일 뿐이라는 생각에 순간 웃음이 새어나온다.

아침 식사를 한 후, 민이와 둘째아이를 나란히 태워 집을 나섰다. 이제 곧 고등학교 2학년이 되는 둘째아이가 지난주부터 방과 후 학습을 아침에 1시간 먼저 하기에, 자연스레 오빠와 함께 집을 나서게 되었다.

민이의 학원으로 가는 길이 가뜩이나 차가 많아 늘 막히곤 하는데 이에 앞서 동생까지 내려주고 가야 하니 시험을 앞두고 잔뜩 예민해져 있을 민이가 혹시 싫어하면 어쩌나 내심 걱정이 되었다. 그러나 차 안에서 조잘조잘 이야기를 나누며 웃음 짓는 두 남매를 보니, 이것이 내 기우였다는 생각을 하였다.

차 안에서 둘째아이는 주로 자신의 학교에서 있었던 시시콜콜한 일들을 오빠에게 미주알고주알 이야기하거나, 때로 생물, 화학, 수학 등에 관한 이야기를 물어오곤 한다. 그러면 민이는 동생의 이야기를 잘 듣고, 자신이 아는 바 최선을 다해 대답을 해 준다.

'오히려 이렇게 같이 가는 동안 민이도 긴장이 좀 풀어지는 듯해서 다행이네.'

요 며칠 민이는 수능을 앞둔 아이 같지 않게 편안하고 밝아 보인다. 아마도 그동안의 준비가 탄탄하니 지금은 마인드 컨트롤에 더욱 집중을 하고 있기 때문인지도 모르겠다.

'그래 민아. 고맙다. 지금의 그 좋은 컨디션 잘 살려서 수능까지 무사히 치르자꾸나.'

아빠가 들려주고픈 여든 번째 이야기

때론 그 무엇보다 '내'가 1순위일 필요가 있다

사람들은 중요한 순간에 다른 사람보다 자신을 먼저 챙기는 사람을 두고 '이기적'이라고 비판을 하곤 한다. 이는 대부분이 자신이 포기를 하면 할수록 상대방과 더욱 매끄러운 인간관계를 맺을 수 있다고 믿기 때문일수도 있단다.

아마도 많은 사람들은 그 과정에서 자신의 자존감이나 애정, 욕망, 에너지 등 소중한 많은 것들을 포기하거나 버리게 될 지도 모른다. 그런데, 정말 그렇게 맺는 인간관계가, 그러한 삶이 행복한 것일까?

아빠는 그렇게 생각하지 않는다. 기본적으로 모든 관계는 '내'가 행복해야 다른 이와의 관계 역시 행복할 수 있는 것이다. 내가 행복하지 않은 관계는 결국 끝이 좋을 수가 없다.

매일이 아니어도 좋으니, 정말 네가 힘든 단 하루만이라도 다른 누구에 앞서 너를 먼저 챙기는 습관을 길러 보도록 하자. 이를 위해 원치 않는 것은 반드시 '싫다'고 말할 수 있는 법을 배워야 하고, 내가 싫어하는 것이 무엇인지 정확히 직면하는 것 또한 필요할 것이다. 그리고 혹시라도 다쳤을지 모를 나의 마음 구석구석을 어루만져주자.

'정말 고생 많았어.'라고 한 마디 건네며 말이야.

'곳간에서 인심난다.' 라는 말이 있다.
내가 행복해야 남을 행복하게 해줄 수 있다는 말과 같다.
무엇이든 넘쳐야 나누기 쉽다는 말이다.

나를 잘 돌보는 사람이야말로 다른 사람도 잘 돌볼 수 있는 사람이라는 점을 명심하렴.

- 아빠가 -

81 11월 5일 화요일

미묘한 걱정과 안심사이

"와, 스테이크다!"

어젯밤, 늦은 시간까지 임상 관련 세미나를 진행하는 과정 중 미리 준비했던 스테이크 도시락 중 하나가 참석 예정자의 불참으로 남게 되었다. 이를 포장해 집으로 가져왔더니 아침부터 제법 그럴싸한 밥상이 차려졌다.

고작 해봐야 1인분밖에 안 되는 분량이지만 아이들에게 나누어 주고, 나는 국 한 그릇과 함께 식사를 했다. 비록 내 입에 들어오는 것은 아니지만 아이들이 맛있게 먹는 모습을 보는 것만으로도 마치 내가 스테이크를 먹은 듯 속이 든든했다.

"아침을 든든하게 먹어서 그런지 오늘은 하루 종일 기운이 넘칠 거 같아요."

"그래? 그거 다행이구나."

내일은 민이의 수학능력시험 예비소집일이다. 수능 당일에 시험을 어디서 치르게 될지가 결정되는 것이다.

'가능하다면 가까운 곳에서 마음 편히 보면 좋을 텐데…….'

문득 지난 만 8개월 반의 시간을 하루도 쉬지 않고 어제, 오늘, 그리고 내일의 구분조차 없이 달려온 민이에게 고맙다는 생각이 솟구친다. 또한 어쩌면 당사자인 민이나 나보다 더욱 노심초사하며 아들 곁을 지켜준 집사람과 작고 큰 이야기로 오빠의 힘이 되어준 동생 둘째아이에게 고마울 따름이다.

이제 결전의 시간이 48시간도 남지 않았다. 부디 올해는 민이가 지난해와 같은 아픔이나 슬픔, 좌절을 겪지 않기를 다시 한 번 간절히 바래본다.

차를 타고 가는 길, 지금 기분이 어떤지 슬그머니 민이에게 물어봤다.

"그냥 그래요. 학원에 몇몇 친구들은 이미 몇 달 전부터 학원에 나오지 않고 혼자 하거나 그냥 포기하는 쪽으로 방향을 잡았더라고요."

"그래? 어휴. 안타깝네. 고생 많이 했을 텐데……."

"전 내일 고등학교 가서 수험표 받고, 고사장 위치 확인해서 학원에 가서 정리나 한 번 더 하고 오려고요."

"그래. 알아서 잘 준비하고 있다니, 아빠가 맘이 든든하네."

흘깃 고개를 돌려 민이의 얼굴을 바라보니 지난 2월 말 재수를 시작할 때의 각오가 엿보이는 듯하다. 민이를 내려주고 나 또한 안심하는 마음으로 사무실로 향했다.

'민아, 끝까지 힘내고 파이팅이다!'

아빠가 들려주고픈 여든한 번째 이야기

포기하지 않고 가던 길을 가라

살다보면 내가 가는 길이 너무 힘에 겨워, 혹은 나를 둘러싼 사람들의 분위기에 젖어들어 다 내려놓고 싶어지는 순간이 있을 거야. 그 어떤 노력을 해도 그것을 이루기가 쉽지 않은 것처럼 느껴져 포기하고 싶어지는 순간도 있을 테지.

포기하는 일은 매우 쉽단다. 그러나 모든 것을 포기하고 싶은 순간에, 생각을 조금 다르게 해보는 것만으로도 원래의 마음가짐으로 나아가게 하는 힘이 되게 할 수도 있지. 포기하지 않고 원래 가던 길을 계속 가기 위한 몇 가지 방법이 있단다.

1. 무력함 극복하기
내 바람처럼 일이 되어주지 않을 때는 누구나 주저앉아 모든 것을 놓아버리고 싶은 생각이 들 것이다. 어쩌면 그 생각이 들 즈음, 그 일에 있어 네가 적격자가 아니라는 생각이 들지도 모르지. 그러나 이는 옳은 생각이 아닐지도 모른다. 왜냐하면, 모든 일에는 때와 상황이 필요한 법이거든. 너의 능력을 떠나 때와 상황이 도와주지 않아 그 일이 잘되지 않았을 수도 있다는 것을 받아들이렴. 계속 도전하면 언젠가 그 일은 너의 것이 된다고 마음속으로 되뇌어 보렴. 설마 같은 일을 열 번, 스무 번 도전하는 데 실패하겠니? 인내심을 가지고 계속 노력해 보렴.

2. 내게 가치 있는 일이 무엇인지 생각해 보기
민이 네게 정말 가치 있는 일이 무엇이니? 돈? 명예? 혹은 학업 성적? 내가 삶에 있어 중요하게 여기는 것이 무엇인지 정확히 알아야 목표를 현명하게 설정할 수 있다. 조용히 마음을 가라앉히고 스스로에게 질문해 보렴. 내게 가치 있는 것이 무엇인지 말이다.

3. 목표는 현실적으로 세우기
내게 중요한 것이 무엇인지 정확히 알았다면 이제 이를 장기적인 것과 단기적인 것으로 나누어 구체적인 목표를 세우는 것이 중요하다. 단기적 목표는 장기적 목표를 넘기 위한 이정표 역할을 할 것이므로, 장기적 목표를 먼저 세우고 세부적인 단기적 목표를 하나씩 나열해 보는 것이 좋겠구나.

4. 진행 상황 수시로 체크하고 필요에 따라 수정하기

목표를 세운 것으로 일이 끝나는 것이 아니다. 중요한 건 세운 목표를 차근차근 잘 이루어 나가는 일이겠지. 내가 세운 목표에 따라 실제로 얼마나 이를 잘 이루어 나가고 있는지 중간 중간 체크하고, 또 만약 변경이 필요하다면 거침없이 수정도 해 보렴. 모든 일에는 여러 가지 가능성이 있기에, 이를 무조건 한 가지 방법으로만 진행하기보다는 필요에 따라 다양한 방법으로 접근해 보는 것 역시 목표한 바를 보다 효율적으로 이루기 위한 방법이 되겠지.

누구에게나 포기하고 싶은 순간은 있다. 그러나 정말 성공하는 사람은, 자신을 다독여 다시금 일어나게 하는 사람이라는 것을 말이다.

— 아빠가 —

82   11월 6일 수요일

고사장 배정

수학 능력 시험 하루 전, 아침에 민이가 졸업한 고등학교에 들를 예정이라고 하여 나 역시 바로 사무실로 향했다.

사무실에 도착해 어수선한 업무를 처리하고 몇몇 직원들과 의견을 주고받다보니 시간이 9시가 넘었다. 이후에 송파에서 미팅이 있을 예정인데 사무실에서의 거리가 꽤 되기에 차를 가지고 이동하면 늦을까 싶어 오랜만에 지하철을 이용해 이동하기로 했다.

한참을 지하철을 타고 이동하는 중, 집사람에게 메시지가 왔다.

'민, 단대부고로 배정'

듣던 중 반가운 소리다. 단대부고는 우리 집 앞에서 걸어서 불과 5분도 걸리지 않는 곳이다. 수능일에 굳이 차를 타지 않아도 조금만 걸어서 고사장에 갈 수 있다는 것은 시험 전에 있을 긴장을 낮추는 데에 큰 도움이 된다. 이 때문에 사실 민이를 비롯한 우리 가족들은 민이의 고사장이 집과 멀지 않은 곳에 배정되기를 내심 기대해 왔던 것이 사실이다.

'하늘이 돕네. 이제 정말 시험만 잘 보면 되겠다.'

오늘만큼은 나도 집에 일찍 들어가 민이와 저녁도 먹고 긴장을 푸는 시간을 가질 수 있도록 해야겠다.

아빠가 들려주고픈 여든두 번째 이야기

좌절은 또 다른 변화의 시작이다

민아, 지난해 이맘때 시험을 마치고 며칠 밤낮을 힘겨워하는 너를 보며 아빠는 정말 이 말을 해 주고 싶었다.

'이 또한 지나가리라.'

살아가면서 아픔을 겪지 않는 사람은 없단다. 오히려 아픔을 겪어본 사람은 그렇지 않은 사람에 비해 경험의 폭이 훨씬 넓기 때문에 비슷한 상황이 다시 찾아와도 이를 극복해낼 수 있는 능력이 더욱 높지. 이 때문에 많은 사람들이 천만 번 넘어져야 어른이 된다는 말을 하기도 했나 보다.

하버드대 학생들의 공통적 특징을 통해 그들의 자아실현 과정을 글로 쓴 '쑤린'이라는 사람은 '어떻게 인생을 살 것인가'라는 책에서 '좌절을 새로운 변화의 디딤돌로 만드는 5가지 방법'에 대해서 다음과 같이 말했다.

1. 모래로 머물지 말고 진주가 되어라
수동적으로 대처하지 말고, 능동적으로 이를 극복해라.

2. 좌절을 삶의 추진력으로 삼아라
좌절을 딛고 일어서면 그 경험은 평생의 자산이 되지만, 그대로 주저앉으면 이는 재앙이 된다.

3. 실수를 나를 완성하는 과정으로 만들어라
잘못이나 실수는 무지나 무능의 결과물이 아니라 귀한 인생의 경험이다.

4. 실패를 또 다른 출발점으로 받아들여라
생각을 조금만 바꾸면 실패는 곧 새로운 시작점이 될 수 있다.

5. 더 큰 도약을 위해 숨고르기를 하라
숨을 고르는 동안 자신의 일에 충실하여 끊임없이 능력을 높인다면, 어느 순간 당신은 대체 불가능한 사람이 될 것이다.

- <어떻게 인생을 살 것인가> 쑤린 -

좌절을 자산으로 만들지, 아니면 장애로 남길지는 모두 너의 두 손에 달려있다는 점을 결코 잊지 말아라.

- 아빠가 -

83 11월 7일 목요일

수학능력시험 보는 날

디데이가 밝았다. 아침 일찍 준비해 오늘 수능을 보러가는 민이를 배웅하러 고사장으로 향했다. 정작 시험을 보러가는 민이는 담담한 표정인데, 아비인 내 가슴은 어쩜 이리도 지칠 줄 모르고 뛰는지 모를 일이다. 혹여 나의 긴장한 모습을 들키기라도 할 새라 괜히 주변을 이리저리 둘러보며 시선을 옮겼다.

이곳저곳에서 고등학생들이 자신의 학교를 나온 선배들을 응원하는 노래와 함께 구호를 외친다. 역시나 고사장에 따라 나온 다른 부모들 역시 나 못지않게 긴장된 모습이다.

교문 앞에 도착하자 민이가 손을 내밀어 악수를 청한다.

"아빠. 여기서부터는 저 혼자 들어갈게요."

아이가 내민 손을 잡기 위해 손을 내미는 순간, 나도 모르게 눈이 시리도록 아파오고 가슴은 마치 무언가 찌르기라도 하는 듯 싸함이 느껴진다. 아이와 눈을 마주치기가 쉽지 않다.

"시험 잘 보고, 이따 저녁에 보자."

겨우 입을 움직여 한 마디 내뱉었는데, 자칫 아빠의 동요한 모습이 아이에게 전해진 것은 아닐까 싶어 마음이 찡하다. 잡았던 손을 겨우 놓자마자 아이는 엄마와도 인사를 나눈다. 어쩐지 그 모습이 보기 힘겨워 나도 모르게 한 발자국 멀리 떨어져 먼 곳을 바라보았다. 그 덕에 아이가 정작 교문을 통해 들어가는 모습조차 확인할 수 없었다.

그동안 얼마나 힘들었을까. 내 딴에 아이에게 조금이나마 힘이 되어주고자 학원에 오가는 길이라도 데려다줬다 하지만 정말 힘든 것은 몸의 피로가 아닌 마음의 짐이었을 것이다. 더 많이 도와주지 못한 미안함 마저 솟구쳐 올랐다.

아이가 들어간 후, 집사람 역시 나와 비슷한 마음인지 한참을 말없이 먼발치에서 교문을 멍하니 바라보았다.

"이따 오후 3시 40분에 교문 앞에서 봐요."

이제 모든 것이 끝났다고 생각하니 진이 빠진 까닭인지 집사람은 잠시 집에 들러 쉬었다가, 근처 하천을 걸으며 마음을 달랜 후 다시 학교 앞으로 오겠다고 했다. 나 역시 사무실에 들러 그동안 민이가 재수하는 동안 나 홀로 정리해온 글들을 다시 한 번 살펴보며 마음을 가라앉힌 후 다시 학교에 돌아오기로 했다.

막상 사무실에 들어오기는 했지만, 생각과 달리 글줄 하나도 제대로 읽히지 않았다. 하려던 일을 멈추고 잔잔한 음악을 튼 후, 눈을 지그시 감았다.

'장모님, 오늘이 드디어 어머님이 그리도 예뻐하시던 민이가 수능을 치르는 날이에요. 하늘에서 잘 보고 계시죠? 어제는 집사람이 장모님께서 분명히 민이를 지켜줄 거라고 하더라고요. 민이가 혹여 부족함이 있더라도 이제껏 열심히 준비한 만큼 자신의 실력을 모두 발휘해 시험을 보고 후회를 남기지 않도록 도와주세요. 이번 주말에는 누구보다 밝은 얼굴의 민이와 함께 추모원으로 장모님을 찾아뵙고 싶습니다.'

나는 별다른 종교를 믿지는 않는다. 허나, 지금 이 순간만큼은 세상에 있는 모든 신에 기대어 아이의 성공적인 시험 응시를 빌어보고 싶은 마음이다.

누구보다 올 한해 고되게 자신과의 싸움을 치러온 민이를 위해서, 그리고 이를 곁에서 묵묵히 지켜본 우리 가족들을 위해서.

민아. 사랑한다.

아빠가 들려주고픈 여든세 번째 이야기

자식이 있어 인생도 세상도 아름답다!

네가 이 글을 볼 때쯤이면, 아마도 너는 너의 인생에 있을 가장 큰 산 중 하나인 수능을 치르고 또 다른 삶으로 나아가기 위한 문턱 어디쯤에서 서성이고 있을 것 같구나.

시간이 참 빠르기도 하지. 너희를 낳아 처음 기저귀를 갈아주고, 걷는 법을 가르치던 때가 엊그제 같은데 이제는 너희가 하나의 인간으로서 자립하여 살아가는 법에 대해 공부를 해야 한다니 말이야. 그만큼 이 엄마, 아빠도 많이 늙었다는 말이겠지.

긴 세월을 살아오면서 이 아빠와 엄마의 삶 속에도 분명 희로애락이 있었단다. 때로는 너무 힘들고 지쳐 주저앉고 싶은 순간이 있었는가 하면, 슬픔으로 모든 것을 놓아버리고 싶은 순간 역시 존재했었지. 그 모든 순간에 이 아빠와 엄마 곁에는 너와 동생이 있었다, 민아. 너희가 있었기에 어쩌면 그 모든 순간들을 이겨내고 지금 이렇게 너희 곁에서 아빠와 엄마가 웃고 있는지도 모르겠구나.

너희를 낳고 기르는 동안 살아오는 과정이 녹록하지는 않았지만, 그 순간순간을 지금에 와서 돌이켜보면 그야말로 빛나지 않은 순간이 없더구나. 아마도 너희라는 보석이 늘 곁에 있어 주었기에 평범하기만 했던 일상이 어느 순간 보석과도 같은 것들로 채워진 기분을 느낀 것이었겠지.

누군가 내게 세상이 아름답냐고 묻는다면, 나는 조금도 거리낌 없이 '그렇다'라고 말할 수 있다. 왜냐하면, 내가 보석 같은 너희들이 어느덧 이렇게 자라 아빠와 엄마 곁을 밝혀주고 있기 때문이지.

아빠와 엄마의 아들과 딸로 태어나주어 너무나도 고맙다.

사랑한다. 얘들아!

- 아빠가 -

84 11월 15일 금요일

논술 시험

수능이 끝나고 약 일주일 남짓한 시간이 흘렀다. 그 사이 민이도 휴식을 통해 잠시나마 재수 준비로 인해 지친 몸과 마음을 회복한 것 같다. 그러나 수능이 끝났다고 하여 모든 입시 준비가 끝난 것은 아니다. 원서접수, 논술시험 등의 중요한 절차들이 아직도 한참 남아 있기 때문이다. 어쩌면 진정한 입시 준비의 시작은 지금부터일지도 모른다는 생각이 문득 스친다.

오늘은 민이가 지원한 Y대에 논술시험을 보러 가는 날이다. 민이는 Y대의 여러 학과 중에서도 의대에 지원을 했고, 오늘이 사내 체육 대회가 있는 날임에도 일부러 시간을 빼서 아이와 함께 했다.

마침 같은 학교를 지원한 친구가 2명 더 있어 그 친구들까지 모두 차에 태우고 일찍 집을 나섰다. 논술시험을 보러 가는 길이니만큼, 시간에 임박하게 도착하여 헐레벌떡 시험을 치르는 것보다 조금이나마 일찍 도착하여 생각을 정리할 시간을 주는 편이 좋을 것 같았다.

민이의 친구들은 친구의 아버지와 함께 시험장까지 간다는 것이 다소 부담스러웠는지 경직되어 있었다. 그래도 아이들은 금방 적응한다. 시간이 흐르자 이내 차 안에서 자신들의 가장 큰 고민거리인 수능 결과 이야기, 진로에 관련된 것들로 주제를 잡아 떠들기 시작했다.

"야. 이번에 ○○ 영역 진짜 너무 어렵지 않았냐? 다른 애들 말 들어보니까 그 영역 점수가 이번에 등급 가르는데 결정적일 거라고 하던데."

"넌 그 영역만 걱정이냐? 난 지금 전체적으로 다 걱정인데. 어휴."

운전하는 내내 아이들의 이야기에 귀를 기울이다 문득 아이들이 꿈꾸는 대학 생활이 어떤 것인지 궁금해 아이들에게 물어보았다. 아이들은 생각보다 자신이 그리는 대학생활에 대해 조리 있게 잘 설명했다. 나의 20대가 떠올랐다.

'그래도 참 대견들 하네. 생각해 보면 난 서른이 다 되어서야 인생에 대해 구체적인 목표를 세웠던 것 같은데……'

이런 저런 생각을 하다 보니 어느새 Y대 캠퍼스에 다다랐다. 논술 시험 시작까지는 아직 많은 시간이 남은 상태였다. 이 때문인지 캠퍼스 안은 무척 한산해 보였다.

"배고프지? 밥이나 먹자. 속이 든든해야 시험도 잘 보지."

아이들과 학교 앞 식당에 들어가 수육 한 접시와 막국수를 시켜놓고 허겁지겁 주린 배를 채우고 다시 캠퍼스로 발길을 돌렸다. 한산하지만 젊음이 흐르는 것 같은 단풍 짙은 캠퍼스의 정경이 나를 28년 전, 대학 시절로 돌려놓는 것만 같았다.

'아, 나도 다시 대학생 때로 돌아가고 싶네.'

아이들과 두런두런 이야기를 주고받으며 캠퍼스를 거닐다 보니 시험시간이 임박해 왔다. 아이들은 각기 자신의 고사장이 있는 건물로 흩어져 들어갔고, 나에게도 약 2시간의 여유 시간이 주어졌다. 밀린 이메일 확인 및 간단한 업무 몇 가지를 정리하고, 짤막한 영화 한 편을 보면 딱인 시간이었다.

예정된 시간이 흐르고 아이들을 마중하기 위해 차에서 나와 고사장 쪽으로 향했다. 그런데 아까 아이를 데려다줄 때는 보지 못했는데, 생각보다 정말 많은 부모 형제들이 아이들의 시험을 응원하기 위해 함께 온 것이 보였다.

'저렇게 많은 응원과 격려를 받으며 자라난 아이들은 분명 어떤 선택을 해도 좋은 선택을 하겠지.'

얼마 후, 민이가 친구들과 재잘거리며 밖으로 나오는 것이 눈에 띄었다. 여느 때보다 밝은 표정에 내 마음이 역시 환해지는 듯했다.

"민아!"

"아빠!"

"그래. 시험은 잘 봤니?"

"작년보다 잘 본 것 같아요. 작년엔 답을 못 채운 문제들이 좀 있었는데, 오늘은 일단 답은 다 채워 넣었거든요. 하하."

"그래? 그거 다행이구나. 수고 많았다."

돌아오는 길. 민이와 친구들에게 따끈한 곰탕 한 그릇을 먹이고 나서야 다시 집으로 향하는 운전대를 잡았다. 아이들은 그간의 긴장이 풀린 탓인지 잠에 곯아떨어져 있었다.

'녀석들. 저렇게 열심히 했으니 분명 좋은 결과가 따를 거야…….'

아빠가 들려주고픈 여든네 번째 이야기

좋은 선택을 하는 방법

우리가 태어나서 죽는 그 순간까지 인간은 크고 작은 선택에 직면하게 된다. 작게는 아침에 몇 시에 일어날지, 밥은 먹어야 할지 말아야 할지, 학교에 어떤 방법으로 갈지를 결정하는 것에서부터 크게는 인생에 있어 학교, 직업, 결혼 상대 등을 고르는 것까지 모두 '선택'의 범위 안에 들어가지.

그런데 이렇게 매 순간 선택을 해야 하는 삶을 살면서도, 정작 어떻게 해야 좋은 선택을 하게 되는 지에 대해서는 생각하지 않는 사람들이 많지. 민이 너는 어떠니? 선택을 할 때 어떤 것이 좋은 선택인지에 대해 한 번이라도 고민해 본 적이 있니?

오늘은 좋은 선택을 하는 방법에 대해 잠시 이야기를 해 보고자 한다.

1. 결과에 대해 두려워하지 말아라.
많은 사람들은 어떠한 선택을 하기 전, 그 선택이 가지고 올 결과에 대해 지나치게 걱정하고 근심하는 경향이 있다. 그러나 대부분의 경우, 우리의 선택으로 인해 벌어지는 결과는 우리가 걱정한 것에 비해 파급 효과가 그리 크지 않기 마련이다. 결과를 두려워하여 할지 말지 고민하지 말고, 만약 해야겠다는 판단이 서면 과감히 결단을 내리는 것 역시 좋은 방법이라는 점을 잊지 말거라.

2. 명확한 목표를 세워라.
목표가 명확하면 선택의 기준 역시 명확해 진다. 어떠한 선택을 하기 전, 목표가 무엇인지를 다시 한 번 뒤돌아 보아라. 그리고 만약 그것이 명확하지 않거든, 목표를 명확히 하는 일이 선택에 앞서서 이루어져야 할 것이다.

3. 다른 사람의 말에 귀를 기울여라.
때로 선택이 어려울 때, 나보다 그 일에 대해 잘 알 것 같은 사람의 도움을 요청하는 것 역시 보다 현명한 선택을 하기 위한 방법이 될 수 있다. 나보다 경험이 많고 다양한 선택을 해 본 사람을 곁에 두고, 그와 함께 선택의 방향에 대해 고민해 보아라.

- 아빠가 -

85   11월 19일 화요일

첩첩산중

"하암."

아침이라고 하기에 다소 늦은 시간, 민이가 주섬주섬 일어나 거실로 걸어 나온다.

"이제 일어났니?"

어제 오늘 민이는 늦잠으로 하루를 시작한다. 그간 쉬는 날도 없이 달려온 것에 대한 피로를 마치 지금 이 시점에서 한껏 풀어놓아야겠다는 듯 말이다.

지난 금요일에는 Y대, 토요일에는 K대, 그리고 일요일에는 H대에서 논술시험을 치르고 온 민이다. 논술 시험을 보면서도 혹시나 결과가 좋지 않을 경우 차선책을 고민해야 하는 상황이 여간 부담스러운 모양이다.

'에휴, 시험만 잘 치르고 나면 다 끝인 줄 알았더니, 정말 첩첩산중이구나. 쉬운 일이 없네.'

아침나절 식구들이 한 자리에 모인 가운데 둘째아이의 지난 11월 학력평가원 모의고사에 대한 이야기가 나왔다.

"만점이 세 명 나왔고, 2점짜리 두 개 틀린 애들이 두 명, 그리고 제가 2점 짜리 하나랑 3점 짜리 하나를 틀려서 전교 6등이에요."

"잘 했네."

"잘 하긴요. 그거만 안 틀렸으면 더 좋은 등수 얻을 수도 있었는데. 쳇."

욕심이 많은 둘째아이다. 이번 역시 실수로 틀린 두 문제에 대한 아쉬움이 무척 큰 듯 입을 삐쭉 내민다.

"그나저나, 이번에 오빠 대학교 합격하고, 둘째 너도 방학하고 나면 오랜만에 가족끼리 여행이라도 다녀올까?"

"음……. 좋긴 한데, 아마 이번에 방학하고 나면 일주일에 네 번 넘게 학원에 가야 해서, 시간 맞추기가 힘들지 않을까요?"

아이고. 아들 녀석 재수가 끝나서 이제 한시름 놓나 했더니 둘째아이 수능이 시작이다. 무섭다는 생각이 든다. 이런 세상에 살라고 아이들을 둘이나 세상에 내어놓은 것이 아닌데 말이다.

얼마 전 최근 50년 사이 전 세계 인구가 약 3배 넘게 증가했다는 기사를 보았다. 기사에 따르면 앞으로 20년 후, 세계 인구는 다시 2배가 증가 돼 100억 명을 훌쩍 넘길 것이며, 10년 이내에 전 세계의 인구가 24시간 이동권 안에 들어간다고 한다. 이것이 현실화 되는 순간 풍족한 사람들은 자원이 풍부하고 기후가 따뜻한 남쪽과 서쪽으로 이동하고, 가난한 사람들은 그렇지 못한 곳으로 이동해 삶의 전반을 다람쥐 쳇바퀴 돌 듯 노동으로 보내게 될 것이다. 문득 의문이 든다.

'우리 아이들은 과연 이 가운데 어디에 속하게 될까?'

아빠가 들려주고픈 여든다섯 번째 이야기

행복해지기 위해 버려야 할 습관

최근 미국의 한 시사 채널인 <허핑턴포스트>에서 '행복해지기 위해 버려야 할 습관'과 관련된 글을 하나 냈더구나. 그 가운데 몇 가지의 내용이 정말 행복한 삶을 살기 위해서 알아두면 좋을 내용인 듯하여 간단하게나마 정리하여 너에게 전한다.

1. 근사한 타이틀에 집착하지 말라.
당신은 근사한 타이틀이나 높은 직함이 아니어도 그 자체로 이미 멋진 사람이다.

2. 남과 비교를 버려라.
나를 다른 사람과 비교하지 말고, 나의 사랑하는 사람 역시 다른 사람과 비교하지 말아라. 세상이 재미있는 까닭은 다양성으로 가득 차 있기 때문이다.

3. 자신의 마음을 무시하지 말라.
내 인생에 있어 가장 믿을 만한 사람은 바로 나다.

4. 현재에 안주하지 말라.
안정적으로 느껴지는 지금이 언제까지 지속될지는 알 수 없다.

5. 언제나 바쁘게만 살지 말라.
삶이 너무 바빠지면 속도를 잠시 늦추고 재점검을 하는 시간을 가져라.

6. 매사에 부정적으로 해석하지 말라.
긍정적인 태도로 사물을 보는 것은 긍정적인 결과를 얻는 데에도 큰 도움을 준다.

- <행복해지기 위해 버려야 할 습관> 허핑턴포스트 -

- 아빠가 -

86   12월 10일 화요일

노벨상 이야기

아침에 온 메일을 열어보니 '노벨상'에 관한 이야기가 담겨 있었다. 해마다 12월 10일에는 노벨상 시상식이 열리는 날이기에 오늘에 맞춰 온 내용이다. 노벨상이야 워낙 유명하고 세계적인 상인데 특별한 메시지가 있을까 싶어 슬쩍 훑어보는데 눈에 들어오는 이야기가 있다.

'처음부터 완벽한 일은 없고, 모든 사람이 좋아하는 일은 없는가 보다.' 라는 메시지다. 지금은 세계적인 명성을 지닌 노벨상도 그 시작은 비판과 소음의 연속이었다니, 호기심이 생겼다.

노벨은 자신의 유산으로 노벨상을 제정할 것을 유언으로 남긴다. 그는 결혼하지 않았기에 남겨진 자녀나 아내는 없었지만, 옛 애인과 친인척들로부터 노벨의 유산에 대한 소송이 이어졌다. 이어 스웨덴 내부의 비난도 거셌다고 한다. 스웨덴의 언론들은 자국의 자산을 다른 나라 사람들에게 주는 것에 대한 반발이 매우 컸던 것이다. 당시는 국수주의가 만연한 19세기 말이었으니 대충 분위기는 짐작이 간다.

상황이 이러하다 보니 제1회 열린 1901년 12월 10일 노벨상 시상식은 지금과는 전혀 다른 분위기에서 진행됐다. 당시의 왕인 시상자 오스카르 2세는 참석을 거부하고, 스웨덴 학계는 심사를 거부했다. 시상식은 축하객이 부족해 종업원, 요리사 등이 옷을 차려입고 좌석을 채우는 헤프닝도 있었다. 수상자 선정에 대한 잡음도 많았던 데다 메달 제작자가 시상식까지 제작을 마치지 못해 임시메달을 주는 등 우스꽝스러운 장면들의 연속이었다고 한다.

읽다 보니 위로가 된다. 현대에 와서는 노벨상 수상자들을 기리고 존경하는 시대가 되었는데 말이다. 노벨상 수상은 개인의 영광을 넘어 나라의 영예가 되었으니, 첫 번째 시상식 이야기와 비교가 된다.

처음부터 완벽하고 모두에게 추앙받는 일은 없을 것이다. 그리고 혹여 그 시작이 보잘것없다 하더라도 끝은 창대할 수 있다는 용기가 솟았다. 아들 민이에게 꼭 나누고 싶은 마음에 글로 남겨본다.

아빠가 들려주고픈 여든여섯 번째 이야기

시작보다 끝이 아름답기를

아들 민아,
10대 학생생활을 마감하고 처음으로 맞이한 스무 살을 재수생으로 보내는 아들을 볼 때 아빠 역시 안쓰러움과 애타는 마음이 많았던 것 같구나.

아들의 20대의 첫 시작이 캠퍼스 생활이었다면 지금보다 더 좋았을까?
그것은 그것대로 좋은 일이었겠지.

하지만 아빠는 믿는다.
민이가 경험한 이 삶의 무게와 경험들이 분명 20대를 마무리하는 순간까지 큰 원동력이 되어줄 것이라는 걸 말이다.

푸르른 봄날, 무더운 여름, 다시 낙엽 지는 가을과 추운 겨울이 오기까지 4계절을 보내는 동안 묵묵히 잘 견뎌왔다. 아빠는 올 한 해를 보내며 민이가 앞으로 시작보다 그 끝이 더 아름답게 갈 준비가 되어가고 있다고 생각했단다. 그 유명한 노벨상의 시작도 어려움이 있었듯이 말이다.

비행에서 이륙도 중요하지만 더 중요한 것은 착륙일 것이다. 그것은 안전하게 모든 비행을 마치는 마침표이기 때문이지. 또 목적지에 가기 위해 탑승한 모든 이들이 그 목표를 이루는 순간이기 때문이다. 올 한해를 통해 민이의 삶이 '끝이 더욱 아름다운 길'이 될 거라고 축복하고 소망한다.

- 아빠가 -

87 12월 23일 월요일

정시마감

정시 접수에 대한 고민이 참 많았다. 가군에는 K대와 Y대가 함께 있어 한 군데를 선택해야만 한다. 이럴 땐 선택지가 좀 더 다양했으면 좋겠다는 생각이 든다. 인생에서 대학이라는 것이 학생 때는 꽤 큰 결정을 하는 것인데 가군, 나군, 다군으로 좁혀 선택한다는 것이 야속하게만 느껴진다.

'내가 졸업한 K대를 우리 민이가 나온다면 어떨까'

생각에 잠겨본다. 부모라면 한 번쯤 가지는 로망 아닌가. 내 20대에 지성을 쌓았던 추억의 캠퍼스에서 나의 자녀가 공부하여 함께 동문이 된다는 것은 상상만으로도 설레는 일이기 때문이다.

그러나 아들 녀석은 내 마음을 아는지 모르는지 현실적인 기준을 두고 저울질하는 듯하다. 살짝 서운한 마음도 들었으나, 한편으로는 그만큼 아들이 자신의 주관과 생각을 가지고 미래를 설계해 나가는 것 같아 흐뭇했다.

정시 마감일이 돼서야 최종 결정을 했다.

"아빠, 전 Y대 공대 건축공학과로 결정 했어요"

아들의 목소리에 확신이 있어 보였다. 두말하지 않고 응원해주었다.

"그래! 잘 결정했다!"

어쩐지 기분이 한결 가볍다. 아들, 부디 원하는 학교에 가길 바란다!

아빠가 들려주고픈 여든일곱 번째 이야기

간절함의 기적

"꿈과 성공을 이루는데 간절함의 중요성은 수십 번을 강조해도 부족하다"
- 박찬호 -

한국 역사상 최고의 투수로 손꼽히며, 대한민국 최초 메이저리그 진출 선수, 메이저리그 동양인 최다승 투수를 기록한 선수.

이것은 너도 잘 알지? 아빠가 좋아하는 박찬호 선수의 기록들이다. 이렇게 야구에 능한 박찬호 선수도 야구를 즐기기만 한 것은 아니었다. 박찬호 선수의 기록은 그의 간절함이 만든 기적과 같은 일이었을 것이다.

민아,
인생은 수많은 실패와 실수, 후회와 깨달음의 연속이기도 하다. 그러나 그 모든 경험에서도 의미 있는 결과를 만드는 것은 '간절함'이 아닐까 싶다.

그리고 오늘이야말로 그 간절함의 기적이 필요한 순간 같구나.
간절한 마음으로 함께 기다려보자.

- 아빠가 -

새로운 시작

88 새해 1월 3일 금요일

격려

한 해가 지났다. 나도, 아이들도 모두 한 살씩을 더 먹고 한층 성숙해진 이 시점, 민이는 정시원서 접수 후 합격을 기다리는 중이다. 결과가 나올 때까지 그 답답함이 얼마나 심할지 알기에 곁에서 지켜만 볼 뿐 딱히 해 줄 수 있는 것이 없어 내내 미안하고, 또 안타까운 심정이다. 무언가 기운이 나게 해 줄 수 있는 것이 없을지 고민하던 중, 아침에 열어 본 메일함에 이런 좋은 글귀 하나가 와 있는 것이 아닌가.

이렇게 아무런 꿈도 없이 살아갈 수는 없지
가문 가슴에, 어둡고 막막한 가슴에
푸른 하늘 열릴 날이 있을 거야
고운 아침 맞을 날이 있을 거야
길이 없다고, 길이 보이지 않는다고
그대, 그 자리에 머물지 말렴
길이 끝나는 곳에서 길은 다시 시작되고
그 길 위로 희망에 별 오를 테니

길은 가는 사람만이 볼 수 있지
길은 가는 사람만이 닿을 수 있지
걸어가렴, 어느 날 그대 마음에 난 길 위로
그대 꿈꾸던 세상의 음악 울릴 테니
지금까지 걸어온 길과 이제부터 걸어갈 길 사이에
겨울나무처럼 그대는 고단하게 서 있지만
길은 끝나지 않았어, 끝이라고 생각될 때
그때가 바로, 다시 시작해야 할 때인걸.
- 〈길이 끝나는 곳에서 길은 다시 시작되고〉 박정우 -

어디로 나아가야 할지 모르겠는 바로 이 시점, 이 시만큼 민이에게 필요한 글이 또 있을까. 시와 함께 간단한 메시지를 적어 민이에게 전달했다.

"민아.
우연히 열어 본 메일함에 담긴 시 한 귀가 아빠에게 민이 생각이 많이 나게끔 하네.
많이 힘들지?
지금은 비록 어디로 가야 할지 모르는 막다른 길에 놓인 것만 같지만,
이럴 때일수록 멈추지 말고 가던 길을 계속 가야 한단다.
그럼, 분명히 네게 새로운 길이 열릴 거야."

아이에게 시를 보내고 얼마동안 나 역시 시구를 몇 번이고 다시 들여다보았다. 부디, 지금의 이 어둠이 아침이 오기 직전의 칠흑 같은 새벽에 지나지 않기를 바라며……

아빠가 들려주고픈 여든여덟 번째 이야기

끝이 없는 길은 없다

아무리 어두운 길이라도
나 이전에
누군가는 이 길을 지나갔을 것이고

아무리 가파른 길이라도
나 이전에
누군가는 이 길을 통과했을 것이다

아무도 걸어가 본 적이 없는
그런 길은 없다

나의 어두운 시기가
비슷한 여행을 하는
모든 사랑하는 사람들에게
도움을 줄 수 있기를…

- <그런 길은 없다> 베드로시안 -

누구나 그렇듯, 이 아빠에게도 정말 도무지 끝나지 않을 것만 같은 힘겨운 시간이 제법 여러 번 있었단다, 민아. 정말 그 순간만큼은 도대체 이 길이 어디로 이어지는 건지, 또 끝이 나기는 나는 건지 확신이 서지를 않더구나. 심지어 아무도 없는 그 길에 나 홀로 서 있는 것만 같은 그 느낌은 정말, 이루 말로 표현할 수 없을 만큼 외로운 느낌이었지.

그런데 말이야. 그렇게 한참을 그 어려운 시기를 걸어 나오다 보니 결국 그 길의 끝에 다른 무언가가 있다는 것도 알게 되었고, 또 나뿐만 아니라 제법 많은 사람들이 한번쯤은 그 길을 지나왔다는 사실 또한 알게 되었다. 다만, 먼저 지나가고 나중에 지나가고의 차이만이 있었을 뿐이지.

지금, 이 순간 가만히 돌이켜보면, 아빠는 그때 그 길이 힘들고 거칠다 하여 만일 지나지 않고 포기했다면 어떻게 했을지 감히 상상조차 가지 않는구나. 그랬다면 분명 지금의 이 안정적인 삶도, 또 너희들과 함께 누리는 행복한 삶도 어쩌면 존재하지 않았을지 모를 일이니까.

모든 길에는 저마다의 어려움이 있다, 민아. 그것을 잘 참고 견디면 언젠가는 그 길이 네게 더 좋은 어딘가로 건너가는 무지개다리가 되어줄 거라고 아빠는 믿는다.

지금 그 길이 너무 험해 되돌아가고 싶을 때에는 반드시 이것을 기억하렴. 끝이 보이지 않는 길은 없고, 너는 지금 바로 그 끝에 다다라 있다는 사실을 말이다.

- 아빠가 -

89 새해 1월 30일 목요일

합격을 기다리며

지난 12월 24일, 민이가 지원한 학교 가운데 한 군데인 H대의 정시 합격자 발표가 있었다. 예상보다 빠른 합격자 발표에 혹여 나머지 Y대와 K대 역시 연휴 전에 합격자 발표를 하는 것 아닐까 싶어 설 연휴가 어떻게 시작되었는지도 모르게 초조하고 불안하게 보냈다.

아니나 다를까, K대가 예상보다 빨리 정시 합격자 발표를 했다. 허무하게도 대부분의 과가 예상보다도 훨씬 낮은 커트라인으로 합격자가 정해진 것이었다. 이러한 경우를 두고 아이들은 대부분 '뚫렸다'라고 표현을 한다고 한다.

커트라인이 낮아졌다는 말은, 정시 모집 추가 합격을 기다리는 민이에게 그리 유쾌한 소식이 아니다. 아무래도 추가 합격자까지 가지 않고 지원자들 내에서 합격자가 판가름이 날 확률이 크기 때문이다.

불안하고 초조한 표정으로 TV 앞에 앉아 있는 민이, 아마도 남은 한 군데인 Y대의 결과를 기다리고 있는 듯하다. 꽤나 늦은 시간까지 잠을 잘 자지 못하고 TV 앞에만 앉아 있는 민이를 보니 안타까운 마음을 금할 길이 없었다.

'부디 Y대는 원하는 대로 합격해야만 할 텐데……..'

아빠가 들려주고픈 여든아홉 번째 이야기

기다리는 법을 알아야 한다

모든 일에는 기다림이 필요한 법이다.

특히, 삶에 있어 소중한 것일수록 기다림 없이 바로 내게 주어지는 경우는 정말 드물단다. 많은 사람들은 이 기다림의 과정에서 지치면 금세 기다림을 포기하고, 다른 길을 찾곤 하지. 기다림을 끝내 견딘 후에야 원하는 것을 얻었을 때의 그 달콤함이 얼마나 짜릿한지는 겪어보지 않은 사람은 절대 알 수가 없는 법이다.

때로 기다리는 과정에서 시간이 마치 적과 같이 느껴질 수 있다.

이때 명심해야 할 점이 있단다. 바로 시간이야말로 너의 노력을 가치 있게 만들어 주는 가장 소중한 매개체라는 것을 말이다. 다만 이 시간이라는 것이 절대 우리의 노력으로 당길 수 없는 불가역적인 것이기 때문에, 이를 기다리는 데에는 인내가 필수적 요소이다. 조급해하거나 성급해 하는 대신, 흘러가는 시간을 가만히 바라보며 때로 그 시간을 이용해 네가 할 수 있는 것이 무엇인지 곰곰이 생각해 보렴. 때로 기다리는 시간 역시 너를 한 뼘 더 자라나게 하는 조건이 될 수 있다.

**오랜 기다림은 절대 너의 색을 바래게 하지 않는다.
오히려 너를 더욱 빛나게 한다는 사실을 잊지 말고 기억하렴.**

- 아빠가 -

90 새해 2월 28일 금요일

일기장의 마침표를 찍다

두어 달에 걸친 폭풍 같은 시간이 흘러갔다. 길고 긴 가슴앓이 끝에 마침내 민이는 본인이 원하던 Y대 공과대학 건축공학과에 입학을 하게 되었다.

이제 집사람은 민이와의 입시 전쟁에서 벗어나, 다시 둘째아이의 입시 전쟁에 돌입할 준비를 하고 있다. 아마도 다시 2년여 간은 둘째아이의 표정과 행동 하나에 울고 웃고 하겠지.

민이와의 지난 1년 재수 생활 동안, 나 역시 못지않게 지나온 인생을 돌아보는 계기가 되었다. 아이에게 올인하며 시간을 보내는 것이 얼마나 힘든 일인지 이미 한 번 체감하였기에 그 일을 다시 하고 싶지는 않다.

나도 이제는 내 인생만을 바라보며 앞을 향해 달려 나가는 시간을 보내고 싶다. 그 시작은 이미 예고한 바와 같이 MBA를 시작하는 것이다.

이제 이 글을 쓰는 것도 오늘을 마지막으로 접어두려 한다.

더 많은 이야기는 종이가 아닌, 가슴에 적어두는 것이 좋을 것 같다.

Epilogue

2020, 2021년, 경험해보지 못한 코로나19의 상황 속에서 사업을 운영하며 틈을 내어 지난 7~8년 동안 묶어두었던 책 한 권을 완성하게 되었습니다. 1년 동안 쓴 300여 쪽짜리 일기를 책으로 정리하려니 어려움이 많았습니다. 두서없이 쓴 자유로운 일기장을 어떻게 정리해야 하나 고민도 했습니다. 또 제 자신의 입장에서 마음대로 적어 내려간 아내와 자녀들에 대한 이야기 때문에 가족들의 조언을 구하기도 했습니다. 덕분에 가족들과 더 많은 대화의 시간을 가지며 추억을 회상하는 뜻깊은 시간도 가졌습니다.

사람의 삶을 돌아보면 참 별다를 것 없다는 생각이 듭니다. 역사는 반복되고, 인생은 무상하다는 말도 와 닿는 나이가 되었습니다. 누구나 인생에서 어려운 시기가 있고, 또 그것을 잘 이겨낸 이후에는 성장한 자신을 봅니다. 그러면서도 행복한 삶 가운데 어느 순간 어려운 일들이 몰려옵니다. 이미 다 지나가고 끝난 것 같은 '입시'라는 이슈를 아들을 통해 저의 일처럼 견뎌내야 했습니다. 앞으로도 자녀의 취업, 결혼, 출산 등 많은 이슈 속에서 함께 웃고 울며 시간을 보낼 것을 생각하니 기대 반, 걱정 반입니다.

바람이 있다면 아들 민이가 인생을 살아가면서 어려울 때 이 책을 꺼내 함께 이겨간 시간을 기억하여 힘을 얻었으면 좋겠습니다. 또 지금 비슷한 상황을 겪고 있는 아버지와 자녀들이 이 책을 보며 공감하고 소통하며 위로가 되길 바랍니다. 책을 정리하며 저희 아버지 생각이 났습니다. 어린 시절 아버지 말씀을 잔소리로 느끼고 부담을 가졌던 기억이 납니다. 본인들은 하지 못한 것을 왜 나에게 기대하는지 반감도 일부 있었습니다. 그러나 이렇게 아들을 향한 일기를 정리해보니 깨닫는 것이 있었습니다.

> '완벽한 아버지이기 때문에 아들에게 조언을 하는 것이 아니라,
> 비록 완벽하지 못한 아버지이지만 아들에게만큼은
> 가장 좋은 것을 알려주고 싶어 조언을 하고 있구나.'

라는 것을 말입니다.

나의 사랑하는 아들 민이, 둘째 딸아이와 그 외 이 나라의 많은 다음 세대에게 더 많은 조언과 사랑을 주고 싶습니다.

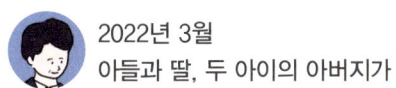

2022년 3월
아들과 딸, 두 아이의 아버지가

아들이 아버지께 드리는 편지

2018년, 제가 육군 장교로 군에 임관하고 얼마 되지 않아 아버지께서 제 재수생활 동안 함께 했던 일들을 책으로 낸다는 얘기를 하셨어요. 시간이 지나면 힘들었던 기억들은 잊히고 좋은 추억들만 남는다고, 문득 그 얘기를 듣고 생각해보니 그 때의 좋은 기억만 남더군요. 그럼에도 불구하고 그 당시에 저는 입시라는 좁은 시야로 세상을 바라보고 있었기에 과거의 제가 그렇게 괜찮은 아이라는 생각은 들지 않았고 단순히 저의 재수를 제외하고도 다른 이슈들이 많은 한 해였기 때문에 책으로 발간한다는 사실이 썩 달갑지는 않았습니다. 다른 가족들의 이야기도 같이 들어간다는 것이 부담스럽기도 해서 더 그랬던 것 같아요. 조금 과감한 표현을 사용하자면 아버지가 이해가 되지 않았던 것 같습니다.

시간이 흘러 2021년 3월, 제가 한창 바쁘게 신입사원으로 회사생활을 하고 있을 때 아버지가 전화를 주셨죠. 마침 제가 취미로 일러스트를 그렸기에 책 발간에 필요한 삽화를 그려줄 수 있냐는 내용이었습니다. 솔직히 조금 무서웠어요. 결국은 아버지 혼자의 이야기가 아닌 가족의 이야기이기 때문에 다른 사람들에게 어떻게 비춰질지도 몰랐고 그 부분에 대해 엄마를 비롯한 동생의 동의가 이뤄진 건지도 확실하지 않아서 더 그랬죠. 일단 동의를 하고 아버지가 주신 내용을 읽어보고는 적잖이 당황했습니다. 여전히 어리지만 더 어렸던 저의 모습, 그리고 아버지의 시선으로 그려진 그 당시 가족의 모습이 제가 기억하는 부분이랑 많이 달랐기 때문에 그랬습니다.

그래서 회사 파견 업무 때문에 바쁘다, 이직 준비를 하는 중이라 시간이 없다 등 다양한 핑계로 삽화 작업을 미뤘습니다. 솔직히 워낙 다른 일도 바쁘신 분이니, 이렇게 미루다보면 흐지 부지 되지 않을까 라는 생각도 했습니다. 그러던 어느 날 퇴근하고 집에 오니 아버지가 술을 조금 드시고 소파에 앉아 뉴스를 보시면서 이런 얘기를 하셨어요.

"너 그림 작업 언제까지 할 계획이니?, 너 이런 식으로 미루는 거 다른 사람이었으면 아빠한테 죽었어~~"

"그렇게 미룰 수 있으니까 자식이죠~"

뻔뻔하게 받아치면서도 속으로 뜨끔했습니다. 저 역시 다른 누군가가 부탁했으면 진작 마무리 지었을 일일게 분명하니까요. 그럼에도 여전히 저는 이직 준비로 마음의 여유가 없었고 여유가 없었기에 더욱이 책 속의 제 자신이 싫고 다른 사람이 이 책을 읽을 생각에 부끄럽고 싫었습니다.

이직에 성공하고 잠시 휴식기를 가지며 책을 마무리하기로 약속을 하여 첫 출근을 3일 정도 남기고 이렇게 책의 내용을 다시 읽으며 삽화 작업을 마무리하고 있습니다. 새벽에 조용히 읽어보니 조금은 객관적인 시선으로 책의 내용을 볼 수 있었어요. 처음엔 아 내가 여유가 있어서 이 내용이 조금 부드럽게 보이나라고 생각했는데 다시 생각해보면 아마 제가 아버지께 가지고 있던 선입견을 걷어내고 봐서 그랬던 것일지도 모르겠네요. 아버지가 그렇게 많은 시간을 할애해서 제 재수생활을 함께 해주셨는데 그 당시에 저는 여전히 '늘 바쁜 아빠' 라는 생각에 저의 재수생활을 온전히 이해하지 못하셨을 거라 생각했고 그렇기에 아버지가 쓰신 내용이 객관적인 내용이 아닐 것 이라는 선입견이 있었던 것 같습니다. 물론 여전히 제 기준에서 우리 가족 중에 아버지는 가장 주관적이신 분입니다.

그렇게 선입견을 걷어내고 다시 천천히 읽어보며 조금은 아버지의 시선을 이해할 수 있었고 또한 사회로 나와 직장인이 된 지금, 그렇게 꾸준하게 일기로 일상을 기록하는 것이 얼마나 힘든 일인지 깨달았기에 새삼 아버지가 대단해 보였습니다. 저도 기록하지 못한 저의 1년을 기록해주셔서 정말 감사합니다.

대학을 졸업하고 군대를 전역하고 신입사원으로 취직 후, 새로운 회사로 이직을 한 지금에 다다르기까지 거의 10년이 걸렸습니다. 그 사이에 저도 아버지도, 그리고 엄마와 동생도 참 많이 변했다고 생각합니다. 저희의 학업이 최우선이었던 엄마는 다른 취미를 찾아서 즐거운 시간을 보내시고, 동생도 이제 대학 졸업을 앞두고 있네요. 다른 무엇보다 지난 10년에 가까운 시간동안 가족 구성원의 위치가 많이 변했다고 생각합니다.

절대 권위적이고 가부장적인 아버지는 아니었지만 늘 집안의 가장 큰 어른이셨고 친근한 분이면서도 어쩔 때는 가장 어려웠던 분이셨는데 어느 순간 저와 동생의 입김이 세지기 시작하더군요. 각자가 사회에서 온전히 본인의 역할을 해내고 있기에 그만큼 부모님이 저희를 존중해주시기에 가능한 일이라고 생각합니다. 또, 나이를 먹어가며 저희가 부모님을 조금이나마 더 이해할 수 있기에 가능한 일이라고도 생각합니다.

저는 이제 독립을 선언하고 집을 나와 홀로 삽니다. 집에서 멀지도 않은 직장이면서, 집에서 2정거장 남짓 되는 거리에 나와서 사는 게 이해되지 않으시는 거 잘 알고 있습니다. 그럼에도 법적으로만 성인인 20살 재수생이 아닌 본인 몫을 온전히 챙길 수 있는 한 명의 어른으로 인정해 주셨기에 제 선택을 존중해주신 거 잘 알고 있습니다. 정말 감사드려요.

차일피일 삽화 작업을 미뤄 발간을 늦춘 제가 드릴 말씀은 아니지만 제 생각에는 지금이 책을 내기에는 가장 적기라고 생각합니다. 제가 준비가 된 것 같아서요.

장황하게 써내려갔는데 요약하자면 이제야 제가 아버지가 책을 내는 것에 대해 찬성한다는 내용입니다. 그러나 여전히 100프로 이해되지는 않아요. 마치 아버지가 무리한 독립을 한 저를 온전히 이해는 못하시는 것처럼... 그래도 서로가 존중하고 또 저는 아버지를 존경하기에 각자의 선택을 지지한다고 생각합니다. 가족이고 부모 자식이지만 서로를 100프로 이해하는 관계는 있을 수 없다고 생각해요. 그럼에도 지금처럼 서로의 선택을 존중하고 또, 대화로 서로의 마찰을 풀어갈 수 있는 가족이었으면 좋겠습니다.

항상 감사하고 존경하며 사랑합니다.

2022년 2월
아들 민 드림.

이 책의 저작권은 움트가 소유합니다.
신저작권법에 의해 한국 내에서 보호를 받는 저작물이므로
무단전제와 복제를 금합니다.

아들아!
함께 할 수 있어 행복한 시간이었어
− 수험생 아들과 아침을 열어온 '아빠의 일기' −

제1판 1쇄 발행 | 2022년 3월 11일
지은이 | 신남철
발행인 | 신남철
발행처 | 움트(UMT)
그린이 | 신동민
디자인 | 조원두
등록 | 제25100-2013-000044호(2013년 7월 30일)
주소 | 서울시 구로구 디지털로31길 19 에이스테크노타워2차 704호
전화 | 070-4818-8500
팩스 | 02-6442-8528
홈페이지 | www.e-umt.com
ISBN | 979-11-956060-9-2(03190)